Chantal Sandjon

Melanie Alexander

EDEL BOOKS

Das Glück der kleinen Gesten

Gib Glück und es kommt zu dir zurück

Illustriert von Judith Hilgenstöhler

Einleitung

ODER DAVON, WIE WIR DAS GLÜCK VOM APFELBAUM PFLÜCKTEN UND KINDNESS IN DIE COOLNESS-SPARTE RÜCKTEN

CHANTAL. Mittags halb zwölf in Brandenburg. Ich stehe im Garten einer alten Dame, die mich bei unserer ersten Begegnung mit den Worten begrüßte: »Wat wollt ihr denn hier?« Und trotzdem bin ich hier gelandet. Schon seit zwei Stunden sammle ich mal wieder Fallobst auf. Davor habe ich Laub zusammengeharkt und die Dachrinne gereinigt, in der sich nicht nur Blätter und kleine Äste angesammelt hatten, sondern auch ein toter Vogel. Der Wind pfeift mir um die Ohren und ich merke mal wieder, dass mein dünner Parka nicht fürs Landleben gemacht ist. So langsam kann ich meine Zehen nicht mehr spüren. »Wollsocken kaufen« gehört auf meine To-do-Liste, wenn es wieder eine To-do-Liste gibt. Aber im Moment bin ich hier, mit kalten Zehen und Dreck unter den Fingernägeln, mit Schweiß auf der Stirn und einem eisigen Rücken. Und wäre für diesen Augenblick doch nirgendwo lieber.

Das hier ist das Kontrastprogramm zu meinem Alltag in Berlin. Es ist genau das, was ich brauchte, die Auszeit, von der ich seit Monaten rede und die ich mir doch nie gegönnt habe. Weil ich gedacht habe, dass eine Auszeit mit Wellness-Hotel und Yoga-Kur zusammenhängt, mit Achtsamkeitskurs am Meer und Rohkost-Retreat mitten im Wald. Alles Dinge, die gerade weder in mein Leben noch in mein Budget passen. Und die mich vielleicht gar nicht an den gleichen Punkt gebracht hätten wie das hier: eine Woche in der Pampa, in der ich nicht länger vor mir selbst wegrennen kann und mich da wiederfinde, wo ich mich am wenigsten vermutet habe: im Miteinander und Füreinander mit anderen.

WEG MIT DER SEELENARMUT!

Vor sechs Tagen sind wir hier angekommen. Meine Idee war das nicht, Amy musste mich geradezu mitschleifen. Aber wenn Amy von einer Idee begeistert ist, stellt man sich ihr nicht in den Weg. Amy ist ein Impulsmensch, sie folgt ihrem Bauchgefühl und lässt ihre Seele sprechen. Jeden Tag, ohne Scham, Angst oder Vorbehalte. Du musst besser auf dich aufpassen, will ich ihr dann sagen und mein Bewundern wegreden.

Ich bin anders gestrickt, verkopfter. Halte zu viel auf das, was ich tun muss, und zu wenig auf das, was ich tun will. Ich bin eine »Ich schaff alles«-Hochstaplerin der schlimmsten Sorte. Eine, die nach außen stets super entspannt und gelassen wirkt und bei der die ganze Work-Life-Magie auf wundersam beschwingte Weise zu funktionieren scheint. Fakt ist aber: Ich habe über Jahre und Jahrzehnte einfach nur Kompensieren, Hineinfressen und seelisches Mauernbauen trainiert. Das drückt auf die Seele, immerzu.

Die Mauer muss weg, auch diese. Meiner Seelenarmut muss ein Lifestyle of Abundance entgegengestellt werden, ein Lebensstil der Fülle, bei dem mein Denken und Handeln von der Gewissheit geleitet werden: Alles, was ich brauche – und noch viel mehr -besitze ich bereits. Mir helfen dabei Menschen wie Amy, die genau so ein Leben führen. Als aus Perfektionismus und selbst kreiertem Druck endgültig Depression wurden, habe ich sie angerufen. »Lass uns ein paar Tage raus aufs Land fahren«, meinte sie, mehr Plan als Vorschlag, »ich hole dich ab.« Wir fuhren in das verlassene Haus eines Freundes in einem noch verlasseneren Dorf nördlich von Falkenberg. Offizielles

Niemandsland der Republik. Nichts als Felder, Kuhfladen und eine Nachbarin, die uns über ihren Rollator hinweg anschaute, als wären wir die Reiter der Apokalypse, nur mit tödlichen Afros statt Schwertern bewaffnet.

»Was brauchst du?«, fragte Amy mich am zweiten Tag in dieser beklemmend-befreienden Stille, während wir mit dampfenden Teetassen am zerschrammten Küchentisch saßen.

»Gefühle«, kam es zögernd aus mir herus. Und dann noch: »Freiraum für Gefühle und Atem. Um mich zu spüren und alle um mich herum. Connections statt Competition.«

»Dann schaff sie dir.«

»Aber wie?«, fragte ich zurück.

»Indem du in Kontakt trittst, ganz einfach.«

In Amys Welt ist vieles ganz einfach. Kann irre nerven, bringt die Dinge aber meist auf den Punkt. Einen Moment verharrten wir. Vor dem Fenster fiel ein Apfel vom Baum, zerbarst beim Aufprall.

»Komm, ich zeig es dir!« Amy sprang auf, griff nach meiner Hand, zog mich mit sich. Sie schnappte sich noch einen großen Korb und schon standen wir draußen unterm Apfelbaum. Sie sammelte Äpfel ein und nach anfänglichem Zögern hob ich ebenfalls einen knallroten Apfel vom Boden auf und legte ihn in den Korb, dann den nächsten, bis der Korb voll war.

Zwei Stunden später klingelten wir bei der grimmigen Nachbarin. »Wirth«, stand auf dem Klingelschild. Im Korb zwischen uns keine Äpfel mehr, sondern Apfelmus in Gläsern, noch ganz warm. Aufs Klingeln öffnete sich die Tür nur einen Spalt breit. »Ja?«, schob sie hindurch. Argwöhn und Einsamkeit schlichen hinterher, doch Amys Strahlen sprengte geradezu den Rahmen. »Hier! Für Sie! Frisch aus dem Garten! Mit viel Liebe gemacht!« Sie drückte mit dem Korb die Tür auf, Frau Wirth stolperte zur Seite.

»Ja, aber ich bin doch Diabetikerin!«

»Ist kein extra Zucker drin. Ansonsten für die Enkelkinder.« Amy zeigte auf die Schaukel im Garten.

»Ach die … Kommen viel zu selten ihre alte Omma besuchen. Schaut euch mal meine Apfelbäume an.« Mit einem überraschenden

Satz war sie zur Haustür hinaus und rein in den Garten, vergessen der Rollator. »Keiner, der die mal pflückt für mich, verrotten einfach.«

»Wir machen das!«, sagte ich – und überraschte damit vor allem mich selbst. Den restlichen Tag verbrachten wir im Nachbarhaus, sammelten noch mehr Äpfel, verarbeiteten sie zu Apfelmus und -kuchen.

Am nächsten Morgen weckte mich nicht der Wecker, den ich samt Handy in Berlin zurückgelassen hatte, sondern ein stürmisches Klopfen unten an der Haustür. Um acht. Erna Wirth von nebenan. Aber nicht allein, diesmal gleich im Dreierpack. Drei Witwen mit viel Herz, das nur ein wenig entstaubt werden musste. Drei Frauen mit vollen Obstbäumen und halber Gehkraft. Also kletterten wir Bäume hoch, erledigten Besorgungen, begleiteten sie zu Ärzten, mähten den Rasen. Kleine Dinge, die mich diesen Frauen unsagbar nahe brachten – und damit auch mir selbst. Jeden Abend fiel ich erschöpft ins Bett, mit einem Lächeln auf dem Gesicht und bröckelnden Mauern in mir.

VOM ORDEN DER VERWANDTEN SEELEN UND DEM KINDNESS-CLUB

So bin ich hier gelandet. In diesem Garten, bei diesem Apfelbaum, bei mir. Von drinnen klingt Lachen, der Wind trägt es weiter und durchwirbelt mit ihm das letzte Laub. Erna und Amy streichen zusammen das Schlafzimmer. Die Tapete hat Erna Wirth schon 1978 nicht gefallen, als ihr Ehemann damit nach Hause kam. Nachher wollen wir noch die Garage entrümpeln und dann ein großes Abschiedsessen zubereiten. Das halbe Dorf hat etwas dazu beigetragen, Kartoffeln vom eigenen Feld, Kürbis aus dem Garten, saure Gurken und haushohe Torten. Ich denke an meine Worte vor einigen Tagen und muss lächeln. Verbindungen. Sie können überall entstehen und verwandeln alles und jeden, mit dem sie in Berührung kommen.

Als wir am nächsten Morgen wieder zurück nach Berlin fahren, umarmt uns Erna Wirth zum Abschied. »Kommt bald mal wieder, ja?« Wir nicken im Doppelpack. Während der Zugfahrt entsteht die Idee zum Kindness-Club. Meine Koffer sind voller als auf der Hinreise, herrlich süß-säuerliches Apfelmus, duftenden Obstkuchen und neue Freundschaften habe ich eingepackt. Sie werden zu den ersten Begleitern auf dieser, meiner Reise, die fernab der Gleise erst richtig beginnt. Als wir unserem Tischnachbarn etwas Kuchen anbieten, errötet er und lockert seine Krawatte. »Und ihr beide«, kommt es ein wenig später zwischen Krümeln hervor, »ihr seid doch bestimmt Schwestern, oder?« Eine Frage, der Amy und ich oft begegnen, wenn wir gemeinsam unterwegs sind. Meist lache ich die Frage weg, übergehe sie, wie so einiges, das mir als Afrodeutsche im Alltag begegnet. Amy reagiert da anders, sie antwortet auf die bekannte Frage manchmal mit: »Ja, wir sind Schwestern vom Orden der verwandten Seelen«, und recht hat sie. Und ich denke genau an diese Antwort, als ich dem Mann antworte – und an das Vorhaben, das in mir gerade Wurzeln schlägt: mehr Hilfsbereitschaft und Güte zu leben, mehr Glück und Freude zu streuen, mehr Licht in das Leben anderer zu bringen und damit auch in mein eigenes. »Ja«, entgegne ich, »wir sind die Schwestern vom Glück der kleinen Gesten«.

MIT EINER MAIL FÄNGT ALLES AN

Die Idee wächst und wächst in mir heran. Sie will Früchte tragen, aber wird dafür, zurück im Alltag mit Kind und Kegel, zu wenig gegossen. Als ich eines Abends ein paar Wochen später über ein kurzes Interview mit der Schweizer Tänzerin und »Peacekeeper« Melanie Alexander stolpere, spüre ich etwas in mir erblühen. Kurzerhand nehme ich all meinen Mut zusammen und schreibe ihr eine Mail:

6.10.2014

Liebe Melanie,

ich bin bei Recherchen durch Zufall auf dich gestoßen (und hoffe auch, das »Du« ist in Ordnung).

Kurz zu mir: Ich bin Autorin und trage seit einiger Zeit ein Thema mit mir herum, das mir besonders am Herzen liegt und auf das ich als Buch- (und Lebens-) Projekt große Lust hätte: Random Acts of Kindness. Gerade könnte ich mir einfach unglaublich gut vorstellen, dieses Projekt mit dir gemeinsam zu verwirklichen, damit wir zusammen mehr Kindness in Umlauf bringen.

Könntest du dir ganz allgemein so etwas vorstellen? Würde mich auf jeden Fall freuen, von dir zu hören.

Alles Liebe aus Berlin
Chantal

Die Mail landet in Melanies Posteingang und löst Folgendes bei ihr aus:

MELANIE. Bevor wir zu diesem Moment kommen, bedarf es einer kleinen Rückschau. Dass Chantals Worte überhaupt in meinem Posteingang gelandet sind, ist nämlich magisch. Ja, genau: magisch. Damit meine ich keinen Zaubertrick, keine Illusion, sondern die Verwirklichung einer Vision. Das mit der Magie, das war nicht ganz neu für mich. Im Jahr 2010 wünschte ich mir im Stillen, mit meinem Gesicht für den Frieden zu stehen, und, zack, wurde ich ein paar Monate später zum Model einer weltweiten Fashionkampagne mit dem Fokus »Diversität«. Das ging fast schon unheimlich schnell und machte Lust auf mehr. Auf mehr Peace und mehr Magie. Das darauffolgende Interesse an meiner Person schmeichelte mir, ich nutzte die Aufmerksamkeit aber auch, um meine Leidenschaften zu teilen: Mein Herz schlägt für den Tanz, für Selbstbefähigung und für ein mitfühlendes, respektvolles Miteinander. Mit dem selbst ernannten Titel »Peacekeeper« brachte ich das Thema bei Interviews gern zur Sprache: weg vom Egoismus, hin zum Altruismus. Ich wollte zu einer Veränderung in der Gesellschaft beitragen, weil ich mich ganz natürlich durch meine Wertehaltung dazu berufen sah.

ZEILEN AN DIE ZUKUNFT

Im Jahr 2013 wurde ich bei einer Veranstaltung der Sōka Gakkai (eine buddhistische Vereinigung, die sich für Frieden, Kultur und Bildung einsetzt) als Teilnehmerin dazu eingeladen, meine größten und innigsten Wünsche aufzuschreiben, mir meine Zukunft glorios auszumalen, ganz unzensiert. Uff, gar keine leichte Aufgabe, so ungeniert ehrlich seine Ziele niederzuschreiben. Sieht ja keiner, sagte ich mir und notierte von Hand meine Herzenswünsche auf ein kleines Stück Papier, steckte es in ein Couvert und legte es in die bereitgestellte »Zeitkapsel«, eine Box, in der die Wünsche eine Zeit lang aufbewahrt werden, um sie dann wieder an ihre Verfasser zurückzusenden. Unter anderem hatte ich es gewagt, mir Folgendes vorzustellen: »Ich bin Sprecherin für Friedensbewegungen auf internationaler Ebene und Autorin eines Buches, das sich zu einem Bestseller entwickelt«.

Ja, so unverschämt habe ich das damals schriftlich festgehalten. Obwohl ich meine Texte bis dahin erst in ein paar Blogeinträgen auf meiner Website sowie mit wenigen Gleichgesinnten geteilt hatte und meilenweit von einer Buchveröffentlichung entfernt war. Dennoch wagte ich es, heimlich so hemmungslos zu träumen. Seit bald einem Vierteljahrhundert schrieb ich mein Gedankengut nieder, tüftelte unbemerkt an einer Auswahl für ein zukünftiges Buch. Mich damit bei einem Verlag zu melden, hatte ich bislang aber nicht gewagt, da funkte doch immer wieder mein Dr. Zweifel dazwischen und verschrieb mir ein Rezept gegen »Träumeritis«. Und als ich es doch einmal wagte, einem Freund von meiner Vision einer Buchveröffentlichung zu berichten, entgegnete er mit belächelndem Unterton: »Solche Esoterikbücher bringen doch nichts.«

Der Freund ging, mein Herzenswunsch blieb, eine Buchveröffentlichung stand also weiterhin irgendwo in den Sternen. Doch dann zündete ein Funke, nämlich an dem Tag, als ich Chantals Zeilen in meinem Posteingang fand. Ich mag mich gern lebendig daran erinnern, wie ich mich vor meinem Bildschirm darüber wunderte, dass diese Berliner Autorin so sicher sein konnte, dass ich die richtige Partnerin für dieses Projekt war. Da schrieb sie es, ganz unverblümt. War das einfach die »deutsche Art«? Wir Schweizer sind da etwas zurückhaltender, reden mehr im Stil von einem Bouquet an Möglichkeiten: vielleicht, eventuell, also, es könnte ja sein, dass hier das Potenzial, also, wenn es sich ergeben würde, für eine Co-Kreation, rein hypothetisch, vorhanden wäre ... Diese erfahrene Schriftstellerin kannte mich gar nicht, und doch stellte sie es sich einfach »unglaublich gut« vor?

»Die spinnt!«, sagte ich mir. Ich auch, bestätigte ich mir. Das passte. Und so schrieb ich gleichentags zurück:

Liebe Chantal,

vielen Dank für deine Zeilen. Das Thema Random Acts of Kindness ist bei mir auch immer präsent. Lass uns austauschen. Skype ist sehr willkommen. Voller Vorfreude.

Peace and Attention
Melanie

So hatte uns das Universum im Jahr 2014 zusammengefügt, dank unseres aufrichtigen, gemeinsamen Wunschs, aus der Welt eine bessere zu machen. Was für ein Glück! Bis wir uns endlich auch in Person trafen, vergingen jedoch drei weitere Jahre. Dann stand sie an einem sonnigen Herbsttag auf einmal vor mir, meine Co-Autorin. Ich war ein bisschen nervös, wie vor einem ersten Date. Groß, eindrucksvoll und hübsch war sie und trug eine riesige Kugel unter ihrem Mantel.

Da wuchs ein kleiner Haufen Sternenstaub zu einem Menschlein heran. Beeindruckt und etwas verunsichert lächelte ich sie an. Mein Leben war gerade nicht so vom Wachsen geprägt, eher vom Auseinanderfallen, das totale Chaos hier. Und nun kam diese schwangere Amazone und ich musste darauf achten, nicht urplötzlich in Tränen auszubrechen. Trotzdem war da dieses Gefühl, dass wir zwei wirklich richtig füreinander waren.

Für die Kindness-Aktionen war ich bereit, das Labor »Welt« zu betreten, Chantal würde aufgrund der baldigen Ankunft des zweiten Kindes erst einmal von zu Hause aus schreiben. Die Arbeit konnten wir also optimal in »Feldstudie« und »Studium von Glücksformeln« aufteilen. Außerdem ergänzten wir uns in unserem Naturell: Chantal eher schüchtern-überlegt, ich eher extrovertiert-intuitiv. Passte wunderbar zusammen.

Nach unserem Treffen war ich hoch motiviert, aber aufgrund meiner Sorgen bald wieder gehemmt und eingeklemmt. Ich fühlte mich, wie wenn ich versuchte, meinen Afro unter eine Badekappe zu zwängen. Egal, wie sehr ich es versuchte, es beulte, ich heulte, zog ich hier, entglitt es mir da, und umgekehrt. Wie konnte die Welt nur immer wieder so gegensätzlich sein? Genau in solchen Momenten, in denen alles auseinanderzufallen droht, kann eine kleine Geste den optimalen Perspektivenwechsel herbeiführen. Interessanterweise hatte ich diese Geste drei Jahre zuvor selbst vorbereitet. Mein Zettel aus der Zeitkapsel hatte per Post zu mir zurückgefunden. In einem Wutanfall hatte ich ihn zuerst zu einem kleinen Knäuel zusammengepresst, glücklicherweise nicht gleich in viele kleine Stücke gerissen. Ein paar Tage, nachdem ich Chantal getroffen hatte, nahm ich ihn wieder in meine Hände und erinnerte mich an meine Vision.

DAS BESTE STECKT IN JEDEM EINZELNEN VON UNS

Während ich heute, Herbst 2018, diese Zeilen schreibe, liegt er vor mir, dieser zerknitterte Brief an mein zukünftiges Ich, mit seinen unverschämten Wünschen, mit seiner Widmung an den Weltfrieden. Und wisst ihr was? Ich schäme mich nicht mehr dafür. Weg mit der Badekappe, diese Energie hier ist nicht zu zähmen, wie mein Afro sprengt sie jede Zelle, ob nun echt oder metaphorisch. Fertig mit der Scham, fertig mit dem Kleindenken, fertig mit dem Understatement. Zeit für Wahrheit: Ich bin Autorin, da vorn auf dem Buchdeckel steht mein Name. Voilà. Ich glaube daran, dass dieses Buch das Potenzial zum Bestseller hat. Weil es Chantal und mir um uns alle geht. Wir wünschen allen das Beste! Weil wir verstehen, dass unser Wohl untrennbar mit dem Wohle anderer verbunden ist. Weil wir möchten, dass du dir selbst und deinen Mitmenschen das Beste wünschst. Weil es möglich ist, dass dieses Buch das Beste ist, was dir heute in den Schoß fallen kann. Dazu möchte ich eine buddhistische Parabel teilen:

Ein Besucher der Hölle sieht, wie die Bewohner dort leiden. Obwohl alle ein reiches Mahl vor sich haben, können sie nichts essen. Denn ihre Essstäbchen sind länger als ihre Arme – und so ist es ihnen unmöglich, sich das Essen selbst in den Mund zu stecken. Nun besucht die Person das Buddhaland. Auch dort sind die Essstäbchen länger als die Arme der Menschen, aber alle sind zufrieden. Der Grund: Die Menschen füttern sich gegenseitig mit den überlangen Essstäbchen und alle werden satt.

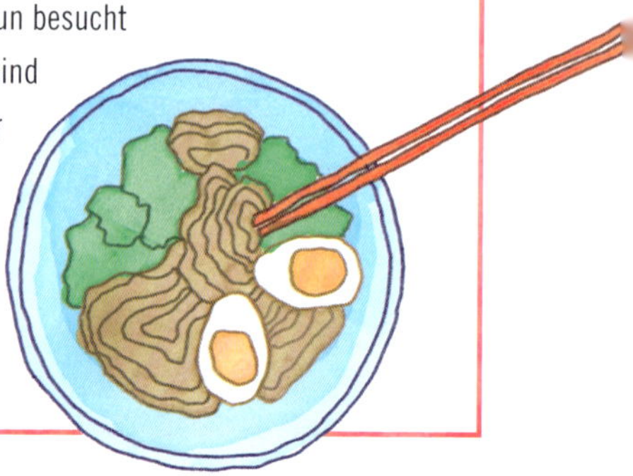

Das Jahr 2018 war kein Zuckerschlecken für mich. Doch jedes Mal, wenn ich mich in meiner Hölle befand, wenn meine Essstäbchen länger als meine Arme waren, kam jemand zu Hilfe. Wie vor zwei Tagen, als ich an einem Kiosk einen Snack kaufen wollte und mir zehn Rappen fehlten. Mein Energielevel brauchte diesen Riegel dringend, ich war drauf und dran, mich zu vergessen und zum Krümelmonster zu werden. Dank vieler kleiner Gesten war ich jedoch so mit der Überzeugung geladen, dass Kindness zu mir zurückkommen würde, dass es prompt passierte: Da ich nicht mit der Karte zahlen konnte, sagte ein Herr neben mir ganz selbstverständlich: »Ach, die fehlenden zehn Rappen hab ich doch für Sie.« Oder der Moment in der Apotheke, als ich mir einen Badezusatz kaufte, um mir etwas Gutes zu tun, etwas Balsam für Körper, Geist und Seele, weil ich mich nach einem kräftezehrenden Tag sehr müde fühlte. Die große blonde Verkäuferin beugte sich zu mir und sagte: »Sie sind wunderschön. Ihre Haare, Ihre Sommersprossen, Ihr Lächeln. Wunderschön!« Meine übermäßige Selbstkritik verflog, strahlend nahm ich das Kompliment an. Weil ich die guten Dinge nun unverschämt annehme, in mein Leben einlade und teile. Es funktioniert! Möchtest du es auch ausprobieren? Achtung, manche von deinen innigsten Wünschen könnten in Erfüllung gehen … Wir wünschen es dir!

Viel Spaß beim Lesen und möge das »Glück der kleinen Gesten« dich auf deinen Wegen begleiten.

Melanie und Chantal

Einfach nur GLÜCKLICH?

VOM SUCHEN UND FINDEN UND ALLEM DAZWISCHEN

CHANTAL. Glück wünschen wir uns alle, und das nicht nur alljährlich zum Geburtstag. Allzu schnell jagen wir jedoch Dingen hinterher, welche uns nur Freude schenken, die von kurzer Dauer ist. Um unser echtes Glück zu finden, müssen wir deshalb erst einmal herausfinden, wonach wir wirklich suchen. Auf den folgenden Seiten begeben wir uns auf genau diese Suche und entdecken so manch ungenutztes Glückspotenzial in unserem Alltag. Liegt das Glück am Ende auf der Straße? Vielleicht. Liegt es in unseren eigenen Händen? Ganz sicher.

AM ENDE DES REGENBOGENS?

Was Glück ist und warum wir es (nicht) suchen sollten

Unfassbar, scheinbar unerreichbar und doch in den kleinsten Dingen zu finden. Das Glück. Unser sehnlichster Wunsch für uns und unsere Liebsten, mag man einer Studie glauben. Und das, obwohl wir meist gar nicht genau definieren können, was wir darunter verstehen. Eins wissen wir alle: Wir wollen und brauchen mehr davon. Nicht vom Hasenpfoten- und Kleeblatt-Glück, sondern vom Gefühl, das uns erfüllt, wenn wir schlafende Kinder betrachten, unserer Berufung nachgehen oder einen wunderschönen Sonnenaufgang erleben.

Anstelle einer Definition: Glück spüren

Glück oder Glückseligkeit (eudaimonía) bezeichnete schon Aristoteles als das höchste Gut. Psychologen sprechen von subjektivem Wohlbefinden, Neurologen von Kohärenz, einem Zustand vollkommener Harmonie, den das Gehirn fortwährend anstrebt. Manchmal nenne ich es ein Stück gute Schokolade, ein warmes Bad nach einem langen Tag, einen Waldspaziergang, bei dem mich das Zwitschern inmitten der Stille daran erinnert, dass ich allein bin – aber nicht einsam.

Glück ist schwer definierbar und unser Verständnis davon befindet sich konstant im Wandel, genau wie wir selbst. Es wächst und verändert sich mit unseren Umständen, Erfahrungen, Werten und Lebensvorstellungen. Und auch ohne Duden zur Hand erkennen wir Glück, wenn es uns begegnet.

Zum Glück ist Glück verschieden

Glück ist eine ganzheitliche Erfahrung, die Körper, Geist und Seele gleichermaßen berührt. Mich macht es zum Beispiel sehr glücklich, im Sommer loszuziehen und an Feldern oder auf Fallobstwiesen Äpfel oder Birnen einzusammeln. Dabei habe ich schon einige fragende Blicke geerntet. Einmal hielt ein Wagen neben mir, das Fenster ging herunter und ein halbes Hemd, das gerade so übers Lenkrad schauen konnte, sagte: »Yo, die gibt's doch bei Penny.«

Nicht alle Menschen erfüllt Obstpflücken mit derselben Freude wie mich. Aber das muss es ja auch nicht. Wenn wir richtig in uns hineinhorchen, wird uns meist schnell klar, welche Dinge im Leben uns wirklich glücklich machen. Und wir erhalten auch Antwort auf die ungestellte Frage, ob wir derzeit glücklich sind. Häufig beginnt diese mit »Ja, aber …«.

Glück à la Duden

Wer trotz allem eine allgemeingültige Definition von Glück braucht, hier ist, was der Duden darunter versteht: »[eine] angenehme und freudige Gemütsverfassung, in der man sich befindet, wenn man in den Besitz oder Genuss von etwas kommt, was man sich gewünscht hat; Zustand der inneren Befriedigung und Hochstimmung«. Noch besser fasst es unser Lächeln in glücklichen Momenten zusammen oder der innere Frieden, der in solchen Augenblicken von uns Besitz ergreift.

FAKE FACTS:

Drei Mythen, die unserem Glück im Weg stehen

Leider bauen wir uns im Leben oft selbst die größten Hürden. Was wir denken und woran wir glauben, kann unser Leben beflügeln oder uns permanent herunterziehen. So ist es auch beim Thema Glück und bei all den falschen Leitsätzen, die damit verbunden sind.

1. »Ich muss mein Glück einfach noch finden.«

Der großen Liebe begegnen, fünf Kilo leichter sein, die Falten auf der Stirn loswerden, endlich Kinder haben, ein Haus bauen – die To-do-Liste vor der Endstation Glück lässt sich ins Endlose fortführen. Wir brauchen mehr von diesem oder jenem und sind uns selbst dabei stets viel zu wenig. Kurzum: Wir verstehen Glück als Fixpunkt, den es zu erreichen gilt.

Der bekannte Glücksexperte Tal Ben-Shahar nennt dies den Ankunftstrugschluss: dass unser Glück erst dann eintritt, wenn wir gewisse Vorbedingungen erfüllt haben. In einer deutschen Langzeitstudie mit fast 2.000 Menschen wurde zum Beispiel untersucht, wie sich Heiraten aufs eigene Glück auswirkt. Das stieg nach der Hochzeit zwar wie erhofft an – das junge Glück währte jedoch nur zwei Jahre und kehrte danach zum ursprünglichen Niveau zurück.

Meine Kunstlehrerin sagte in der Schule oft zu mir: »Der Weg ist das Ziel.« Damit wollte sie mich über mein fehlendes Talent hinwegtrösten. Stattdessen hat sie mir eine Weisheit geschenkt, die ich erst heute richtig zu schätzen weiß. Aufs Glück trifft sie exakt zu. Betrachten wir Glück als Ziel in weiter Ferne, trüben wir nur unseren Blick für die glücksbringenden Momente, die sich mit jedem unserer kleinen Schritte durchs Leben offenbaren.

2. »Erst mal muss ich mein Leben neu sortieren, bevor das Glück darin Platz hat.«

Es wartet vielleicht am Ende des Regenbogens oder der nächsten Super-Hardcore-Extremo-Diät. Vielleicht benötige ich auch noch ein halbes Dutzend Seminare beim neuesten Self-Help-Guru. Oder ich muss einfach noch mehr suchen, mit mehr Ausdauer und Fokus, mein Leben mal so richtig umkrempeln.

Große Veränderungen bringen großes Glück? Pustekuchen. Trotzdem halten gerade Menschen, die zu Extremen oder Perfektionismus neigen, an diesem Credo fest. Erst muss der Job gekündigt, das große Geld gemacht oder 40 Tage gefastet werden, dann können wir glücklich sein.

Bester Beweis fürs Gegenteil: Lottogewinner. Eine ältere Studie zeigt, dass ihr Glücksempfinden bereits ein Jahr nach dem riesigen Geldsegen wieder auf den Ursprungswert gesunken war. Geld allein macht also wirklich nicht glücklich und persönliche Mini-Revolutionen leider auch nicht.

Hier ist es wie mit allen anderen Vorbedingungen, die wir für unser eigenes Glück aufstellen: Sie hindern uns nur daran, das wahre Glück des Alltags zu sehen und zu schätzen. Denn genau hier, in den kleinen Dingen, liegt es verborgen, sie prägen in ihrer Summe tagtäglich unser Leben.

3. »Glück haste – oder halt nicht.«

Manche Menschen werden mit einem breiten Grinsen geboren, bei anderen ersetzen die Sorgenfalten schon als Neugeborene das Lächeln. Wir sind nun mal von Natur aus mehr oder weniger glücklich, daran lässt sich einfach nichts ändern. Ein solcher Glücksnihilismus steht unserem Glück breitbeinig und mit verschränkten Armen im

Weg. Wer hieran festhält, der kann nur wenige Schritte seinem eigenen Glück entgegengehen. Nicht etwa, weil Glücklichsein wirklich vom Genroulette abhängt, sondern weil wir uns mit dieser Einstellung selbst daran hindern, ein zufriedeneres Leben zu führen. Denn unser Denken und Handeln besitzt fast einen genauso großen Anteil an unserem Glücksniveau wie die Genetik.

Das Gegenteil von Glücklichsein ist übrigens Unglücklichsein, nicht Depression. Und Depression ist auch kein Beweis für Glück als genetisches Roulette, sondern eine psychische Erkrankung, die der Behandlung bedarf.

Mehr als nur ein Glücksirrtum: die hedonistische Anpassung.

Wir Menschen sind anpassungsfähige Wesen. Körperlich gewöhnen wir uns überraschend schnell an Hitze oder Kälte, und selbst der übelste Gestank stört uns nach einer Weile gar nicht mehr. Ähnlich ergeht es uns auch bei hedonistischen Veränderungen, also all jenen, die unseren Sinngenuss steigern (sollen), wie der lang ersehnten Hochzeit oder Beförderung, einem schnelleren Auto, plötzlichem Reichtum oder dem Umzug in ein Haus. Zwar führt ein solcher Wandel zu einer Glückssteigerung, doch ist sie nur von kurzer Dauer. Unser Glücksniveau bleibt nur so lange erhöht, wie der Zustand seine Neuheit bewahrt. Sobald wir uns an ihn gewöhnen, pendelt sich unsere Zufriedenheit wieder beim Ursprungswert ein – oder gar darunter. In der zuvor zitierten Studie mit Lottogewinnern wurde nämlich auch festgestellt, dass die vermeintlichen Glückspilze ihrem Alltag bereits kurz nach dem Moment des Geldsegens sehr viel weniger Freude abgewinnen konnten als wir Normalos.

Was dabei hilft, der Enttäuschung über das nur kurze Glücksgefühl Herr zu werden: Mache dir bewusst, dass es sich um einen vollkommen natürlichen Prozess handelt. So musst du den »Fehler« nicht bei dir oder anderen suchen, sondern kannst gelassener mit der Ernüchterung umgehen. Hilfreich sind außerdem regelmäßige Reflexions- und Dankbarkeitsübungen. Auch Aktivitäten, die ein Element von Neuheit, Abwechslung oder Überraschung mit sich bringen, wirken der Gewöhnung an das Schöne entgegen. Gerade deshalb eignen sich kleine Gesten so ideal, um unser Glück auf lange Sicht zu heben (und zu teilen).

Und noch ein kleiner Tipp: Wir gewöhnen uns schnell an unsere materiellen Besitztümer, aber nicht an unsere Erfahrungen. Investiere also lieber in unvergessliche Erlebnisse als in Statussymbole.

DEM GLÜCK NÄHER KOMMEN:

Vier Wahrheiten

Studien zufolge konzentrieren wir unsere Energie häufig auf Dinge, die uns nicht glücklich machen können, und vernachlässigen all die Sachen, die uns wirklich mehr Glück bringen. Wir warten auf das eine große Ereignis, das alles verändern soll, anstatt unseren Alltag glücksbringender zu gestalten. Doch gerade das ist die geheime Zutat für ein erfüllteres Leben, wie die erste Glückswahrheit zeigt:

1. Glück liegt in unseren Händen – und in unserem Kopf

Forscher haben mittlerweile die Glücksformel identifiziert. Studien mit eineiigen Zwillingen belegen: Ja, unser Glück ist zu einem bestimmten Teil durch unsere Gene vorbestimmt. Dieser genetisch bedingte Fixpunkt gibt etwa die Hälfte unseres Glücksniveaus vor. Das verhält sich so ähnlich wie mit unserem Gewicht. Manche Menschen sind von Natur aus schlank, auch wenn sie jeden Tag mit Torte und Kuchen feiern. Andere müssen für die gleiche Figur reichlich schwitzen und ordentlich verzichten. Gerecht ist das nicht, keine Frage. Doch lass uns den Fokus hierbei auf etwas ganz anderes richten: 50% davon, wie schlank, muskulös oder eben auch glücklich wir sind, werden somit nicht durch unseren Genpool diktiert. Das ist eine ganze Menge!

Ein großer Faktor beim Glück ist unser Denken und Handeln. Etwa 40% unseres Glücksempfindens liegen in unseren Händen – und das wortwörtlich. Es sind die Aktivitäten, mit denen wir unser Leben füllen, die Mantras, die wir im Kopf bewusst oder unbewusst konstant wiederholen, die Menschen, mit denen wir uns umgeben, die es ausmachen.

Wir besitzen also das Potenzial für mehr Glück, wenn wir auch bereit sind, dafür aktiv zu werden. Genauso, wie wir Zeit in unsere Fitness investieren, können wir uns fürs eigene Glücklichsein einsetzen. Ganz nach dem Motto: Sei dein eigener Glück(s)bringer! Das erfordert Mut zur Veränderung, aber dafür beschert es uns eine stärkere innere Zufriedenheit, fürs eigene Glück aktiv zu werden – und kommt mit einer Reihe weiterer positiver Folgen daher, wie dir die zweite Glückswahrheit zeigt.

Ach, und die übrigen 10 % unseres Glücksniveaus, die bisher verschwiegen wurden? Das sind die viel gefürchteten äußeren Umstände wie etwa Einkommen, Gesundheit, Aussehen oder Beziehungsstatus. Also all die Dinge, von denen wir so oft unser persönliches Glück abhängig machen. Am Ende haben sie weniger Einfluss auf dein Wohlbefinden als die Mehrwertsteuer auf deinen Einkauf.

2. Glück schenkt uns mehr Gesundheit, Erfolg und Energie

Glück fühlt sich nicht nur gut an, sondern es ist es auch. Das beweisen mittlerweile eine Fülle an wissenschaftlichen Studien, die dafür plädieren, Glück nicht mehr nur als reinen Luxus zu definieren, sondern als wichtigen Bestandteil mentaler Gesundheit, wie es auch die Weltgesundheitsorganisation (WHO) vorschlägt. Denn glücklichere Menschen

- sind produktiver in ihrem Arbeitsleben, besitzen mehr Kreativität und verdienen mehr Geld als andere,
- erfreuen sich an festen sozialen Strukturen und Netzwerken, an der höheren Chance auf eine langlebige Partnerschaft und dem geringeren Risiko einer Trennung,
- haben ein stärkeres Immunsystem und mehr Antikörper,
- besitzen mehr Energie und Balance in ihrem Leben.

Das stellten die Forscher und Forscherinnen Lyubomirsky, Sheldon und Schkade 2005 fest.

Die Entscheidung für mehr Glück ist also eine Entscheidung für ein rundum besseres und erfüllteres Leben. Und auch der Kritik, welche die Glückssuche mit Ego-Tripping gleichsetzt, widersprechen Studien: Glückliche Menschen sind im Vergleich sogar hilfsbereiter, großzügiger und liebenswerter als der triste Durchschnitt.

3. Glück ist ansteckend

Vieles, was wir in unserem Leben tun, besitzt evolutionär den Zweck, soziale Bindungen herzustellen und zu stärken. Früher war das für uns überlebenswichtig, um gemeinsam ein Mammut zu erlegen oder uns vor Fressfeinden zu schützen. Und auch heute halten diese Bindungen unsere Gesellschaft im Großen und Kleinen zusammen.

Wenn wir bestimmte Emotionen erleben oder fühlen, zeigen wir das in der Regel. Sind wir glücklich, so lächeln, lachen und strahlen wir, was sich auf die Menschen in unserem Umfeld positiv auswirkt. Dieses Phänomen wird »Gefühlsansteckung« genannt und ist keine esoterische Erfindung, sondern Wissenschaft pur. Auch sie verdanken wir der Evolution, denn ein freundlicher Gesichtsausdruck verbindet, indem er dem Gegenüber signalisiert: Ich will dir nichts Böses – und somit sozialen Kontakt fördert. Ein geflügeltes Wort ist darum nicht umsonst: Jemand hat ein ansteckendes Lachen.

Erhöhst du dein persönliches Glücksniveau, erfüllst du damit also auch anderen einen großen Dienst, da sich deine Zufriedenheit auf sie überträgt. Aber: Dieser Effekt nimmt mit räumlicher Distanz ab. Unser Glück besitzt also die größte Wirkung im direkten Umfeld, nicht über Social Media, WhatsApp oder E-Mails. Unser erstes soziales Netzwerk sind und bleiben die Menschen in unserer Umgebung, egal, ob sie uns so nah sind wie der Lover im eigenen Bett oder so entfernt wie die Kiosk-Besitzerin zwei Ecken weiter. Thumbs up für kleine Gesten der Liebenswürdigkeit, live, direkt und in real life!

4. Glück ist jetzt

In einer Studie mit schwer depressiven Patienten notierten diese auf einer Internetseite jeden Tag drei Dinge, die sie als positiv erlebt hatten. Sei es das gute Wetter, ein aufmunterndes Telefonat, ein spannendes Buch oder ein leckeres Eis. Allein diese kleine Übung in Dankbarkeit bewirkte bei 94 % der Teilnehmer eine deutliche Besserung des Gefühlszustandes nach nur zwei Wochen, einige wurden sogar nicht mehr als schwer, sondern nun mittelgradig oder leicht depressiv diagnostiziert.

Du siehst, es sind nicht immer große Veränderungen notwendig, damit es uns besser geht. Fang hier und jetzt an, dein Glück zu steigern! Kleine Gesten bieten sich da geradezu an. Sie ermöglichen es uns auf völlig alltagstaugliche Weise, nicht nur unser eigenes Glücksgefühl zu steigern, sondern auch das anderer. Mehr Glück für alle, Tag für Tag für Tag.

ATTITUDE OF GRATITUDE:

dankbar leben, auch in stürmischen Zeiten

Dankbarkeit als Lebensstil funktioniert so lange, bis uns nach einem langen Tag der Bus im Sturzregen direkt vor der Nase wegfährt, während uns dabei die durchgeweichte Einkaufstüte reißt – findet zumindest Bea, eine meiner eher pessimistisch veranlagten Freundinnen. Auch bei mir gerät die dankbare Einstellung manchmal unter die Räder, gerade wenn Arbeits- und Familienstress den Alltag extrem beschleunigen. Dann heißt es: innehalten, tief durchatmen, sich wieder auf den Zauber besinnen, der sich mit jedem geschenkten Atemzug entfalten kann. Denn sich an all die großen und kleinen schönen Dinge, Ereignisse und Momente mit anderen zu erinnern und sich an ihnen zu erfreuen, besitzt einen größeren Einfluss auf unser Wohlbefinden (und damit auch auf unseren Goodness Footprint in dieser Welt!) als auf den ersten Blick ersichtlich.

Dankbarkeit: Balsam für Beziehungen und Workout fürs Herz

Dass es sich mit einem dankbaren Herzen besser lebt, wird jedem von uns bewusst, wenn wir einen Moment darin verweilen, Danke zu sagen – und das wortwörtlich von Herzen. Es ist, als würde die Seele einmal tief Luft holen und dann die Augen öffnen: all die Schönheit in sich aufnehmend, die sie dabei erblickt.

Dankbarkeit verbindet. Sie verbindet uns mit allem um uns herum, sei es die aufgehende Sonne vor dem Fenster, die Kolleginnen und Kollegen bei der Arbeit, die Nachbarn im Kiez oder der erwachende Lieblingsmensch neben uns im Bett. Und es sind gerade diese Verbindungen, die wir zunehmend verlieren, je mehr wir online unsere Zeit verbringen und mit Handy vorm Gesicht durchs Leben gehen. Es sind oftmals diese direkten Begegnungen, die uns lebendig fühlen lassen, präsent, da. Der Effekt von Dankbarkeit auf Körper, Geist und Seele geht darüber jedoch hinaus:

Bessere Beziehungen. Um noch einmal auf den Menschen zu sprechen zu kommen, mit dem wir unser Leben teilen: Ein Gefühl von Dankbarkeit gegenüber dem Partner oder der Partnerin kann unter anderem die allgemeine Zufriedenheit mit der Beziehung als auch das Gefühl von Verbundenheit erhöhen. Außerdem trauen sich Menschen, die in einer Beziehung regelmäßig ihre Dankbarkeit und Wertschätzung dem Partner gegenüber ausdrücken, auch eher, unangenehme Dinge klar anzusprechen. Mehr Ehrlichkeit, Offenheit und Tiefe obendrein – Dankbarkeit kann ein wahrer Glücksschauer für unser Liebesleben sein. Aber auch in Freundschaften oder der Arbeitswelt profitieren wir davon, wenn wir diese Empfindung pflegen, weil dabei Wohlfühlhormone wie Oxytocin ausgeschüttet werden, welche das Vertrauen in andere Menschen stärken. »Vertrauen ist ein wichtiges Schmiermittel sozialer Systeme«, fasste es der Ökonom und Nobelpreisträger Kenneth Arrow zusammen.

Besserer Schlaf. Forscher kamen zu einem überraschenden Ergebnis: Dankbarkeit wirkt sich nicht nur auf unsere wachen Momente aus, sondern auch auf unseren Schlaf. Die Teilnehmerinnen, die sich täglich darin übten, Dankbarkeit zum Beispiel mithilfe eines Gratitude-Tagebuchs zu leben, schliefen besser und länger. Wahrscheinlich ist dies darauf zurückzuführen, dass mehr positive Gedanken sie begleiten und Sorgen oder Ängste dadurch automatisch weniger Platz einnehmen. Also abends lieber mal was Schönes (er-)zählen statt Schafe.

Mehr Lebenszufriedenheit. In einer Studie mit Menschen, die von neuromuskulären Krankheiten betroffen sind, konstatierten diejenigen, die über drei Wochen täglich ihre Dankbarkeit schriftlich festgehalten hatten, mehr Wohlbefinden und Lebenszufriedenheit als ihre Peers in der Vergleichsgruppe. Dies strahlte so stark nach außen, dass auch ihre Lebenspartner diesen Effekt wahrnahmen und in Befragungen erwähnten. Dankbarkeit führt somit zu Glück, das man spürt und lebt zugleich, es verändert die eigene Einstellung und Ausstrahlung weitreichender, als jeder kurzfristige Happiness-Trend es je könnte.

Neben alledem steht auch fest: Dankbare Menschen sind im Vergleich auch die gesünderen. Sie sind verstärkt sportlich aktiv, suchen bei gesundheitlichen Beschwerden nach Rat und Unterstützung, kümmern sich besser als andere um ihre physische und geistige Gesundheit. Sie pflegen Self-Care genauso wie das Kümmern um andere. Dankbare Menschen leben kurz gesagt rundherum bewusster, weil Dankbarkeit genau das schafft – ein Bewusstsein dafür, wie wertvoll alles und jeder Einzelne von uns ist, wir selbst und unser eigenes Wohlergehen miteingeschlossen.

Und Dankbarkeit kann sogar noch mehr: Sie ist nicht nur Balsam für die Seele, sondern auch Medizin fürs Herz. Eine Studie in den 1990ern stellte erstmals die Verbindung zwischen einem Gefühl von Dankbarkeit und Wertschätzung auf der einen Seite sowie einer verbesserten Herzfrequenzvariabilität als Indikator für ein gesundes Herz auf der anderen Seite her. Seitdem sind zahlreiche Studien hinzugekommen, die eine Lebenseinstellung voller Dankbarkeit unter anderem mit niedrigerem Blutdruck oder einem antientzündlichen Effekt auf den Körper verbinden. Ereignissen, Menschen und Dingen dankbar zu begegnen, ist somit eine der besten Glücksmaßnahmen, die wir uns (und der Welt) schenken können. Und sie bedarf weder viel Geld noch Zeit, ein kurzer Moment des Innehaltens und Wertschätzens genügt.

Dankbarkeit leben

Dankbarkeit ist ohne Achtsamkeit undenkbar. Indem wir uns mit dem Moment verbinden, die schönen Dinge und Begegnungen in unserem Alltag auf- und ihnen nachspüren, kommen wir in Kontakt mit uns selbst, unserer Welt und der ureigenen Harmonie, die in uns wohnt. Indem wir das Positive in unserem Leben wertschätzen, richten wir auch unseren Blick dorthin aus und füllen unseren Kopf mit positiven Gedanken, die fortan ihre eigene Kraft und Magie entfalten können. Dankbarkeit kann sich dabei in ihrer glorreichen Dreifaltigkeit manifestieren: Sie …

1. eröffnet es uns, positive Lebensumstände wahrzunehmen und zu zelebrieren,
2. erleichtert es uns, mit schwierigen Lebensumständen umzugehen und auch in ihnen noch Lichtblicke zu entdecken, und
3. hilft uns dabei, negative Gefühle und Gedanken einzudämmen.

Dabei hält sie sich nicht an zeitliche Begrenzungen, mit ihr können wir uns sowohl erneut an Schönem in der Vergangenheit erfreuen, den gegenwärtigen Augenblick vollends auskosten sowie positiv der Zukunft entgegenblicken. Hierzu steht uns eine Vielzahl an Gratitude-Werkzeugen zur Verfügung. Es lohnt sich insbesondere auch in stürmischen Zeiten, diese kleinen Wundermittel gezielt anzuwenden, denn gerade dann können wir die heilende und liebevolle Kraft von Dankbarkeit besonders gut gebrauchen.

Tagebuch. Schreibe in einem Gratitude Journal jeden Tag all das auf, was dir Gutes widerfahren ist und wofür du Dankbarkeit verspürst. Du kannst dich zum Einstieg einfach auf drei Dinge konzentrieren und dann mit der Zeit herausfinden, wie du dein Tagebuch ganz individuell gestalten möchtest.

Danksagungen. Briefe und liebevolle Notizen sind heutzutage etwas ganz Besonderes. Indem du einer anderen Person gegenüber deine

Wertschätzung ausdrückst, teilst und verstärkst du die Kraft, die Dankbarkeit insgeheim besitzt. Wer nicht schreiben mag, kann dies auch in einem persönlichen Gespräch tun. Ein monatlicher Moment der Danksagung ist ein schönes und wertvolles Ritual, das sich lohnt und dich sicherlich mit der Zeit auch zu vielen spontanen Danksagungen inspirieren wird – so verwandelt sich eine Gratitude Challenge allmählich zu einem Gratitude Lifestyle!

Gebete und Meditationen. Auch sie eignen sich sehr, um einen dankbaren Geist zu kultivieren. Fokussiere dich auf etwas, für das du in diesem Augenblick dankbar bist, die Wärme der Sonne auf deiner Haut, den Vogelgesang in deinen Ohren, die Liebe für einen besonderen Menschen in deinem Herzen. Eine kurze Meditationsanleitung findet ihr weiter hinten im Buch.

Einschlafrituale. Wenn du die oben genannten Vorschläge in deinem Alltag schwer unterbringen kannst, nimm dir einfach einen ruhigen Moment im Bett kurz vorm Einschlafen, um noch einmal an die Erlebnisse und Menschen zu denken, die dich heute mit Dankbarkeit erfüllt haben. Ein wunderbarer Abschluss, mit dem du bereits den Keim für einen positiven Start in den nächsten Tag säst.

WERTE KENNEN, WERTE LEBEN

MELANIE. Wie ein Kompass kann die persönliche Wertehaltung uns in stürmischen Zeiten daran erinnern, was uns wichtig ist, und davon befreien, in Situationen zu geraten oder zu verharren, die unerwünschte Folgen haben können. Lob und Kritik können uns kurz- oder auch längerfristig beeinflussen, aber eine klare Wertehaltung verhindert die tückische Selbstverleugnung.

Als ich das erste Mal auf eigenen Füßen stand, erkannte ich schnell, was für einen Balanceakt ich bewerkstelligen musste. Ich war einerseits neugierig, wollte das volle Leben, gleichzeitig erkannte ich meine Sensibilität und wie mich diese Intensität herausforderte.

1998 hatte Gemütlichkeit bei mir einen niedrigen Stellenwert, Geschäftigkeit und Hartnäckigkeit waren gefragt. Scharfsinn. Unerschütterlichkeit. Egal, ob es dabei um Kakerlaken oder Crack-Dealer ging: Ich wollte mich partout nicht einschüchtern lassen. Perfektion war das Mindestbedürfnis. Eine Haltung, die ich als Eiskunstläuferin entwickelt hatte. Einfachheit war in dieser Zeit ebenso ein Muss. Bett, Couch, Stuhl, ein Schreibtisch. James Pennebaker, ein Psychologieprofessor aus Texas, hat in einer Studie festgestellt, dass Menschen, die ihre Gedanken und Gefühle niederschreiben, erwiesenermaßen besser im Verarbeiten von emotional belastenden Erfahrungen werden. Rückblickend weiß ich, dass ich durch das Schreiben die damals aufwühlenden Ereignisse in meinem Leben besser verkraften konnte. Gleichzeitig kamen immer deutlicher meine Grundüberzeugungen aus den Tiefen meines Herzens zum Vorschein. Die nächsten 20 Jahre befasste ich mich mit Themen wie »Glaubensmuster«, »soziale Erwartungen«, »moralische Regeln«, »Rolle in der Gesellschaft«, »Gemeinschaftssinn«, »Selbstfindung«, »Wirtschaftspsychologie«, »Bewusstsein«, »Identität«, »Natur des Menschen«, »Pädagogik«, »Erleuchtung«. Vor allem aber beobachtete ich mich selbst und die Menschen um mich herum. Was steckte dahinter? Was für ein Programm lief da bei uns ab und wie konnten wir es, wenn gewünscht, ändern? Welche Werte erlaubten es mir, mein Potenzial auszuschöpfen, und welche Ideale lohnte es sich loszulassen? Ich hinterfragte immer wieder meine eigene Software, die je nach Umfeld und Wohnort Updates erfuhr.

Auf dem Tanzparkett fand ich den Boden, den ich immer wieder vermisste. Hier war ich mit allen Emotionen willkommen, hier durfte ich mich ausdrücken, auch Verletzlichkeit, Zärtlichkeit, Unsicherheit, Wut, Enttäuschung, Sehnsucht. Hier war meine Feinfühligkeit kein Handicap. Nach neun Jahren im Ausland folgte ich meinem Kompass in meine kleine, feine Schweiz zurück, wo Werte wie Bodenständigkeit, Zuverlässigkeit, Kompromissbereitschaft und Pünktlichkeit gelebt werden. Wo Bundesräte selbstverständlich Zug fahren, die Stadtpräsidentin von Zürich sogar mit dem Fahrrad zu einem Meeting radelt und ihre persönliche Assistentin auch mal ohne Voranmeldung ein Ohr für die Anliegen der Mitbürger hat. Was mir in den USA gefallen hatte, die Offenheit und Spontaneität, oder das Savoir-vivre aus Frankreich nahm ich in mir mit. Ich kreierte Schritt für Schritt eine Atmosphäre in mir und um mich, die meinen Bedürfnissen entsprach.

Eine ähnliche Wertehaltung wie die meine entdeckte ich auch in der Gay-Szene. Von der LGBT-Community (Lesben, Schwule, Bisexuelle und Transgender) erlebte ich weder Verurteilung noch Bevormundung, so wie ich es sonst gewohnt war. Mein Wesen suchte stets fantasievolles, verspieltes Zusammensein, was ich in dieser Umgebung vorfand. Hier konnte ich großzügig meinen Tanz verschenken, Bedingungslosigkeit erleben, mich an Vielseitigkeit erfreuen, Respekt erfahren und Begeisterung teilen. Besitzergreifen, Eifersucht, Dominanz präsentierte sich hier weniger. Ich konnte atmen und Melanie sein.

Interessanterweise fühlte ich mich bei den Menschen, die den Buddhismus Nichiren Daishonins pflegen, ähnlich willkommen. Ein erfülltes, glückliches Leben zu führen, ist das Ziel dieser Gemeinschaft. Zu ihrer Lebensphilosphie gehört, die eigenen Herzenswünsche zu verwirklichen und gleichzeitig zu dem Glück anderer und einer friedlichen Gesellschaft beizutragen. Beide Gemeinschaften ermöglichten es mir meine persönliche Wertehaltung aufrecht zu erhalten. Trotzdem plagten mich immer wieder Selbstzweifel, bis im Jahr 2018 meine innere Stimme so deutlich wie nie zuvor sagte: »Melanie, stell dich in deine Lebensmitte!« »Das ist egoistisch!«, schrie mein altes Programm. Als ich einen Schritt vor dem Abgrund stand, machte es klick. Es war höchste Zeit für mich, den Akt der Selbstliebe zu vollziehen, alles andere hätte Vernachlässigung bis hin zur totalen Selbstaufgabe bedeutet. Von falscher Rücksicht befreit, entschied ich mich für ein selbstbestimmtes Leben.

Wie dieses Leben aussieht, darf ich bestimmen, dies ist mein persönliches Kunstwerk. Auch du sollst über dein Kunstwerk bestimmen. Es gibt so viele Formen, die wirkliche Freiheit liegt darin, wählen zu können. Und woher wissen wir, ob die persönliche Wahl moralisch vertretbar ist? Wer macht die Regeln? Was darf möglich sein? Folgendes Mantra, von dem man nicht so genau weiß, woher es stammt, umfasst für mich die Dimensionen wirklich einfach und einleuchtend zusammen:

»Mögen alle Lebewesen glücklich und frei sein und mögen die Gedanken, Worte und Aktionen in meinem eigenen Leben zu diesem Glück und dieser Freiheit beitragen.«

Unsere Aufgabe ist es, Selbstbestimmung wirklich zu leben. Nicht gemäß einem fremden Programm durchs Leben zu gehen oder ständig zu versuchen, andere zufriedenzustellen. Darin ist kein Frieden zu finden, so bliebe man für immer fremdbestimmt und sich selbst fremd.

»Vergessen du musst, was früher du gelernt.« Dieses Zitat von Meister Yoda, einer fiktiven Filmfigur aus »Star Wars«, begleitet mich schon ein Leben lang. Das Zitat hat es in sich, beruht es doch auf der Tatsache, dass die Dinge, die wir gelernt haben, zu hinterfragen sind. Beispielsweise wurde mir vorgelebt, bloß nichts Privates preiszugeben. Mein heutiger Wunsch ist jedoch das Teilen von Lebenserfahrungen, damit wir voneinander lernen können. Der Austausch von Herz zu Herz, damit wir Mitgefühl füreinander entwickeln können. Respekt, damit wir einander in unserer Diversität schätzen können. Die Verlässlichkeit in der Freundschaft, damit wir uns gegenseitig inspirieren können. Die Treue und das Vertrauen in einer Beziehung, damit wir Seite an Seite wachsen können. Selbstverantwortung, damit wir von Projektionen und Co-Abhängigkeiten frei bleiben. Die Fähigkeit zur Einsicht, damit wir aus unseren Fehlern lernen können. Die Akzeptanz gegenüber verschiedenen Religionen, damit wir uns dank den Kernbotschaften einander annähern können. Ehrlichkeit und Offenheit auch in Geschäftsbeziehungen, damit wir der Korruption den Wind aus den Segeln nehmen können. Gesellschaftliches Engagement und Kulturförderung, damit wir Tradition und Forschritt vereinen. Nachhaltigkeit, Pflanzen- und Tierliebe, damit unsere Kinder eine Zukunft haben.

Worauf möchtest du dein Leben und deine Beziehungen aufbauen? Wer seine Werte lebt, kann sein Leben, seine Umgebung und seine Beziehungen gründlicher mitgestalten. Ich fühle mich heute sehr gut in einer von mir gewählten und mitgestalteten Wertegemeinschaft aufgehoben, lasse mich nicht mehr so leicht destabilisieren wie früher. Es ist nicht ausgeschlossen, dass auch ich abschweife, mir selbst gegenüber mal nicht loyal bin. Aber ich erkenne diese Momente schneller und deutlicher und kann eine Kursänderung einleiten. Wie deine Wertehaltung im Leben aussieht, kannst du für dich herausfinden. Schau, was mit dir in Resonanz tritt, wo du dich zu Hause fühlst, oder was deinen persönlichen Vorstellungen entspricht. Je nach Lebensphase wandelt diese sich auch, sprich mit Freunden darüber. Auf jeden Fall kannst du deinen Kompass dadurch eichen und so leichter durchs Leben segeln, auch durch große Stürme hindurch. Ahoi! Ab ins Abenteuer! Darauf hisse ich meine Fahne mit der Botschaft: »Be kind. Be free.«

»IF YOU CAN'T LOVE YOURSELF, HOW IN THE HELL YOU GONNA LOVE SOMEBODY ELSE?«

RuPaul

Vielleicht möchtest du beim Thema »Selbstliebe« voller Sehnsucht endlich in diesem Zustand ankommen. Oder gleich aus der Haut fahren und zum nächsten Kapitel springen. Beides ist verständlich, haben wir doch jahrhundertelang ein Programm entwickelt, das die Liebe zum Selbst als ein Attribut von Heiligen, Geistlichen, Esoterikern, Gurus oder Yogis erklärt hat. Eventuell ist es noch was für Nudisten, die paar Verrückten im Dorf und Workshopleiter, die Seminare für verlorene Seelen geben. Das normale Volk sollte sich schämen und schuldig fühlen, zumindest hier in der westlichen Welt. Vielleicht gehörst du aber auch zu den Menschen, die Selbstliebe ganz selbstverständlich pflegen, dann gratuliere ich dir herzlich und danke dir für diesen Beitrag an dich und die Gesellschaft. Die Sonne »Self-Love« wärmt nämlich nicht nur dich, deine Umgebung kommt auch in den Genuss von deinem Strahlen.

Bei Gesprächen mit Freunden zu diesem Thema habe ich festgestellt, dass wir alle immer wieder wolkenbehangene Zustände erleben. Manchmal schaffen die Strahlen den Durchbruch, manchmal sind die Zweifel aber so dick wie ein Cumulonimbus. Durchkommen unmöglich.

Also wie weiter? Hierzu eine Anekdote aus meinem Leben: Nach einer Philosophiestunde plaudere ich mit ein paar Schülern im Zug, als eine Schülerin sich plötzlich wie folgt äußert: »Ich wollte dir noch sagen, ich habe mich nach dem letzten Austausch im Gegensatz zu meiner Mitschülerin gar nicht gut gefühlt. Mir ging es sogar richtig schlecht. Die Glaubenssätze, die wir notieren sollten, fielen bei mir alle so negativ aus. Das ist mir da zum ersten Mal aufgefallen und hat mich ziemlich mitgenommen. Aber ich habe dann darüber gesprochen …« Die Schülerin beugt sich zu mir und flüstert mir zu, als würde sie mir das Geheimrezept des Appenzellers verraten: »Ich bin in Therapie, musst du wissen.«

Tuschelthema »Therapie«. Da ist es wieder. In letzter Zeit begegnet es mir öfters. Ich antworte sehr spontan und von Herzen: »Ich gehe auch in Therapie. Immer wieder. Zurzeit habe ich drei Therapeuten: für den Körper, den Geist und die Seele. Je nach Bedarf mache ich einen Termin. Ab und zu besuche ich Coachings. Es ist schon seltsam, dass Menschen, die sich durch eine Therapie unterstützen lassen, immer noch stigmatisiert werden. Die mentale Gesundheit steht zurecht mehr und mehr im Fokus. Wir müssen damit aufhören, anzunehmen, dass wir kaputt sind, wenn wir uns um uns selbst kümmern. Mir ist es eher suspekt, wenn jemand sagt, dass er oder sie noch nie eine Therapiesitzung hatte. Dann frage ich ernsthaft nach: Warum nicht?«

Staunen im Viererabteil. Die Lehrerin geht in Therapie?! Aha. Dann die spürbare Entspannung. Sie hat auch nicht alles im Griff, schämt sich deshalb aber nicht. Nein, tue ich nicht. Oder besser gesagt: nicht mehr. Ich liebe mich heute genug, als dass ich mich großzügig und ganzheitlich um mich kümmern kann.

Wann ist ein Mann ein Mann?

Leider ist es oft so, dass wir Menschen uns vernachlässigen, weil wir uns genieren. Frauen und Männer. Vor allem Männer, wenn es ums Thema »Therapie« geht. Die dürfen ja gar nicht »nicht alles im Griff haben«. Und sich in einer Behandlung um Selbstliebe kümmern? Um Himmels willen, das ist etwas für Weicheier, nicht für harte Typen und Führungspersonen. Wir haben eine Kultur aufgebaut, in der es für Männer ganz normal ist, sich zu isolieren und emotional unzugänglich zu machen. Als ein Zeichen von Stärke. Die Wahrheit sieht anders aus, denn diese einseitige Rolle kann Mann nur bedingt aufrechterhalten. Irgendwann kommt schleichend oder mit dem Vorschlaghammer die Realisierung, dass sie mehr als Rambos sind. Männer sind so vielschichtig wie Rocky. Wer kennt sie nicht, die Szene im gleichnamigen Film, in der der stahlharte Boxer zu seinem vollen Wesen steht und schreit: »Ich habe Angst! Genügt das? War es das, was du hören wolltest? Willst du mich kaputt machen? Also gut: Ich habe Angst! Zum ersten Mal in meinem Leben habe ich verdammte Angst.« Worauf seine Frau mutig kontert: »Ich habe auch Angst, Rocky. Es ist aber nichts dabei, wenn man Angst hat. Du bist ein Mensch wie alle anderen, oder nicht?«

Selbstliebe heißt, unsere Bedürfnisse zu achten, egal, was andere denken. Wir nehmen darin auch unsere Verletzlichkeit an. Wir können darin auch zugeben, dass wir Angst haben. Und merken, dass wir damit nicht allein sind, dass es uns allen ähnlich geht. Einige Männer, die ich kennenlerne, leiden so sehr unter den grandios stark definierten Glaubenssätzen vom unzerbrechlichen Kerl, dass sie zu »Gefangenen ihrer selbst« werden. Freier Wolf? Eher gefangener, der aus tiefster Seele heult, wenn dann die Mauern bröckeln. Wenn endlich jemand da ist, der sie nicht verurteilt, ihre Gefühle anerkennt, ihnen die Wärme, das Verständnis und die Zuneigung entgegenbringt, die sie im Leben vermissen. Endlich jemand, in dessen Beisein sie keine Maske tragen müssen und der ihre Verletzlichkeit als menschlich sowie achtenswert betrachtet. Dann sind sie echt. Das ist stark. Das bedeutet Freisein. Manchmal fließen dann haltlos die Tränen und Mann versteht nicht mehr, wer er ist.

Ich sage jetzt mal gerade heraus, wer wir sind: Wir sind fühlende Wesen. Es ist ein Hirngespinst der Wirtschaft und gestörter Machthaber, dass wir Gefühle ausschalten müssen, um ein erfolgreiches Leben zu führen. Im Gegenteil: Das Ausklammern der Gefühle erzeugt einen immensen ungesunden Stress. Gefühlslosigkeit führt zu Leid, zu einer Sinnlosigkeit des Daseins. Ohne Gefühle sind wir wie ein Hologramm – ein dargestelltes Produkt ohne wirkliches Leben. Das ist meine Beobachtung. Achtung, ich sage nicht: Wir sind unsere Gefühle. Aber wir haben sie und sollten lernen, mit ihnen umzugehen, anstatt sie zu verbannen. Ich begrüße gefühlvolle Männer, die zu ihren Regungen stehen und Verantwortung übernehmen. Dass es schwierig ist, aus alten Mustern auszubrechen, ist mir klar. Genauso herausfordernd kann es für Frau sein, aus der Rolle der Selbstaufopferung herauszutreten. Auch hier sind vorprogrammierte Muster am Werk, die von der Gesellschaft gefördert und gefordert werden. Ich denke aber, wir können uns aus dieser einengenden, unbefriedigenden, ja oft schmerzhaften Gesellschaftsordnung mithilfe von Selbstliebe befreien. Die gute Neuigkeit ist, dass du dir nicht die Aufgabe aufbürden musst, die anderen zu ändern. Wie der persische Philosoph Dschalāl ad-Dīn Muhammad ar-Rūmī, der die Liebe als die Hauptkraft des Universums ansah, so schön gesagt hat:

> »Gestern war ich klug, deshalb wollte ich die Welt verändern.
> Heute bin ich weise, deshalb verändere ich mich selbst.«

Ist Selbstliebe ein Luxus?

Selbstliebe ist eine Entscheidung und meiner Meinung nach kein Luxus, sondern eine Notwendigkeit für ein selbsterfülltes Leben. Leider steht bis heute nicht im Lehrplan, wie man Selbstliebe lebt, und Eltern wiederholen oft schlicht die Leitgedanken ihrer Vorfahren. Darum ein großes Dankeschön an jede Person, die sich dafür entscheidet, ihr Verhaltensprogramm mit einer Therapie oder einem Coaching unter die Lupe zu nehmen. Merci beaucoup! Danke an alle, die lernen, sich zu lieben.

Einiges von der Software, die wir von Eltern, Schule, Gesellschaft, Autoritätspersonen usw. mitbekommen, wird uns als sicheres Erfolgsrezept verkauft. Aber ehrlich, da wird so viel Mist als Dünger verkauft, dass es zum Himmel stinkt. Und während man den Mist der anderen herumschaufelt, vergisst man, aus seinem eigenen wertvollen Dünger zu machen.

Mist ist da, keine Frage, bei jedem von uns. Nur sollten wir lernen, uns auch um ihn zu kümmern. Um hier den Durchblick zu behalten, inmitten der Schweinereien, denen wir im Leben ab und an begegnen, kann man sich ruhig mal in eine Therapie begeben. Nenne es mit einem Lächeln »Beratung«, wenn das Wort »Therapie« dich zu sehr abschreckt.

Nun bin ich bei der Thematik »Selbstliebe« im Training, das gebe ich offen zu. An manchen Tagen geht es wunderbar mit der Selbstachtung und dann fühle ich mich wieder wie ein Erstklässler, der eine Steuererklärung ausfüllen soll.

Keine Bange, die meisten von uns stecken in der Entwicklung, wenn es um die Pflege unseres eigenen Gartens, der unser Wohlergehen beinhaltet, geht. Kein James Bond, keine Superwoman, kein Mega-Guru – niemand wird dies für dich erledigen und dir einen Garten à la Jardin du Luxembourg hinzaubern, während du ein bisschen an das Gute in dir glaubst oder dich zweimal im Jahr feierst (an deinem Geburtstag und an Neujahr). So funktioniert es eben nicht. Es braucht regelmäßige Pflege.

Dein Leben – dein Garten

Der Entscheidungsträger, welche Saat du in deinem Garten säst, solltest du sein. Hör auf deine Herzensstimme. Mit Therapie oder einem Coaching kannst du diese Stimme, die unter allen Gedanken existiert, manchmal noch besser heraushören. Dabei gibt es glücklicherweise unzählige Vorgehensweisen und Formen. So ist zum Beispiel ein Fall von Kriegsveteranen bekannt, die große Scham darüber empfanden, sich in Therapie zu begeben. Keiner wollte sich bloßstellen und doch war klar, dass sie Hilfe zur Selbsthilfe benötigten. Schließlich kam jemand auf die grandiose Idee, in einer virtuellen Welt Therapiesitzungen abzuhalten. In der Anonymität konnten sich die Personen wieder öffnen. Diese Therapieform war ein voller Erfolg.

Versuch es doch mal mit einer Beratung, es muss ja nicht jeder wissen. Oder heule einfach drauflos. So richtig. Wie Rocky. Tut gut, kann ich bestätigen, denn es löst Verkrampfungen und Spannungen. Lass einfach mal die Tränen laufen, bevor du zur Medusa wirst. Ich kann nachfühlen, dass dir manchmal zum Heulen ist. Wirklich. Wobei wir gleich zu einem meiner nächsten Lieblingsthemen kommen: Empathie.

Hilfe, ich bin Königin oder König der Empathie!

Hierzu ein Märchen, das uns erzählt wird. Das von »weiblich« oder »männlich«. Es macht Frauen zu Mimosen (warum fühlt die so stark, kann sie nicht rational sein?) und führt bei Männern zu egozentrischem Verhalten (warum ist der so egoistisch und sieht keine Zusammenhänge?). Am Ende leiden alle beide. Nun gibt es weibliche Exemplare mit egozentrischen Zügen und männliche Mimosen. Ja, so flexibel ist die Natur. Nur: Das Märchen der Rollenverteilung tut sein Bestes, um hier eine klare Linie zu behalten. Weiblich oder männlich? Bloß keine Mischformen, wo kämen wir denn da hin? Wir stehen doch schon mit genderfluiden Personen vor einer Herausforderung, müssen wir nun auch noch dem Empathieempfinden mehr Flexibilität zugestehen? Ja, es ist eindeutig Zeit dafür. Wir sind nämlich nicht einfach weiblich oder männlich. Wir sind weiblich und männlich.

Wir können einander fühlen! Manche mehr, manche weniger.

Bist du jemand, der sich sehr gut in andere hineinfühlen kann? Die Emotionen der Mitmenschen leicht und richtig an ihren Gesichtern und ihrer Körpersprache ablesen kann? Dabei die eigenen Bedürfnisse oft zurücksteckt? Vielleicht hast du bemerkt, dass du den Wünschen von Kollegen, Freunden, Familienmitgliedern, ja sogar Fremden oft Vorrang gibst und dich dabei wie selbstverständlich zurücknimmst, sogar vernachlässigst? Hast du dich in der Schule stets um Außenseiter gekümmert? Vielleicht bist du eine passionierte Lehrerin, ein unermüdlicher Ehrenamtlicher, ein vorbildlicher Sohn, eine glänzende Tochter? Gehörst du zu den Menschen, denen sogar völlig Fremde die persönlichsten Dinge anvertrauen?

Dann bist du wahrscheinlich ein hochsensitiver Empath. Das Wort reicht nicht aus, um der Natur gerecht zu werden. Ich bin auch kein Fan von Etiketten, aber ich lade dich mit dieser Bezeichnung dazu ein, mehr darüber nachzuforschen. Wenn du dich im Empathen wiedererkennst, ist das eine gute Nachricht und beinhaltet gleichzeitig eine große Verantwortung: für dich selbst. Ich meine das ernst. Es ist wichtig, dass du Nein sagen kannst oder es lernst. Bitte vergiss nicht: In einer Notsituation musst du erst dir selbst die Sauerstoffmaske anziehen! Vor jedem Flug wird uns das bildhaft erklärt. Und doch haben Empathen die Tendenz, sich erst um alle anderen zu kümmern. Das führt zu einem doppelten Unglück: Zum einen kannst du dabei zugrunde gehen – bevor du es merkst, fehlt dir die Luft zum Überleben. Und: Die Welt würde dabei ein wertvolles Mitglied der Gesellschaft verlieren. Darum trage ich diese ernst gemeinte Bitte vor: Pass auf dich auf. Sei dir selbst die beste Freundin, der beste Freund! Achte auf deine Emotionen und deinen Energiehaushalt. Fühlst du dich ausgelaugt, ist das ein ernst zu nehmendes Zeichen.

»Wir haben alle ein bisschen ›Ich will die Welt retten‹ in uns.
Aber es ist okay, wenn du erst mal nur einen Menschen rettest.
Und es ist okay, wenn dieser Mensch du selbst bist.«

Diese Zeilen (die Quelle ist mir leider unbekannt) solltest du dir zu Herzen nehmen. Ich musste das auf die harte Tour lernen und möchte, dass dir das erspart bleibt. Deine physische und psychische Gesundheit hat oberste Priorität. Meine Mutter sagte mir einst: »Du hattest schon immer ein Helfersyndrom, von Kind an.« Es ist nicht immer klar, wie es dazu kommt. Erziehung, DNA, Charakter, Umfeld, die Meinungen über die Ursachen gehen auseinander. Natürlich kann es bei der Entwicklung deiner Persönlichkeit helfen, die Gründe zu erforschen. Wichtig finde ich, dass du verstehst und respektierst, was überhaupt deine Bedürfnisse sind, um in Balance zu sein, und dass du dich daran hältst. Ich wünsche dir nicht, dass kleine Gesten plötzlich zu großen Energiesaugern werden, darum sei ehrlich mit dir und mache das, was dich in deiner Balance hält.

Es ist heute erwiesen, dass hochentwickelte Empathie nicht einfach »Gefühlsduselei«, sondern eine wissenschaftlich belegte Eigenschaft ist. Also kein Esoterik-Furz, sondern »Science, bitch!«. Einfach erklärt könnte man es so beschreiben: Es gibt Menschen, die sind wie ein Haus mit Lichtschalter. Jemand muss bewusst den Lichtschalter drücken, um die Dinge sichtbar zu machen. Dann gibt es Häuser mit Bewegungsmelder. Wenn da jemand durchspaziert, geht automatisch das Licht an – in diesem Haus wird wahrgenommen. Keine Chance auf Versteckspiel. Verständliches Bild, oder? Nun, manche Menschen funktionieren eher mit Lichtschalter, andere mit Bewegungsmelder. Ich gehöre zu den Häusern mit Bewegungsmelder und wusste lange nicht, dass nicht alle so ausgestattet sind. Das ist keine Bewertung, das ist eine Feststellung. Als ich einem Freund von meiner Sensibilität für das Weltgeschehen erzählte, meinte er lapidar: »Ach, die Leiden in der Welt? Das ist für mich wie ein weißes Rauschen …« Ich staunte. Bei mir fühlt es sich eher wie ein 4D-Film an. Falls du dich auch öfter in so einem Film zu befinden scheinst, wisse, dass du nicht verrückt bist. Feinsinnig, ja. Aber nicht verrückt.

Nun hat diese Sensibilität ihre Vor- und Nachteile. Hochsensible Menschen sind eine Realität und werden oft als »zarte Pflänzchen« abgestempelt. Das ist idiotisch, weil riesiges Potenzial an lösungsorientierten Menschen unter dem Stempel »Sensibelchen« verloren geht. Empathen bleiben nicht einfach an der Oberfläche, denken rund und scheuen kein herzhaftes Engagement. Ist es nicht das, was die Welt braucht? In Anbetracht der Probleme, mit denen wir uns herumschlagen? Wir brauchen Wissenschaftler, Erzieher, Erfinder, Führungspersonen, Ärzte, Künstler, Macher, Pfleger, Politiker, ganz unterschiedliche Menschen in allen Sparten der Gesellschaft, die ganzheitlich, rund und vernetzt denken!

Damit diese Talente sich nicht erschöpfen, braucht es Aufmerksamkeit und (Selbst-)Achtung. Ich spreche aus eigener Erfahrung, konnte vor lauter Meldungen in meiner Umgebung manchmal kaum mehr atmen, auch in Beziehungen (Familie, Freunde, Boyfriend, Arbeit) wurde die Luft oft knapp. Einfach, weil es so selbstverständlich für mich war, die Bedürfnisse meiner Mitmenschen wahrzunehmen und darauf zu reagieren, bis ich beinahe zusammengeklappt bin. Ich stand kurz vor dem totalen Systemabbruch, verstand nicht, warum andere keine Rücksicht nehmen konnten, weil ich davon ausging, dass sie so wie ich funktionierten. Wir sind aber ganz individuell verkabelt. Das ist das Wunderbare an uns Menschen auf dem Planeten Erde: Wir sind ein jeder in uns selbst ein ganz außergewöhnlicher Planet mit individuellem Ökosystem. Dem können wir wertfrei begegnen. Es heißt einfach, dass ein jeder seine Sphäre am besten kennt. Und da kommen wir wieder zurück zur Selbstliebe. Wenn du für deinen Planeten Sorge trägst, generierst du die Kraft für ein harmonisches Zusammenspiel einer Multi-Galaxie.

Es ist wunderbar, mit liebevollen Gesten durchs Leben zu gehen, bereichernd für die Gesellschaft. Denk einfach daran, deine Biosphäre zu achten. Manchmal ist es richtig, ein Reservat zu bestimmen, wo Sanftheit regiert. Unerwünschte Besucher werden ausgeladen, wie im Naturschutzgebiet. Ziehe dich, wenn nötig, zurück oder bitte um Hilfe. Rechenschaft musst du niemandem ablegen. Du hast ein Recht auf ein würdevolles Leben, weil du bist, nicht weil du leistest.

Diesen Grundsatz finde ich wichtig. Nette Gesten sind keine Superpunkte für den Eintritt in den Himmel, ins Nirwana, in die Erleuchtung oder sonst wohin. Dein Wert hängt auch nicht davon ab, was andere von dir denken. Gesten sind für deinen Genuss, nicht Verdruss. Atme dreimal tief durch, bevor du eine Einladung annimmst, etwas Gutes zu tun. Oder sage: »Ich schlafe gern eine Nacht drüber«, wenn du dich danach fühlst. Das hilft mir oft.

Was ebenso eine Unterstützung sein kann, um deine Sphäre nicht unnötig zu vergiften, ist eine klare Wertehaltung. Gemeinsam mit der Selbstliebe bildest du damit ein wunderbares Energiefeld.

Kleine Gesten, GROSSE WIRKUNG

CHANTAL. Gesten ähneln in vielerlei Hinsicht Pflanzensamen: Von kleiner, mitunter gar winziger Größe beginnen sie in der richtigen Erde zu keimen, zu wachsen, Wurzeln zu schlagen, um letztendlich in die höchsten Höhen hinaufzuwachsen, in den schillerndsten Farben zu erblühen oder die süßesten Früchte zu tragen. Diese besondere Kraft, die Gesten innewohnt, hat ihren Ursprung in den Anfängen unserer Menschlichkeit, worauf wir weiter unten kommen werden, im Zauber eines Lächelns und in der Vielfalt ihrer Umsetzungsmöglichkeiten.

FÜRS GUTE GEMACHT:

Altruismus, Verbindungen und die Evolution

So viel vorweg: Altruismus macht glücklich(er), das ist sogar empirisch bewiesen. Er wirkt sich auf das Wohlbefinden aller Beteiligten aus und sogar auf das Glück von Zuschauenden, die gar nicht direkt in die Handlung selbst involviert sind. Aus evolutionärer Sicht sind Mitgefühl und liebevolle Taten für andere sogar unabdingbar.

Darwin und das Überleben des Netteren

Survival of the Fittest? Nicht unbedingt, zeigen uns die Evolution und das Verhalten einer Vielzahl von Spezies mit Sozialtrieb. Darwin selbst räumte schon 1871 ein, dass Mitgefühl und so etwas wie Güte von allen Säugetieren und sogar Vögeln geteilt werden. Als Beispiel führte er Ausnahmebeziehungen an im direkten sozialen Umfeld der Tiere, in denen nicht-habituelle, also nicht allein gewohnheitsmäßige, Güte an den Tag gelegt wurde. Ein Schwarm von Pelikanen etwa, der gemeinsam über lange Zeit einen alten und blinden Artgenossen fütterte. Oder ein Hund, der einer kranken Katze im selben Haushalt jeden Tag liebevoll das Fell leckte.

Darwin war überzeugt, dass unser Mitgefühl für andere nicht nur erlernt oder sozial konstruiert, sondern in vielen Fällen instinktiv ist, und dass es in diesem Fall sogar stärker sein kann als alle unsere anderen Instinkte oder Motive, unser Streben nach Selbsterhalt eingeschlossen. Durch natürliche Selektion hat sich das Phänomen Darwin zufolge über Generationen noch verstärkt, denn Gemeinschaften mit vielen mitfühlenden Mitgliedern haben einen klaren Vorteil gegenüber anderen: Ihre Mitglieder gewährleisten mit ihrem prosozialen Verhalten das Wohlergehen und damit auch den Fortbestand der gesamten Gruppe.

Eigeninteresse und Selbstlosigkeit – zwei Seiten einer Medaille?

Ohne Mitgefühl und ein Bewusstsein für die Verbundenheit untereinander sind menschliche Gemeinschaften nicht denkbar. Empathie ist die Grundlage jeglichen moralischen Verhaltens, denn ohne uns in die Position eines anderen versetzen zu können, wären wir auch nicht in der Lage, die Folgen unseres Handelns abzuwägen und diese bei unserem Tun zu berücksichtigen.

Selbst Adam Smith, der Gründervater des Kapitalismus, merkte an, dass sich Eigeninteresse und Empathie nicht gegenseitig ausschließen. Wir sind eine Spezies mit ausgeprägtem Sozialtrieb und dementsprechend stark von der Kooperation untereinander abhängig. Geht es den Menschen um uns herum gut, sind sie gesund, wohlgenährt, zufrieden, so wirkt sich das auch direkt oder indirekt auf uns aus. Das Wohlergehen anderer zu fördern und zu gewährleisten, ist somit sowohl eine Frage von vorhandener Empathie als aber auch von einem gesunden Eigeninteresse, um ein funktionierendes soziales Zusammenleben zu gewährleisten.

Um gut zu sein, müssen wir also nicht gleich zu Gutmenschen mutieren, es reicht, wenn wir mit kleinen Gesten allein aus folgendem Grund beginnen: weil sie uns und allen anderen eine ordentliche Portion Zufriedenheit schenken.

Born to share?

Auch der renommierte Psychologieprofessor Dacher Keltner ist überzeugt, dass unser Mitgefühl von grundlegender Bedeutung für die klassischen Aufgaben der Evolution wie Überleben, Fortpflanzung und gute Gruppendynamik ist. Seiner Ansicht nach sind wir Menschen für Selbstlosigkeit und Großzügigkeit geradezu geschaffen.

Bei der Entwicklung von Mitgefühl spielen dabei eine Reihe von Faktoren eine Rolle. Vor allem bewusstes Lernen und soziale Imitation sind wichtige Mechanismen im Prozess der Empathiebildung. Der Impuls zu teilen ist jedoch auch in Menschen vorhanden, die noch nicht vollends sozialisiert sind, zum Beispiel in Kleinkindern unter zwei Jahren. Eine Studie mit Kleinkindern zu den Mechanismen und der Entwicklung menschlicher Zusammenarbeit kam zum Ergebnis, dass diese glücklicher waren, wenn sie ihren Snack einem anderen gaben, als wenn sie ihn selbst aßen – vor allem dann, wenn dies Kosten beinhaltete, sprich: sie keinen weiteren Snack erhielten, und sie also mit dieser Handlung all ihre Ressourcen verteilten. Das spricht erneut deutlich für den instinktiven Charakter unserer Güte, den schon Darwin beobachtet hatte.

Auch Nachahmung macht liebenswerter

Doch selbst Menschen, deren soziale Ader weniger ausgeprägt ist, lassen sich durch das Verhalten anderer zu guten Taten animieren: Mehrere Studien der amerikanischen Wissenschaftler James Fowler und Nicholas Christakis kamen zu dem Ergebnis, dass soziale Imitation unser Verhalten viel stärker steuert, als wir es uns eingestehen wollen. In vielen Situationen ahmen wir nämlich einfach nur das nach, was wir bei anderen sehen.

In einem Rollenspiel zu öffentlichen Gütern erhielten alle Teilnehmer eine bestimmte Anzahl von Credits und mussten entscheiden, wie viele sie behalten und wie viele sie in einen Gruppentopf geben wollten. Alles, was sich am Ende des Spiels in diesem Topf befand, sollte multipliziert und gleichermaßen an alle in der Gruppe verteilt werden. Der höchste Gewinn für alle hätte sich erzielen lassen, wenn die gesamten Credits im Gruppentopf gelandet wären. Da aber keiner vom anderen wusste, wie dieser agieren würde, machte es ökonomisch am meisten Sinn, das eigene »Geld« zu behalten und zusätzlich von all denen zu profitieren, die in den Gruppentopf einzahlen würden. Die Gruppen wurden nach jeder Runde neu zusammengestellt und alle Spieler blieben bis zum Ende des Spiels anonym. Was schätzt du, wie sich die einzelnen Spieler verhalten haben?

Das Ergebnis ist überraschend: Spieler, die in der ersten Runde alles für sich behalten hatten, gaben in den nächsten zwei Runden plötzlich sehr großzügig, wenn sie dies zuvor bei anderen erlebt hatten. Je mehr Großzügigkeit sie dabei festgestellt hatten, desto großzügiger verhielten sie sich selbst in der nächsten Runde. Jede Einzahlung in den Gruppentopf in der ersten Runde wurde in den folgenden zwei Runden durch diese Spieler nahezu verdreifacht. Da die Spieler anonym blieben und die Gruppenzusammensetzung sich nach jeder Runde änderte, konnten die zum Teilen inspirierten Mitstreiter an keinem Punkt des Spiels davon ausgehen, dass sich ihre neu entdeckte Großzügigkeit zukünftig auch für sie lohnen würde. So wirkte sich die anfängliche Großzügigkeit Einzelner am Ende positiv auf eine Vielzahl von Menschen aus und reichte über die ursprüngliche Gruppe hinaus.

Diese Studie leistete Pionierarbeit, denn sie verdeutlicht: Kooperatives Verhalten mitzuerleben, kann das eigene Verhalten auf eine solche Weise verändern, dass die Folgen sich über das ursprüngliche soziale Netzwerk hinaus erstrecken und hiervon auch Menschen in anderen Kontexten profitieren – und vielleicht sogar im gleichen Maße inspiriert werden! Ein Dominoeffekt wird ausgelöst, durch den das positive Verhalten Einzelner fortwährend weiteres positives Verhalten anderer hervorbringt. In der Psychologie bezeichnet man diesen Effekt auch als »soziale Ansteckung«.

Und ja, dieses Phänomen gilt auch in die andere Richtung: Egoismus ist ebenfalls ansteckend. Er verhärtet die Gegenseite und lässt Großzügigkeit versickern. Wir kennen das doch aus unserem eigenen Alltag: Wenn alle anderen ihren Müll auf einem Festival oder andernorts einfach liegen lassen, wird selbst der grünste Mensch früher oder später dazu verleitet, es ihnen gleichzutun. Wir sind soziale Wesen – das kann uns im Guten als auch im Schlechten beeinflussen. Warum aber auf das Negative fokussieren, wenn es möglich ist, Gutes zu schaffen? Also los, gründen wir zusammen im Geiste den Kindness-Club und machen wir uns die Evolution sowie die soziale Ansteckung und Imitation im Positiven zunutze: Wir stecken alle Menschen um uns herum mit kleinen Gesten und guten Taten an, verbreiten große Freude und kleine Glücksmomente!

IST GEBEN WIRKLICH SELIGER DENN NEHMEN?

Was die Forschung dazu sagt

»Wahres Glück besteht darin, andere glücklich zu machen«, besagt ein indisches Sprichwort. Dass dies hier und heute genauso zutrifft wie zu anderen Zeiten oder an anderen Orten der Welt, wurde mittlerweile sogar wissenschaftlich bestätigt. Studien ist es nämlich gelungen, den Kausalzusammenhang zwischen Glück und Hilfsbereitschaft zu belegen, sprich: Es wurde festgestellt, dass mehr Hilfsbereitschaft anderen gegenüber ein höheres persönliches Glücksniveau zur Folge hat. Das ist bei Jung und Alt gleichermaßen der Fall: Auch Kinder, die dazu angeregt werden, etwas für andere zu tun, empfinden ein gesteigertes Glücksgefühl und entwickeln innigere Freundschaften. Und auch bei Jugendlichen wirkt sich Studien zufolge ehrenamtliches Engagement positiv auf das Selbstwertgefühl sowie die soziale Kompetenz aus und reduziert das Risiko für Schulabbruch und sogar Drogenkonsum.

Besser als Sport? Wie gut Güte für die Gesundheit ist

Aber noch mehr als das: Liebenswerte und mitfühlende Menschen sind empirisch nachweisbar auch gesünder als andere. Und das geht so: Kleine Gesten sind nicht nur für den Rezipienten ein Segen, sie wirken sich auch positiv auf unsere psychische und körperliche Gesundheit aus. Die Studienergebnisse des Forschers und Professors Stephen Post gehen sogar noch einen Schritt weiter: Nachbarn zu helfen, ehrenamtlich aktiv zu sein oder Sachen zu spenden, führt zu einem sogenannten Helfer-High und erstaunlicherweise zum Teil zu größeren Vorteilen für die Gesundheit, als Sport zu treiben. Aber bitte kündige jetzt nicht deine Mitgliedschaft im Fitnessstudio, um stattdessen Amnesty International beizutreten! Deine Hilfsbereitschaft kann dich einfach darin unterstützen, bestimmte Ziele zu erreichen, vor allem, wenn du anderen hilfst, die Ähnliches im Sinn haben. Bei einer Studie der Anonymen Alkoholiker konnte eine erstaunlich hohe Erfolgsrate unter denjenigen trockenen Alkoholikern festgestellt werden, die sich als Mentoren im Programm engagiert hatten: Sie war nach einem Jahr zweimal größer als bei allen anderen Teilnehmenden!

Die Erfolge anderer zu feiern, für sie da zu sein oder die eigenen Fähigkeiten weiterzugeben, all dies steigert unser eigenes Glücksempfinden. Indem wir anderen helfen, helfen wir uns selbst – das ist die schönste Seite von Self-Love und Self-Help, weil sie uns alle verändert!

Die unendliche Feedback-Schleife der Güte

Den Dominoeffekt, den kleine Gesten auf unsere Umwelt ausüben können, haben wir uns bereits angeschaut. Ähnlich weitreichend ist der Effekt, der sich in unserem Inneren vollzieht, wenn wir anderen eine Freude bereiten. In einer US-amerikanischen Studie von 2012 sollten Teilnehmer aus zwei Gruppen ihr Glücksempfinden und ihre Zufriedenheit anhand einer Skala auf Basis der folgenden Voraussetzung bewerten: Die eine Hälfte der Teilnehmer sollte sich daran erinnern, wann und wofür sie das letzte Mal Geld für sich ausgegeben hatte, bei der anderen Hälfte ging es darum, wann und wofür sie das letzte Mal Geld für jemand anderen ausgegeben hatte.

Die Forscher fanden heraus, dass die Menschen glücklicher waren, die zuletzt Geld für andere ausgegeben hatten anstatt für sich selbst. Erhielten sie anschließend Geld, um sich oder einer anderen Person eine Freude zu machen, entschieden sich eher diejenigen für ein Mitbringsel, die zuvor ebenfalls etwas für Freunde oder Bekannte besorgt hatten. Hilfsbereitschaft tritt damit auch innerlich eine positive Feedback-Schleife in Gang: Eine gute Tat macht glücklich(er) und je glücklicher wir sind, desto wahrscheinlicher ist es, dass wir weitere gute Taten vollbringen – die wiederum zu unserer Zufriedenheit und damit zu unserer Bereitschaft zu nachfolgenden liebenswürdigen Gesten beitragen. Zufriedenheit und Güte nähren sich somit fortlaufend. So reiht sich eine einzelne kleine Geste in eine Spirale des Guten ein, die uns und andere ein erfüllteres, glücklicheres Leben führen lässt.

Bereichernd: warum kleine Gesten einer Karma-Wellnesskur für unser ganzes Selbst gleichen

Mit Blick auf unser eigenes Leben wirken gute Taten auf mehreren Ebenen: Mit ihrer Hilfe gelingt es uns, persönliche Sorgen zumindest für einen Moment loszulassen, indem wir unseren Fokus auf andere Menschen und Schicksale richten. Das allein schon ermöglicht es uns, wieder tief durchzuatmen und Dinge aus einer neuen Perspektive wahrzunehmen. Kleine Gesten beeinflussen darüber hinaus auch unsere Selbstwahrnehmung, wenn sie auf unseren eigenen Fähigkeiten oder Ressourcen aufbauen, indem wir zum Beispiel unser Wissen mit anderen teilen und auf diese Weise eine ganz neue Sicht auf uns selbst und unseren Beitrag in der Welt erhalten. Auch in schwierigen Zeiten erhält unser Leben auf diese Weise wieder mehr Sinn und wir können zunehmend all die schönen Aspekte unseres Selbst wahrnehmen und schätzen. Verbundenheit mit anderen, neue Freundschaften und Kontakte, stärkere Einbindung in die eigene Nachbarschaft oder Gemeinschaft, Dankbarkeit und Wertschätzung, um nur einige weitere Folgen einer hilfsbereiten Grundeinstellung aufzuzählen, wirken sich selbstverständlich ebenfalls positiv auf unser ganzes Wesen und Leben aus. Für die mannigfaltigen positiven Wirkungen von kleinen Gesten gibt es verschiedene Gründe. Zum einen nehmen wir andere durch solche Gesten nicht nur wahr, sondern vor allem nehmen wir sie auch positiv wahr, weil wir uns mit ihnen, ihren Bedürfnissen oder Wünschen auseinandersetzen. Das erzeugt ein Gefühl von Verbundenheit und Gemeinschaft. Zum anderen verleihen diese Gesten uns auch Hoffnung und lassen uns alltäglichen Hürden optimistischer begegnen. Denn sie beweisen uns: Selbst in schwierigen Situationen oder angesichts von Ungerechtigkeit und Leid können wir unsere Welt aus uns heraus zum Besseren verändern.

I am because you are – die Lehre aus Südafrika

In Südafrika gibt es eine Philosophie namens Ubuntu. Der Begriff an sich lässt sich schwer übersetzen, denn er umfasst sowohl Nächstenliebe, Anteilnahme und Fürsorge als auch die spirituelle Lehre, dass wir alle Teil eines größeren Ganzen sind und uns unsere Menschlichkeit verbindet. I am because you are – nur durch dich werde ich ganz zu mir und nur durch mich kannst auch du ganz zu dir selbst finden und all das dir innewohnende Potenzial verwirklichen. Ubuntu lehrt, dass wir erst durch unsere Mitmenschen und durch die Interaktion mit ihnen unsere Menschlichkeit richtig entwickeln und leben können.

Wenn wir in diesem Bewusstsein leben und unser Leben mit anderen teilen, streben wir automatisch danach, das Beste in uns und anderen hervorzubringen. Durch Mitgefühl, Freundlichkeit und Hilfsbereitschaft, so sagt es Ubuntu. Und indem wir auf diese Weise, mit vielen liebevollen Gesten und Gedanken, einander dabei helfen, die beste Version von uns selbst zu werden, tragen wir auch dazu bei, eine bessere Version dieser Welt zu erschaffen. Im Großen und Kleinen, mit einem Lächeln auf den Lippen und Hoffnung im Herzen. Dabei unterstützen uns jahrhundertealte Weisheiten, gepaart mit neuesten wissenschaftlichen Erkenntnissen. Oder aber auch der beste Wegweiser, den wir besitzen: unser innerer Kompass, unsere ureigene Sehnsucht danach, anderen zu helfen, Verbindungen zu spüren, Schönheit wie Blumen aus Asphalt sprießen zu sehen.

NICHT NUR WAS FÜR MUTTER TERESA:

warum wir gerade heute Güte feiern sollten

Altruismus besitzt stets das Ziel, das Wohlbefinden eines anderen zu erhöhen – das steckt schon im Wort selbst: Es leitet sich vom lateinischen »alter« – »der Andere« – ab. Güte ist dabei eine wesentliche Ausprägung von Altruismus, denn sie steht für einen Lebensstil, bei dem sich die eigene Haltung regelmäßig und spontan in wohlwollenden Taten anderen gegenüber ausdrückt. Die Synonyme, die uns der Duden hierfür bietet, verdeutlichen, welche positive Energie in Güte steckt:

Gutherzigkeit, Freundlichkeit, Barmherzigkeit, Wärme, Herzlichkeit, Liebenswürdigkeit, Entgegenkommen, Wohlwollen –

all das ist Güte. Trotz all ihrer Positivität besitzt Güte mitunter ein ziemlich negatives Image und wird oft als altbacken und altmodisch begriffen. Wenn ich das Wort »gütig« höre, sehe ich ein von Falten und grauen Strähnen umrahmtes Lächeln vor meinem inneren Auge. Wie kommt's?

Güte vs. Ego

Zwei weitere Synonyme liefern vielleicht eine Antwort auf diese Frage: Es sind »Gutmütigkeit« und »Selbstlosigkeit«. Damit verbinden wir einerseits eine gewisse Naivität und andererseits auch ein Sich-Aufopfern. Ich wünsche mir keins von beidem für mein Leben und dir geht es wahrscheinlich ähnlich. Beides scheint nicht mehr in unsere heutige Zeit zu passen, in der Selbstverwirklichung und -optimierung ihren (vorläufigen) Höhepunkt erreicht haben. Individuelle Freiheit und Entfaltung werden immer stärker betont, während Solidarität und ein verantwortliches Miteinander weiter und weiter in den Hintergrund treten. Zugleich verlieren wir durch Veränderungen wirtschaftlicher, technischer und sozialer Natur um uns herum zunehmend unsere sozialen Bindungen, was uns zusätzlich egozentrierter und anderen gegenüber misstrauischer werden lässt.

In Summe fördert das eine gesellschaftliche Wirklichkeit, in der wir mehr neben- als miteinander leben und jeder für sich selbst zu kämpfen scheint. Wir tanzen alle ein Ellenbogen-Solo und beenden es mit blauen Flecken, zerrissenen Kleidern und einer aufgeschürften Seele.

Güte neu gedacht

Wenn wir Güte mit anderen Augen betrachten, kann sie einen ganz neuen Glanz erhalten und gerade auch dem derzeitigen Isolations- und Ego-Trend effektiv entgegenwirken. Güte verbindet uns, egal ob durch große oder kleine Gesten der Liebenswürdigkeit. Wichtig hierbei ist, die Idee des Aufopferns loszulassen. Selbstlose Taten verlieren nichts von ihrer Selbstlosigkeit und Kraft, wenn wir Zufriedenheit und Freude aus ihnen ziehen. Wohlwollendes Verhalten anderen gegenüber muss nicht auf Kosten unserer eigenen Kraft oder Lebensfreude geschehen – je mehr Spaß wir an der Sache haben, desto mehr gute Energie senden wir dabei in die Welt hinaus. Damit unsere Gesellschaft wieder zurück ins Gleichgewicht zwischen Freiheit und Solidarität gelangt, ist es notwendig, dass jeder »sein Glück im Glück der anderen findet«, wie es der französische Wirtschaftswissenschaftler und Kulturphilosoph Jacques Attali formuliert hat.

Meditation für mehr Mitgefühl

Auf diesem Weg kann uns Meditation ein wichtiges Tool sein. Meditation eröffnet uns einen freien Raum zum Einüben wertvoller Eigenschaften und zum Verweilen in einer neuen Seinsweise. Sie hilft uns dabei, unsere Sicht auf die Welt und die Menschen um uns herum in eine positive Richtung zu lenken.

Wenn du mit Meditieren bisher noch keine oder wenig Erfahrungen gesammelt hast, empfiehlt sich für den Einstieg die geleitete Meditation gemeinsam mit anderen. Aber selbst für Ungeübte ist die stille Meditation schnell erlernbar. Wichtig sind eine aufrechte Haltung, etwa im Lotus- oder Schneidersitz, sowie ein ruhiger Ort, an dem du mindestens 15 oder 20 Minuten völlig ungestört bist. Das wichtigste Hilfsmittel bei der Meditation steht uns 24/7 zur Verfügung: der Rhythmus unseres eigenen Atems.

Dein Atem weist dir den Weg. Konzentriere dich ganz auf die Atembewegung, um deinen Geist von alltäglichen Gedankenströmen, Aufgaben, Sorgen und Ängsten zu befreien. Wir folgen dem Luftstrom in unseren Körper hinein und anschließend wieder aus ihm heraus, Atemzug für Atemzug. Schaffst du es, deinen Rhythmus noch zu verlangsamen, entspannt sich automatisch auch dein Körper, weil ein tiefer, ruhiger Atem mit einem Gefühl von Sicherheit einhergeht. Ablenkende Gedanken lassen wir vorbeiziehen wie Vögel am Himmel.

Wir alle fürchten Leid. Nun können wir unseren Geist darauf lenken, dass niemand leiden möchte und wir alle ein glückliches Leben anstreben. Als Erstes machen wir uns bewusst, dass dies auf uns selbst zutrifft, sodass wir uns selbst gegenüber Wohlwollen und Akzeptanz verspüren. Als Nächstes machen wir uns bewusst, dass es allen Menschen so geht und wir alle Leid fürchten. Dadurch verstärken wir unser Empathieempfinden und unser Gefühl von Verbundenheit mit allen Menschen.

Beginne mit einem geliebten Menschen. Zu Beginn der Meditation kann es leichter sein, sich auf jemanden zu konzentrieren, den wir sehr lieben. Während wir von dieser Liebe erfüllt sind, können wir uns gut auf wohlwollende Gedanken dieser Person gegenüber konzentrieren und darauf, wie sehr sie uns in unserem Streben nach Glück und Vermeiden von Leid gleicht.

Schließe alle in deine Meditation ein. Gelingt dies, kannst du diese Meditation des Wohlwollens auf andere Menschen erweitern, inklusive derer, die du nicht so gut kennst. Wünsche ihnen, was du dir auch selbst wünschst: ein Leben frei von Leid etwa, ein erfülltes und freudvolles Dasein. Formuliere still diese Wünsche und spreche sie im Einklang mit dem Kommen und Gehen deines Atems.

Bleibe in deiner inneren Stille. Beende die Meditation, indem du einige Atemzüge lang ganz im Bewusstsein des Moments verweilst, den Geist frei vom schier ewigen Strom an Gedanken, die um deine Aufmerksamkeit ringen.

Trage die Meditationsenergie in deinen Alltag hinein. Gehe mit einem Wunsch aus der Meditation heraus, der sie mit deinem Alltag und deinem Handeln verbindet. Dieser kann wie folgt lauten, du kannst ihn aber auch in deinen eigenen Worten verfassen oder dich jedes Mal von deinem Herzen leiten lassen: »Mögen diese Meditation und all meine gütigen Gedanken, Worte und Taten aus der Vergangenheit, Gegenwart und Zukunft mit ihrer Energie das Glück und Wohlergehen aller Wesen erhöhen.«

ZIEMLICH VERPLANT?

Random Acts of Kindness

Auf den kommenden Seiten wird immer mal wieder das Wort »Kindness« fallen. Wir geben unser Bestes, es zu übersetzen. Güte ist ein Teil von Kindness. Ebenso Freundlichkeit, Liebenswürdigkeit und Menschenliebe. Es ist also ein Begriff, der den Charakter unserer kleinen Gesten am besten auf den Punkt bringt.

Nette Gesten – oder Acts of Kindness – kommen dabei in den verschiedensten Farben und Formen daher. Schon der antike griechische Dichter Aesop stellte im 6. Jahrhundert v. Chr. fest: »Kein Akt der Güte und Freundlichkeit, wie klein auch immer, ist vergebens.«

Stell dir nette Gesten einmal wie kleine Samen vor. Du säst sie, begießt sie mit Wasser – oder in unserem Fall: mit guten Intentionen – und lässt dich überraschen, was aus ihnen erwächst, ob es nun eine nährende Tomatenpflanze, eine leuchtende Blume oder ein riesiger Baum wird.

Achtung, RAOKs-Fieber!

Wenn wir uns mit netten Gesten nach dem Zufallsprinzip völlig Fremden zuwenden, werden sie auch Random Acts of Kindness oder kurz RAOKs genannt. Hierbei werden weder die Gesten noch die genauen »Gestenempfänger« vorab groß geplant oder entschieden. Gerade die Spontaneität und die Ungewissheit, welche Geste sich aus den tagesaktuellen Umständen ergibt, wer die Geste empfängt und wie die Reaktion sein wird, machen dabei den besonderen Reiz von RAOKs aus.

Egal ob Blut spenden, Umarmungen verschenken oder Bücher auf Parkbänken platzieren: Im englischsprachigen Raum sind RAOKs Kult. Von Bewegungen wie der »Karma Army« mit Mitgliederzahlen im fünfstelligen Bereich über gemeinnützige Organisationen wie die »Kindness Counts Foundation« – das Thema ist on- und offline präsent und wird tagtäglich mit neuen freundlichen Gesten zelebriert, aktuell zum Beispiel unter dem Hashtag #smallacts. Doch diese guten Taten sind weit mehr als digitale Glückspflaster: Wir alle können sie in unser Leben einbauen und damit uns und andere gleichermaßen überraschen.

Random Acts leicht gemacht

Wenn du deine Gesten eher zufällig fremden Menschen zugutekommen lassen möchtest, gibt es nur wenig zu beachten: Bei RAOKs solltest du gezielt darauf achten, dass du die Grenzen anderer nicht überschreitest, indem du zum Beispiel Umarmungen verteilst, die gar nicht erwünscht sind. Bedenke auch immer, dass die Geste, egal wie klein oder zufällig sie sein mag, deinem Gegenüber auch guttun soll – halte dich also von jeglichen Aktionen fern, bei denen andere denken könnten, du machst dich über sie lustig oder willst etwas anderes von ihnen, als »nur« nett zu sein.

Wenn du diese Punkte beachtest, und das ist bei allen Taten, die von Herzen kommen, eigentlich automatisch der Fall, steht deinen RAOKs nichts mehr im Weg und du kannst deiner Fantasie freien Lauf lassen. Inspirationen zu netten Gesten findest du im dritten Kapitel zuhauf. Aber an sich sind Random Acts of Kindness so simpel, dass du mit etwas Übung und Erfahrung bald überall eine Chance für noch mehr Güte und Liebenswürdigkeit entdecken wirst. Sich herzlich bedanken ist zum Beispiel eine der schönsten und kraftvollsten Gesten, die es überhaupt gibt, gerade auch gegenüber Menschen, deren Arbeit oft übersehen wird, sei es der Busfahrer, die Kellnerin oder eine ehemalige Lehrerin. Du kannst aber auch bei Schietwetter einen Extra-Regenschirm einpacken und ihn verschenken, bei hohen Temperaturen die Bäume in deiner Straße gießen, bei Sturm und Schnee anderen mit ihren Einkäufen helfen. Random Acts gehen überall. Sie warten nur darauf, von dir entdeckt und gelebt zu werden.

EIN HOCH AUF KLEINE GESTEN:

Declaration of Kindness

An dieser Stelle erst einmal einen Riesendank dafür, dass du gerade, genau in diesem Moment, unser Buch in deinen Händen hältst. Das allein macht dich bereits zum Mitglied des Kindness-Clubs, zu einem Teil unseres Tribes aus unverbesserlichen Weltverbesserern. Eine Gemeinschaft mit selbst denkenden Anhängern, die sich nicht davor scheuen, Verantwortung zu übernehmen und auf kreative Weise ihr Umfeld zu gütigen Gesten zu inspirieren. Wir sind all das und noch viel mehr – und wir sollten stolz darauf sein. Hier ist kein Verstecken deiner guten Seite notwendig, um zu den »coolen Kids« zu gehören, wir gründen einfach unsere eigene Clique und schmücken den Tisch dabei mit den schönsten Blumen, dem lautesten Lachen und ungenierter Freude an zwischenmenschlichen Freundlichkeiten. Ganz ehrlich, ich feiere uns.

In diesem Sinne noch einmal und mit Verbeugung: danke. Danke, dass du du bist. Und danke, dass es noch Menschen wie dich dort draußen gibt. Weder perfekt noch perfektionistisch, einfach mit dem Herzen am richtigen Fleck. Da ich es gerade aus der Entfernung nicht tun kann, klopf dir hierfür bitte einmal ordentlich selbst auf die Schulter. Ein Hoch auf kleine Gesten ist ein Hoch auf dich und all die Menschen, die diese Gesten umsetzen und unser aller Leben damit bereichern.

Doch wie können wir noch mehr kleine (und große) Taten vollbringen? Indem wir ein Abkommen mit uns selbst treffen, das uns jeden

Tag daran erinnert, wofür wir uns entschieden haben – für ein Mehr an Gesten, Aufmerksamkeit und Hilfsbereitschaft. Die Erklärung auf S. 234 dient somit als stilles Versprechen dir selbst und der Welt gegenüber. Sie ermöglicht es dir auch, in Ruhe zu überlegen, wie genau du dieses Mehr an Kindness leben möchtest, zum Beispiel, indem du jeden Tag, einmal am Wochenende oder einmal in der Woche eine zusätzliche kleine Geste in deinen Alltag einbaust. Du kannst die Erklärung auch gern ausschneiden, auf ein buntes Stück Papier kleben und so immer bei dir tragen. Dann erinnert sie dich auch on the go und an mittelprächtigen Tagen daran, dass genau jetzt der beste Zeitpunkt für eine liebenswerte Geste anderen (oder auch mal dir selbst) gegenüber ist.

THE PERFECT SIZE

Wie du kleine Gesten optimal gestaltest

So weit, so gut. Wir haben entschieden, dass es Zeit für gute Taten ist, dass wir mehr Güte leben wollen und der Begriff vielleicht veraltet klingt, es aber keinesfalls ist. Wir sind für mehr Hilfsbereitschaft Freunden und Familie gegenüber genauso offen wie für zufällige Gesten Fremden gegenüber. Wir haben die sinnbildlichen Ärmel hochgekrempelt und wollen loslegen. »Aber wie?«, ist die große Frage, die sich uns plötzlich in den Weg stellt. Zum Glück hat die Glücksforschung auch darauf spannende und alltagstaugliche Antworten.

Choosing kindness = choosing happiness

Liebenswürdige Gesten und gute Taten sind meist kleine Handlungen, die uns alle nachweislich glücklicher machen, nicht nur uns als Glücksverbreiter oder -empfänger, sondern auch Beobachter und Unbeteiligte. Jede Handlung, die durch Mitgefühl oder Güte motiviert ist, hat einen solchen Effekt. Sprich: Kindness counts – egal, wie unglaublich groß oder unscheinbar klein, wie alltäglich oder außergewöhnlich. Und sie entfaltet ihre positive Wirkung sogar schon, bevor sie sich in der Welt manifestiert! Denn Studien belegen, dass allein die Entscheidung für mehr gute Taten sich positiv auf unser Gefühlsleben auswirkt. Bevor wir also aktiv werden, verbreitet der Gedanke schon reichlich Vorfreude und Harmonie in unserem Inneren, er allein ist schon so etwas wie eine Wellness-Kur für unser Wohlbefinden. Und wenn es uns gut geht, strahlt das auch immer hinaus in die Welt. Mit dem Wunsch, mehr Gutes zu verbreiten, bringst du also dich und damit die Welt um dich herum bereits ein kleines Stück mehr zum Strahlen!

Freude im Hier und Jetzt verbreiten – und finden!

Vielleicht ist die Entscheidung für mehr gute Taten so kraftvoll, weil sie einem Pakt mit uns selbst gleichkommt: Wir entscheiden uns damit nicht nur für mehr Güte in unserem Alltag, sondern drücken auch unser Vertrauen in uns selbst aus, in unsere Fähigkeit, mehr Freude in die Welt hinaustragen zu können. Indem wir anderen mehr Glück bringen möchten, nehmen wir somit unser eigenes Glück selbst in die Hand.

Im Englischen wird zwischen Happiness und Luck unterschieden, Ersteres kommt stark aus dem Inneren, während uns Zweiteres von außen in den Schoß fällt. Im Deutschen haben wir es da schwerer, denn der Glücksbegriff umfasst sowohl Zufallsglück wie einen großen Lottogewinn als auch das Gefühl der Glückseligkeit, das jeden Teil unseres Wesens berührt, nicht nur unser Bankkonto. Wie schon beschrieben: Glück ist kein vierblättriges Kleeblatt, das gefunden werden muss, Glück liegt in all unseren alltäglichen Handlungen und Gedanken verborgen und wartet nur darauf, von uns gefunden, gelebt und zelebriert zu werden. Wir gestalten es selbst – zum Beispiel mit der Entscheidung für mehr gute Taten in unserem Leben. Es gilt, den Weg zu genießen, nicht allein das Ziel, gerade auch in Bezug auf kleine Gesten und gute Taten. Wähle also Acts of Kindness, bei denen dir die Handlung selbst schon Freude bereitet, die du gern ausführst, als aufregend, spannend oder bereichernd empfindest. Wer schon beim Gedanken, fremde Menschen auf der Straße anzusprechen, in Schweiß ausbricht, sollte nicht sofort mit einem »Free Hugs«-Schild durch die Einkaufspassage wandern. Mit jeder kleinen Geste, die ein wenig mehr unserem Wesen und Alltag entspricht, nähern wir uns den scheinbar unmöglichen Taten langsam an – und überraschen uns eines Tages vielleicht selbst dabei, der Frau in der U-Bahn neben uns ein Kompliment für ihr Kleid zu machen, nur um die Müdigkeit nach einem langen Tag für einen Moment aus ihrem Gesicht weichen zu sehen.

Everyday good: Probier mal was Neues aus!

Kleine Gesten, die rundherum Freude verbreiten, sollten jedoch nicht nur in unseren Alltag passen und unserem Charakter entsprechen. Mehrere Studien haben sich der Frage gewidmet, wie sie gestaltet werden müssen, damit sie uns langfristig erfreuen und wir nicht die Lust an ihnen verlieren. Bestes Beispiel hierfür ist eine britische Studie, in der Teilnehmer für zehn Tage in drei Gruppen aufgeteilt wurden: Die Aufgabe der ersten Gruppe war es, täglich eine kleine Geste durchzuführen, die zweite sollte jeden Tag etwas Neues ausprobieren und die dritte erhielt keinerlei Anweisungen. Als anschließend die Zufriedenheit der Teilnehmer verglichen wurde, hatte sich bei den ersten beiden Gruppen das Glücksempfinden signifikant verbessert, während es bei der dritten Gruppe gleich geblieben war. Das zeigt, wie wichtig es ist, sowohl Neues zu wagen, als auch anderen etwas Gutes zu tun – und glücklicherweise lässt sich beides in kleinen Gesten der Liebenswürdigkeit wunderbar zusammenbringen!

Neuheit ist dementsprechend eines der Merkmale, die dafür sorgen, die Freude an kleinen Gesten auf möglichst lange Sicht aufrechtzuerhalten. Der kalifornische Doktorand Christopher Tkach führte ein zehnwöchiges Experiment durch, bei dem die Teilnehmer entweder jede Woche drei beliebige Taten oder immer dieselben drei durchführten. Das Ergebnis: Ja, gute Taten machen auch über einen längeren Zeitraum merklich glücklicher, aber ... Neuheit und Abwechslung wirken sich maßgeblich auf unsere Freude an den Taten selbst aus. In der Gruppe mit den immer gleichen Taten sank das Glücksempfinden nach einem anfänglichen Hoch nämlich im Laufe der Zeit allmählich wieder in Richtung Ausgangswert ab. Durch Routine und Wiederholung werden gute Taten zur Pflicht und verlieren einen Teil ihres Zaubers.

Das Ganze lässt sich auch erklären: Neuheit und Abwechslung wirken dem Adaptionseffekt entgegen, durch den wir uns nach einer gewissen Zeit auch an ein erhöhtes Level an Zufriedenheit oder Freude gewöhnen. Indem wir im Alltag in unsere Gesten immer mal etwas frischen Wind hineinbringen, kommt weder Langeweile noch Gewöhnung auf und wir können uns selbst – und andere! – Tag für Tag neu überraschen. Neue gute Taten erinnern uns dabei immer wieder aufs Neue daran, was für ein Geschenk es ist, einen glücksbringenden Moment mit anderen zu teilen.

Gestenglitzer für den Alltag

Neu bedeutet allerdings nicht zwingend auch außergewöhnlich. Es bedeutet schlicht, dass wir unsere Routine ein wenig aufbrechen. Einen Brief an eine alte Schulfreundin zu schreiben, kann in Zeiten von WhatsApp und E-Mail schon wieder etwas »Neues« sein. Jemandem ein kleines Präsent zum Geburtstag zu schicken oder sogar einfach nur anzurufen, um zu gratulieren, als wie sonst üblich ein paar Grüße auf Facebook & Co. zu hinterlassen – auch das bringt schon Abwechslung. Für jemanden einkaufen zu gehen, Lesepatin zu werden, auf ein Kind oder einen Hund aufzupassen, im Garten zu helfen, anderen ein Lächeln oder ein offenes Ohr zu schenken – die Möglichkeiten für kleine Gesten sind schier unerschöpflich. Besondere Fähigkeiten, besonders viel Zeit und Geld sind dafür nicht notwendig. Auch muss dein Alltag darunter nicht leiden, ganz im Gegenteil: Vollbringe deine guten Taten genau dort, wo du dich befindest – mitten im Leben. Ob am Arbeitsplatz, zu Hause, in der eigenen Straße oder Stadt, überall ist Platz für mehr Hilfsbereitschaft und Güte.

Weniger ist mehr? Nicht immer

Was den Umfang unserer guten Taten betrifft, ist es, gerade wenn wir normalerweise schon viel und gern andere Menschen unterstützen, wichtig, die Intensität oder Frequenz zu erhöhen, um ein neues Glückshoch zu erreichen, das sich wiederum natürlich auch auf unsere Umwelt auswirkt. Genauso haben wir, die Autorinnen Melanie und Chantal, es auch in unserem Selbstversuch gemacht: Um die Wirkung unserer kleinen Gesten auf uns und die Welt zu maximieren, ohne unseren Alltag hinter uns zu lassen, haben wir, wie es Studien suggerieren, bewusst deutlich mehr gute Taten eingeplant und die Augen nach Raum für zusätzliche hilfsbereite Handlungen offen gehalten. »Zusätzlich« war hierbei das Zauberwort, denn wir haben unsere alte Komfortzone immer wieder hinter uns gelassen, um die Welt noch ein kleines bisschen mehr zum Strahlen zu bringen. Wir haben den Gedanken in der Handtasche mit uns getragen, was wir als Nächstes Schönes und Gutes tun könnten. Es ist ein Gedanke, der ermutigt, der Kraft gibt und Lebensfreude, es ist ein wunderbarer Start in den Tag und ein wunderbarer Ansatz fürs Leben. Er hat uns den Blick dafür geöffnet, im Alltäglichen all die wunderbaren Möglichkeiten noch stärker wahrzunehmen, in denen wir anderen Freude bereiten oder Unterstützung bieten können.

Der PRAXISTEST

34 KLEINE NETTIGKEITEN VON MELANIE, CHANTAL UND ANDEREN GLÜCK(S)BRINGERN

CHANTAL. Kleine Gesten machen erwiesenermaßen glücklich(er) – und zwar mindestens alle Personen, die direkt an ihnen beteiligt sind, meist aber auch noch weit darüber hinaus. Bist du bereit dafür, dein Glück auf die Probe zu stellen? Dann begleite uns bei unserem Kindness-Experiment, lass dich von ihm inspirieren und mach dich selbst auf einen Weg voller vieler kleiner Nettigkeiten und großer Freuden!

JEDEN TAG EINE GUTE TAT?

Einladung zum Selbstversuch

Zu Beginn unseres Kindness-Experiments hatten wir einen Plan, einen guten Plan, wohlgemerkt: einen Monat voller täglicher Gesten gestalten, quasi raus aus dem Alltag und rein ins Extremo-Gütigsein. Das hört sich auf dem Papier gut an, oder? Ein schön verpacktes Experiment mit glitzernder Schleife drauf.

So viel zum Plan. Dann kam das Leben. Das volle Leben, das uns weinen, lachen, toben lässt. Bei uns beiden war die Zeit zwischen Idee und Umsetzung vom Beginn neuen Lebens und dem Ende des alten geprägt. Beides hat uns verdeutlicht: Das Leben ist ein Tanz, kein Fließband. Immer wieder stellt es uns vor die Aufgabe, unseren ureigenen Rhythmus zu finden, die dazu passenden Schritte, Pirouetten und Hüftschwünge, um im Flow zu bleiben. Dementsprechend hat sich unsere Idee schnell umgewandelt. Aus einem Monat wurde eine viel längere Zeit voller guter Taten, die wir so in unser Leben eingebaut haben, dass (Er-)Leben und Ausprobieren zu einem großen Ganzen verschmolzen sind.

Deshalb geben wir auch dir keine langen Regeln oder gar Verbote mit auf deinem Weg zu mehr Kindness. Stattdessen einen Wunsch: Mögest auch du deinen ganz eigenen Flow finden. Dieser kann so herausfordernd und konkret sein wie unser ursprünglicher Plan oder so unkompliziert und lebensecht wie unsere letztendliche Umsetzung. Bleib verspielt und fange einfach die Bälle auf, die das Leben dir zuwirft, während du den einen oder anderen Ball selbst ins Rollen bringst. Ja, hier werden jetzt eifrig Metaphern vermischt … Doch in diesem Fall heiligt der Zweck wirklich mal die Mittel, denn nichts weiter, als dich zu einem tänzerisch-jonglierenden, absolut flowigen Selbstexperiment zu ermutigen, haben wir damit im Sinn. Fülle die Declaration of Kindness auf den letzten Seiten des Buchs aus, lass dich von unseren Gesten inspirieren oder stürze dich einfach, mit ein paar Tipps und Ideen ausgestattet, ins Abenteuer Leben. Wichtig ist nur, dass du die Augen nach dem nächsten Ball offen hältst, wenn du heute vor die Tür trittst – er wird dir definitiv (in Form einer Kindness-Gelegenheit) zufliegen!

»NETT KANN JEDER!«

Praxistipps für Introverts und Drama Queens

Genau wie du selbst entfalten Gesten ihre stärkste Wirkung und ganze Schönheit, wenn sie möglichst authentisch sind. Lass dich also nicht in eine Form pressen, die deinem Wesen nicht entspricht. Das ist so wie bei meinen kräftigen Beinen und Skinny Jeans – sie sind einfach nicht füreinander gemacht, mein Körper braucht mehr Platz, der sprengt da schlicht das Register.

Find your flow!

Statt Sprengen ist also »Flowing« unsere Devise: Wähle Gesten aus und setze gute Taten um, die genau zu dir, deinem Charakter und deinem Lebensstil passen!

Ich bin gerade mit einem kleinen Baby zu Hause und habe außerdem eine vierjährige Tochter, die es mit jeder Quasselstrippe aufnehmen kann und die Mitternacht für die perfekte Zubettgehzeit hält. Mein Leben ist turbulent, bunt, chaotisch und stets sehr voll. Das alles, während ich Zeit nur mit mir selbst und einem guten Buch genauso zum Leben brauche wie die Luft zum Atmen. Ich bin von Natur aus eher introvertiert, ich schreibe Menschen lieber, als dass ich sie sehe.

Ganz anders ist das bei Melanie. Sie ist Tänzerin und Coach und dementsprechend an Menschenmassen, Öffentlichkeit und Auftritte nicht nur gewöhnt, sie liebt sie sogar von Herzen. Wenn ich zu einem Dinner oder einer größeren Veranstaltung eingeladen werde, mache ich mir manchmal Spickzettel für Small-Talk-Themen und halte mich in Büfettnähe auf, weil ein voller Mund stets eine gute Ausrede ist, um nicht zu sprechen – Melanie sucht die Begegnung. Und während ich nur mit einem vollen Bauch nach Hause komme, kommt sie mit Taschen voller Geschichten und kleiner Momente zurück. Wir sind da verschieden und haben gerade deshalb so einige Tipps während unseres Experiments gesammelt, die das gesamte Spektrum von intro- bis extrovertiert abdecken.

Melanies Tipps für Extrovertierte

MELANIE. Wenn ich während eines Coachings höre, dass jemand seine Schüchternheit loswerden will, sage ich gern: »Behalte sie! Es gibt Momente, da ist Zurückhaltung genau richtig und wichtig.« Was ich generell empfehle, ist, seine Eigenschaften wie auf einem Mischpult zu regulieren. Meine Extrovertiertheit gibt bei mir meist einen ziemlich lauten Ton an, das ist so. Wo Chantal schüchtern die Häppchen isst, trete ich dafür öfter in ein Fettnäpfchen. Im Kino kommentiere ich auch mal laut oder segle vor lauter Elan in Konzertbesucher. Meistens gleite ich mit Humor wieder raus, trotzdem hier ein paar Dinge, die ich als Extrovertierte empfehle.

Auf Körpersprache achten: Nur weil ich grad Lust habe, die ganze Welt zu umarmen, heißt das nicht, dass bei allen rundherum dieselbe Party abgeht. Wenn du jemanden ansprechen willst, nimm dir ein paar Sekunden Zeit, um die Körperhaltung der Person zu betrachten. Entspannt? Gelangweilt? Genervt? Traurig? Übe dich darin, Menschen zu beobachten. So feilst du an deiner Menschenkenntnis, was dir und deinen Gesten gegenüber Fremden sehr zugutekommen wird.

Die drei Ts: Thema. Ton. Tempo. Vielleicht triffst du genau das Thema, hast sogar eine tolle Stimme, aber redest so schnell, dass dein Gegenüber keine Chance hat, dein Kompliment zu verstehen? Nutze die drei Ts als Orientierungshilfe und denk daran, niemals jemanden von hinten anzusprechen. Niemals! Hier bin ich ausnahmsweise mal absolut. Nähere dich von vorn oder der Seite, egal, ob Frau oder Mann. Sonst ist der erste Eindruck, den du auf andere machst, einfach irritierend, wenn nicht sogar angsteinflößend. Das wäre schade um dein Naturell, das so viele neue, spontane Verbindungen kreieren kann.

No invitation? No touch! Ich bin ein sehr zugänglicher Mensch, aber wenn mich jemand ohne Einladung anfasst, ist mir das schnell unangenehm. Also bitte keine vorschnellen einseitig motivierten Umarmungsaktionen! Fremde Menschen ohne Einladung (zum Beispiel Augenkontakt, Lächeln, zugewandter Körper, inklusive Füße) zu berühren, empfinde ich als sehr heikel, geradezu respektlos. Wenn, dann bieten Unter- oder Oberarm einen guten Einstieg für ersten Körperkontakt. Mit etwas Übung kannst du zu einem Tanz einladen, bei dem dein Gegenüber eine angenehme Dosis Berührungen erfährt und gerade deshalb berührt ist.

Chantals Tipps für Introvertierte

CHANTAL. Wenn dich Begegnungen mit Fremden auch oft und schnell überfordern, muss dich das noch lange nicht vom Nettsein und von der Mitgliedschaft im Kindness-Club abhalten. Hier kommt, wie du Gesten »introfreundlich« umsetzen kannst.

Fokussiere dich auf Gesten für Bekannte. Überlege dir Gesten für Menschen in deinem direkten Umfeld, bei denen du dich wohlfühlst. Tu einer Freundin etwas Gutes, biete einer Nachbarin deine Hilfe an, überrasche einen Arbeitskollegen – all das schenkt massiv Freude und erspart dir zugleich jede Menge Stress.

Be a secret superhero. Lass deine Gesten doch einfach mal für dich sprechen! Wie? Indem du mit einfachen Mitteln für andere Überraschungsmomente schaffst, bei denen du gar nicht anwesend sein musst. Hinterlasse motivierende Post-its in Café- oder Clubtoiletten, klebe selbst gestaltete Sticker an Ampelsäulen oder platziere eine kleine Aufmerksamkeit auf einer Parkbank. Die Freude anderer kannst du dir anschließend vorstellen oder auch mal aus der Ferne betrachten.

Schreibe es dir von der Seele. Wann hast du das letzte Mal einen handgeschriebenen Brief erhalten? Postkarten, Briefe und liebevolle Päckchen sind mittlerweile eine solche Seltenheit geworden, dass sie sich perfekt als Gestenboten eignen. An wen du sie richtest und was sie zum Inhalt haben können – dabei sind deiner Fantasie keine Grenzen gesetzt. Bedanke dich etwa bei einer ehemaligen Lehrerin, schicke sonnige Urlaubsgrüße an eine zufällig ausgewählte Person aus deiner Nachbarschaft, hinterlasse eine herzliche Botschaft oder ein selbst gemaltes Bild in einem Bibliotheksbuch. Wenn du beim Schreiben Herz und Seele sprechen lässt, wird es auch bei der empfangenden Person Herz und Seele öffnen.

Das Schöne ist: Wir müssen nichts und schon gar nicht jeden Tag dieselbe Person sein. Schätze deine verschiedenen Facetten und entscheide immer wieder aufs Neue. Ob du nun ein Introvert oder eine Drama Queen bist: Es lohnt sich, mal in eine andere Rolle zu schlüpfen. Dafür kannst du auch einen Tag lang ein »Alter Ego« entwickeln. (Melanie, von der dieser Tipp stammt, heißt dann Alex. Und Alex ist es zum Beispiel völlig egal, ob du sie magst oder nicht. Sie lacht und tanzt sich einfach durchs Leben und es ist ihr schnuppe, was die anderen denken.)

Der ultimative Guide für ultimativ glücklich machende kleine Gesten

Einige unserer Erfahrungen aus der Arbeit an diesem Buch und der dazugehörigen Recherche haben sich gut in unseren beiden Leben bewährt, egal, wie verschieden unser Alltag und unsere Persönlichkeiten sind.

Die Entscheidung selbst bringt schon Freude – triff sie also bewusst, zum Beispiel, indem du die Declaration of Kindness am Ende des Buchs unterzeichnest.

Der Weg ist das Ziel. Wähle kleine Gesten aus, die dich genauso happy machen wie die Menschen um dich herum. Tritt mal aus deiner eigenen Komfortzone heraus, aber zwing dich zu nichts.

Neue Ideen braucht das Land – oder zumindest unser Einsatz für andere. Indem du regelmäßig eine neue kleine Geste ausprobierst oder einige Wochen gezielt einen »Kindness-Marathon« einlegst, also jeden Tag mindestens eine kleine Geste umsetzt, erhältst du dir die Begeisterung für gute Taten.

Im Alltag geht's ab, denn genau hier findest du ganz, ganz viele Möglichkeiten, Freude zu verbreiten, anderen deine Hilfe anzubieten oder deine Begeisterung fürs Leben zu teilen. Du brauchst kein Happiness-Retreat am Meer, das Glück wartet direkt vor deiner Tür auf dich.

Zeit für mehr Güte: Damit die Gesten so richtig wirken, bei dir genauso wie bei anderen, kannst du gezielt zusätzliche in deinen Alltag einbauen und nicht allein auf all die kleinen Dinge bauen, die du bestimmt schon tust. So verzaubert die Kindness-Magie selbst die Hilfsbereitesten unter uns noch mal neu!

ETIKETTE: WENN GESTEN MAL NICHT GUT ANKOMMEN –

und wie wir das vermeiden können

Es wird allmählich Zeit für den Praxistest, findest du nicht auch? Wenn du jetzt also in den Startlöchern stehst, mit reichlich Eifer und Enthusiasmus ausgerüstet, dann wollen wir dich auf keinen Fall bremsen. Einige Dinge wollen wir dir aus unserem eigenen Selbstversuch heraus jedoch noch mit auf den Weg geben, damit sowohl Eifer als auch Enthusiasmus nicht durch eine unerwartete Reaktion anderer vorschnell verpuffen.

Be water, my friend

Nicht immer entspricht das Ergebnis aus einer Kindness-Geste oder einer kleinen Nettigkeit dem, was wir erwartet haben. Du kannst die genialste Geste planen und am Ende nur Unverständnis oder sogar Ablehnung bei deinem Gegenüber auslösen. Andererseits kann die kleinste Aufmerksamkeit uns insofern überraschen, als dass sie die größte Freude hervorruft. Es gilt also, loszulassen, sich von den eigenen Erwartungen zu befreien und damit zu beginnen, den Prozess zu genießen. Oder wie es Bruce Lee formuliert hat:

»Leere deinen Geist, sei formlos, gestaltlos – wie Wasser.
Wenn du Wasser in eine Tasse gießt, wird es zur Tasse;
du gießt das Wasser in eine Flasche und es wird zu dieser Flasche;
du gibst es in eine Teekanne und es wird zur Teekanne.
Nun kann Wasser fließen und es kann etwas zerschmettern.
Sei Wasser, mein Freund.«

Der Weg ist das Ziel: Fremde und Freundlichkeit

Oftmals liegt es auch gar nicht in unseren Händen, wie eine Geste aufgenommen wird. Viele der Faktoren, welche die Umsetzung einer Geste und das Ergebnis beeinflussen, können wir einfach nicht kontrollieren. Zum Beispiel die Stimmung unseres Gegenübers oder ob das Wetter mitspielt. Richten wir unsere Geste an Fremde, kann ihre Reaktion auch stark davon geprägt sein, wie sie uns wahrnehmen. Es macht oftmals einen erheblichen Unterschied, welches Geschlecht oder Alter wir haben. Auch, ob andere uns auf den ersten Blick als sympathisch einstufen oder eher nicht, kann den Erfolg einer Geste entscheiden, wie auch immer wir »Erfolg« in diesem Rahmen definieren. Umso wichtiger ist es also, den Weg und nicht das Ziel in den Fokus zu rücken, denn nur, wie wir ihn begehen, können wir selbst bestimmen, nicht unbedingt, wohin er uns bringt.

Hinzu kommt noch, dass unsere sozialen Interaktionen im öffentlichen Raum immer weniger werden. Wer fragt heutzutage beispielsweise noch nach dem Weg oder der Uhrzeit? Eine Folge dieser Entwicklung ist, dass Begegnungen mit Fremden verstärkt von Argwohn und Abwehrhaltung geprägt sind. Der erste Gedanke des anderen: »Hilfe, was will der denn von mir?«

Eine Möglichkeit, dem entgegenzusteuern, ist, die eigene Intention klar zu Beginn zu benennen und zum Beispiel zu sagen: »Hallo, ich will nicht stören, aber ich führe gerade ein kleines Selbstexperiment zu mehr Achtsamkeit im Miteinander durch und würde gern Folgendes tun, wenn es dir/Ihnen recht ist…« Du kannst auch auf unser Buch verweisen und es quasi als Erklärung für dein ungewöhnlich freundliches Verhalten heranziehen. Sei mutig und offen, das wirkt meist Wunder!

Gut gemeint ist nicht immer gut gemacht

Trotz all der Dinge, die schiefgehen können und über die wir keine Macht haben, liegt es dennoch in unserer Verantwortung, unser Bestes dafür zu geben, dass Gesten so ankommen, wie sie von uns gemeint sind: rundherum wohlwollend. So tragen wir unseren Teil dazu bei, dass »gut gemeint« auch »gut gemacht« bedeutet. Deshalb solltest du drei Dinge bei der Umsetzung eigener Gesten stets berücksichtigen:

Vermeide es, gönnerhaft, herablassend oder bevormundend zu sein. Gerade, wenn unsere Gesten anderen zugutekommen sollen, die gesellschaftlich Benachteiligung erfahren oder finanziell schlechter aufgestellt sind als wir, wenn wir also zum Beispiel Obdachlosen helfen möchten oder Geflüchtete unterstützen wollen, ist es besonders wichtig, sich in die Situation der anderen Person hineinzuversetzen. Wenn möglich, sprich auch mit den Menschen selbst, um herauszufinden, was ihnen in ihrer jeweiligen Situation wirklich guttun würde. So vermeidest du Gesten, die dein Gegenüber verletzen könnten oder kein Miteinander auf Augenhöhe bedeuten.

Stelle sicher, dass deine Gesten wirklich wohlwollend gedacht sind. Das oberste Ziel altruistischer Handlungen, zu denen auch kleine Gesten und gute Taten gehören, ist es, dem anderen Gutes zu tun. Das heißt, die Bedürfnisse des anderen sollten aufmerksam wahrgenommen und berücksichtigt werden, soweit dies möglich ist. Es kann bei den kleinen Gesten also nicht primär darum gehen, die wildesten Ideen umzusetzen. Stattdessen solltest du überlegen, wie sie aufgenommen werden könnten und ob sie wirklich angemessen deine liebenswürdige Intention in die Welt hinaustragen. »Free Hugs« sind zum Beispiel eine schöne Idee – solange sie niemandem aufgedrückt werden. Und die ältere Dame im Hausflur freut sich vielleicht, wenn du ihr die Tasche abnimmst – sie kann aber auch ziemlich entrüstet reagieren, wenn du sie nicht darauf vorbereitest. Falls du nicht (oder nicht ausreichend) sicher bist, stell dir folgende Frage: Wie kannst du deine Geste umwandeln, damit sie deinem Wunsch danach, Freude und kleines Glück zu verbreiten, entspricht?

Bleib stets flexibel! Eine kleine Geste lässt sich nicht von vorn bis hinten planen – gerade das ist auch das Schöne an ihr: Sie besitzt jedes Mal das Potenzial, nicht nur andere, sondern auch dich aufs Neue zu überraschen! Es ist immer gut und sinnvoll, eine ungefähre Vorstellung von der Umsetzung der Geste zu haben und auch davon, was du dafür benötigst. Passe sie stets in der Praxis den jeweiligen Menschen, ihren Gemütszuständen und den Umständen an. Vielleicht spielt das Wetter nicht mit oder du merkst, dass dein Gegenüber gerade etwas völlig anderes braucht als das, was du geplant hast. Bleib offen und flexibel, dann entdeckst du in jeder Geste einiges an Umwandlungspotenzial, das du nutzen kannst.

Sei authentisch und achtsam mit dir

Indem du diese Tipps berücksichtigst, kannst du jede noch so kleine Geste authentisch und liebenswert umsetzen. So entwickelst und setzt du Gesten um, welche dich genau wie andere Menschen mit Freude erfüllen. Sei dabei bitte mit dir selbst genauso behutsam wie mit anderen: Du wirst die Gesten nicht immer ideal umsetzen können und nicht immer werden die »Gestenempfänger« so reagieren, wie du es erwartest oder erhoffst. Betrachte deshalb deine Selbstverpflichtung zu guten Taten und einem liebevollen Miteinander als eine Chance, um an diesen alltäglichen Handlungen auch selbst zu wachsen – du kannst auf diesem Weg mindestens genauso viel über dich lernen wie über andere!

1. Kopfhörer raus, Lebensgeschichten rein

MELANIE. Wenn ich ehrlich bin, benutze ich meine Kopfhörer nicht nur, um Musik zu hören. Mit den kleinen weißen Dingern in den Ohren setze ich ein Zeichen: »Sprich mich nicht an, ich bin beschäftigt!« Eine Gewohnheit, die es sich zu brechen lohnt. So sehr ich ab und an meine Ruhe schätze, es sollte nicht zur Regel werden, Mitmenschen im Alltag ständig auszuschließen. Darum habe ich beschlossen, meine Ohren für meine Umwelt wieder bewusst zu öffnen.

KLEINE GESTE, LEICHT GEMACHT

Es braucht nur eine Handbewegung und schon habe ich erreicht, was ich zur Umsetzung der Geste brauche: freien Zugang zu meinem Hörsinn. Als Nächstes wappne ich mich mit der Offenheit, einer fremden Person ein Ohr zu schenken. Kennt ihr diesen Spruch der amerikanischen TV-Richter-Legende namens Judge Judy? »Du hast zwei Ohren und einen Mund. Nutze sie auch in dieser Proportion.« Ich will es versuchen und wähle dafür einen Platz in der Sonne vor dem gut gefüllten Café Lang. Als Ausgangspunkt für das Experiment erscheint mir ein vertrauter, öffentlicher Ort als eine gute Idee.

So hat Melanie es umgesetzt

Ganz so einfach ist es dann doch nicht. Mein aktuelles Lieblingsstück »Where Is My Mind« von Maxence Cyrin höre ich erst mal im Wiederholmodus weiter und rege mich bald darüber auf, dass keine Bedienung kommt. Das sind jetzt 3x 2 min, 46 sek, total: 8 min, 30 sek. »Saftladen!«, denke ich und sehe mich genervt nach einer Bedienung um. Ich gehe hinein und frage den Kellner, ob ich an der Bar bestellen muss. »Natürlich, steht ja so angeschrieben!« Ich presse peinlich berührt die Lippen zusammen. Mein beschäftigter Hörsinn hat offensichtlich meine Fähigkeit eingeschränkt, ein simples Schild direkt vor meiner Nase wahrzunehmen. Den Cappuccino zahle ich sofort, der freundliche Barista versichert mir, dass er ihn gleich servieren wird. Etwas verlegen kehre ich an meinen Platz zurück. Inzwischen hat neben mir eine ältere Dame Platz genommen und ich widerstehe dem Reflex, die Stöpsel wieder einzustecken. Die Dame schlägt eine Zeitung auf, wobei mir auffällt, dass ihr zwei Glieder vom kleinen Finger fehlen. Ich bin neugierig, wie es dazu kam, aber zu gesittet, um nachzufragen. Sie liest eine Weile weiter, guckt mich dann unvermittelt an und fragt ganz direkt: »Sind Sie Brasilianerin?« Ich verneine freundlich. »Ja, wissen Sie, wegen Lula, für ihn heißt es doch heute Palast oder Knast…« Die Konversation mit dieser Dame, einer sehr aktiven Rentnerin, wie ich im Laufe des Gesprächs erfahre, zieht sich während der nächsten 45 Minuten über mehrere Themen hinweg. Sie erzählt mir erst etwas über GSoA, die Gruppe für eine Schweiz ohne Armee, für die sie Unterschriften sammelt, und berichtet als Nächstes von der Anti-WEF-Demo in Davos, an der sie teilgenommen hat. »Friedlich war es, es gab keine Randalierer, trotz Trump. Aber darüber berichten die Zeitungen nicht. Das wären ja gute Neuigkeiten. Wer interessiert sich schon dafür? Skandale, Aufruhr, Mord und Totschlag… das sind Schlagzeilen… aber Good News? Das ist den Journalisten doch kaum mehr eine Zeile wert…« Da muss ich ihr zustimmen. Schlussendlich reden wir über die sexuellen Übergriffe von Weinstein und anderen Hollywood-Mogulen, welche aktuell in den Medien diskutiert werden, und landen bei ihrer Blasenentzündung. Sie erzählt, wie sie wegen der Antibiotika zwar rasch körperlich gesundet war, sich dafür aber eine unergründliche Traurigkeit und Leere in ihr breitgemacht hatte. Blase fit. Geist schlapp. »Ich war todtraurig ... Der Besuch bei einer Psychologin brachte die Lösung«, erzählt die Rentnerin: »Die Antibiotika hatten eine schwere Depression ausgelöst. Manche von diesen Medikamenten haben krasse Nebenwirkungen!« Ich ziehe überrascht die Augenbrauen hoch und frage mich, wie viele Frauen wegen einer Blasenentzündung und den Nebenwirkungen von Antibiotika schon in einer Depression gelandet sind. Vom Austausch inspiriert beschließe ich, mich etwas mehr über das Thema zu informieren. »Vielen Dank für das nette Gespräch«, sage ich nach einer Dreiviertelstunde und reiche ihr die Hand. »Vielleicht sehen wir uns hier mal wieder.« Die Dame lächelt, wünscht mir energisch einen schönen Tag und vergräbt ihr Gesicht wieder in der Zeitung.

Bewertung

Meine kleine Geste, zwei Ohren für eine fremde Person zu öffnen, hat auf zwei Arten gewirkt. Einerseits sah ich die simple Freude in den Augen eines Menschen, der es schätzt, einfach im Gespräch zu sein. Andererseits erfuhr ich Dinge, die mich selbst in Zukunft schützen könnten. Die Wechselwirkung in dieser Aktion ist spannend: Einer Unbekannten oder einem Unbekannten für eine Weile bewusst zuzuhören kann einem mehr zurückgeben, als man ursprünglich bereit war, zu geben. Übrigens hatte eine gute Freundin von mir einen Monat später eine Blasenentzündung und ich erwähnte, was ich erfahren hatte. »Besser informieren als reparieren«, denke ich mir.

ZEITAUFWAND 45 Minuten **KOSTEN** Ein Cappuccino **FÜR WEN GEMACHT?** Menschen, die mit offenen Ohren durchs Leben gehen möchten

Side Note

Ich habe die Dame bis heute nicht wieder gesehen, würde sie dann aber darüber informieren, dass es zwar keine Tageszeitung, dafür einige Websites gibt, die von guten News leben: www.nur-positive-nachrichten.de oder auf Englisch www.goodnewsnetwork.org sind zwei davon. Beide kann ich als Ergänzung zum persönlichen Morgenritual sehr empfehlen.

2. Backen für ein gebrochenes Herz

MELANIE. Studien haben gezeigt, dass das Ende einer romantischen Beziehung die gleichen Mechanismen im Gehirn auslösen kann, wie es bei Entzugserscheinungen von Opiaten der Fall ist.

Wer hat es nicht schon erlebt, dieses lähmende, quälende Gefühl von einem gebrochenen Herzen? Wie ein Schatten deiner Selbst funktionierst du tagsüber, während dich nachts zu unmöglichen Zeiten beklemmende Angst aus dem Schlaf reißt. Der Geist erschöpft sich mit unbeantworteten Fragen, der Körper verweigert oft die Nahrung, das Immunsystem droht schlappzumachen. Die Motivation, sich etwas Gutes zu tun, kommt in diesem Zustand kaum mehr auf. Hier hilft ein Gefühls-Coach. Das kann ein Freund, ein Familienmitglied, ein Fremder oder auch eine Freundschaft Plus sein. Jemand, der versteht, dass Gefühle gefühlt werden wollen, und dementsprechend Raum dafür gibt. Jemand, der keine Angst davor hat, dich in deiner umfassenden Menschlichkeit zu erleben. Jemand, der weiß, dass du allein die Verantwortung für deinen Gefühlszustand trägst, und der, selbst wenn du Rotz und Wasser heulst, nicht in Mitleid zerfließt! Dieser Jemand kannst auch du selbst sein.

KLEINE GESTE, LEICHT GEMACHT

Es ist nicht immer selbstverständlich, sich mit einem gebrochenen Herzen einer Freundin oder einem Freund anzuvertrauen. Auch nach jahrelanger Freundschaft kann die Scham über die eigene momentane Hilflosigkeit einen davon abhalten, Unterstützung zu suchen. Männer, so meine Erfahrung bisher, leben leider oft noch immer mit dem Gesellschaftsideal »Ein Mann weint nicht«. Ich erinnere mich an einen Exfreund, der seinem Busenfreund erst einen Monat nach unserer Trennung davon erzählte. Biere wurden getrunken, Partys gefeiert, nur keine Herzensangelegenheiten besprochen. Gelitten wurde im Stillen. Das muss nicht sein. Wenn Frau oder Mann also den Mut aufbringt, ihre oder seine Gefühle offen zu zeigen, ist es wichtig, mit Mitgefühl und Geduld zu reagieren. Wer in Krisenzeiten ein guter Freund sein will, sollte meiner Meinung nach von folgenden Dingen absehen: Besserwisserei (»Ich hab dir doch gesagt: Der Typ wird dir nicht guttun!«), Ratschlägen (»Sieh doch endlich ein, dass diese Frau dich nicht verdient hat«), Diagnosen (»Du bist halt ein zartes Pflänzchen. Ich hoffe, ein Therapeut kann dir helfen, ich kann es offenbar nicht«). Wer jedoch das Geschenk sorgsamen Zuhörens machen kann, wird mit dieser Geste am ehesten erfahren, was ein Freund oder eine Freundin gerade wirklich braucht. Vielleicht einen Ausflug in die Natur, einen Tanz durch die Nacht oder eine leckere und gesunde Mahlzeit?

So hat Melanie es umgesetzt

Meine Freundin Alice erzählt mir von einer alten, neuen Liaison. Aus Gründen, die nur sie selbst in Erfahrung bringen kann, schaffte es dieser Typ, ein weiteres Kapitel in ihrem Leben zu schreiben. Ein Kapitel, das für Alice ein zermürbendes Ende bereithielt. Nach dem dritten Date floh er aus ihrer Wohnung. Unfähig, seine Gefühle zu artikulieren, machte er sich lieber aus dem Staub und schickte danach eine distanzierte SMS. Deshalb befindet sich Alice seit Wochen in einem Zustand malträtierenden Herzschmerzes und ihr Selbstvertrauen hat große Risse bekommen. Die Augenringe zeichnen ein deutliches Bild. Weil sie seit einem Monat auch noch arbeitslos ist, verbringt sie ihre Tage lethargisch auf dem Sofa mit dem TV als Compagnon. Wegen Schlaflosigkeit hat sich ihr Rhythmus so weit gewandelt, dass sie um vier Uhr morgens zu Bett geht, um dann um zwei Uhr nachmittags wieder aus den Laken zu kriechen. Wir telefonieren regelmäßig, wobei ich möglichst davon absehe, ihre Situation zu bewerten. Als sie mir gesteht, dass sie sich nur noch von zwei Käsebroten am Tag ernährt, wage ich ein Angebot: »Wie wäre es, wenn ich zu dir komme, um meinen Veggie-Dream zu backen? Ich bringe alles mit, du brauchst nur die Tür aufzumachen, den Rest übernehme ich.« Die Freude über diesen Vorschlag ist riesig. »Das würdest du tun? Wirklich? Wow. Sehr gerne. Du weißt gar nicht, wie sehr mir das helfen würde …«

Am selben Abend stehe ich mit Einkaufstüten vor ihrer Haustür. Eine Stunde später isst Alice einen ganzen Teller Gemüsewähe mit Salat und findet sogar wieder die Energie, ein paar ihrer derben Witze zu reißen. Ich lasse ihr den Rest für den nächsten Tag, weil mein Veggie-Dream auch kalt noch ein Herz erwärmen kann. Weil Liebe drinsteckt, ganz viel davon.

Bewertung

Aus eigener Erfahrung weiß ich, dass ein gebrochenes Herz der Ausgangspunkt einer wundersamen Entwicklung sein kann. Auch ein vermeintlich trauriges Kapitel kann eine Lebensgeschichte bereichern, inspirieren, ja sogar revolutionieren. In der westlichen Welt haben wir gelernt, die Dinge in »gut« oder »schlecht«, »fröhlich« oder »traurig«, »gewollt« oder »ungewollt« zu unterscheiden. Eine freundliche Geste kann auch heißen, die Dinge nicht absolut zu bewerten, sondern einfach an die Fähigkeiten eines Menschen zu glauben und seine Gefühlspalette willkommen zu heißen. Zuhören anstatt zuteilen, mitfühlen anstatt Mitleid haben. Während ihrer Krise hat Alice ihren schwarzen Humor übrigens nicht ganz verloren und denkt nun darüber nach, Comedy zu schreiben. Ein Notizbuch begleitet sie seitdem durch ihren Alltag und sie hat angefangen, Situationskomik festzuhalten. Nach zwei Monaten ist sie wieder fast die Alte, dafür mit neuer Stärke. So stark, dass sie mir nun sogar bei meinem eigenen Herzschmerz zur Seite stehen kann. Denn unterdessen habe ich mich von meinem Partner getrennt und ihr spontaner Besuch mit einer Flasche Wein, Pommes und postapokalyptischer Playlist ist der perfekte Begleiter für den aktuellen Tango meiner Gefühlswelt. Alice heißt alle meine Gefühle willkommen, auch meine anfängliche Enttäuschung und Gekränktheit darüber, dass mein Ex mir ein bedeutungsvolles Geschenk zurückgegeben hat. Sie schaut mir in die Augen, holt tief Luft, und sagt mit großmütterlicher Weisheit: »Das gehört zu seiner Entwicklung. Wichtiger ist, was du damit machst.« Ihre tröstenden Worte tun gut, schließlich toasten wir uns zu und googeln, von der aktuellen Situation inspiriert, die weltweite Popularität und Meinungsverschiedenheiten zu »Geschenkrückgabe nach Trennung«. Und lachen uns, weil wir auf die Frage »Was mache ich mit den gemeinsam erworbenen Sextoys nach der Trennung« stoßen, schief. Die Meinungen gehen so weit auseinander wie das Angebot der Intimspielzeuge. Je nach sexueller Orientierung lassen sich sogar Tendenzen feststellen. Die einen stehen mehr auf »We care, we share« und Nachhaltigkeit, andere für die Vernichtung, wobei wir uns belustigt fragen, ob es in den Recycling-Höfen von Großstädten eine extra Tonne für ausgedientes, nicht mehr geliebtes Sexspielzeug gibt. Ich lache, weine, schimpfe, schluchze, saufe, verschnaufe. Wer seine Gefühle auslebt, lebt gesünder. Und wer sogar in schwierigen Zeiten Humor nicht ausschließt, hat gute Chancen, sein Wohlbefinden wiederzuerlangen und dauerhaft zu steigern. Aber Achtung! Entwertende Witze und langatmige Lästereien über Exfreunde oder Exfreundinnen können durchaus wieder das Gegenteil bewirken. Also sparsam umgehen mit dreckigen Anmerkungen zu Expartnern, sonst versalzt du dir den Traum vom Glück. Besser, man pflegt einen verbindenden Humor und lacht zum Beispiel über »Das heitere Leben der verlassenen Sextoys, eine ganz neue ›Toy-Story‹«! Ich erkläre hiermit meine Rechte auf den Film!

ZEITAUFWAND Ein Einkauf + ein Abend **KOSTEN** Für zwei Mahlzeiten **FÜR WEN GEMACHT?** Für Menschen, die in Krisen eine Chance sehen

3. Weniger Müll bringt mehr Freude

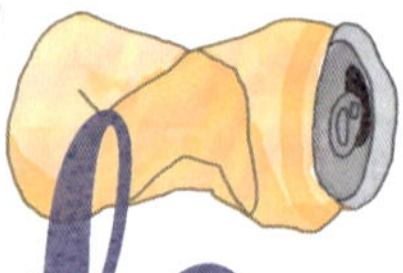

CHANTAL. Jeder von uns produziert etwa 500 Kilo Abfall im Jahr. Das ist das Gewicht von fünf schnuckeligen Babyelefanten zusammengepackt – nur ohne all die Cuteness. Leider landet einiges davon auch fernab vom Mülleimer in Parks, auf Straßen und auch sonst wo unterwegs. Zeit, den Besen zu schwingen! Das wirkt ansteckend auf andere und ermöglicht uns, unsere Welt ein wenig zu polieren und wieder zum Strahlen zu bringen.

KLEINE GESTE, LEICHT GEMACHT

Benötigt werden: Eimer oder Müllsäcke, Handschuhe, ggf. Handfeger oder Besen. Tipp: Alles in doppelter Ausführung mitnehmen – so ermöglichst du Passanten ein paar spontane Kindness-Momente.

1. Egal, ob am Ferienstrand, im heimischen Wald oder auf dem Spielplatz gegenüber: Schnapp dir einfach eine Plastiktüte oder einen Eimer, Handschuhe und Besen.
2. Handschuhe an, Lächeln auch – und los geht's!

So hat Chantal es umgesetzt

Ich gehe heute mit meiner Tochter und unserem Jogging-Buggy am Flussufer laufen. Eigentlich eine super Idee, sie liebt diese Kombi aus Spazierengehen und Joggen genauso wie ich. Nur: Heute ist Vatertag. Das bedeutet: nicht nur grölende Männergruppen, sondern auch viele Glasscherben auf dem Weg! Sie verwandeln das Ganze in einen regelrechten Parcours. Macht zwar auch fit, aber weit weniger glücklich. Nicht nur mir geht es so, vor allem Fahrradfahrer und andere Eltern jammern. Mir kommt eine spontane Idee und da ich heute nicht viel vorhabe, kann ich sie gleich in die Tat umsetzen. Ich sprinte nach Hause, sattle mein entspanntes Kind um in die Rückentrage, gehe, mit den Geheimwaffen meiner Besenkammer bewaffnet, direkt zurück zum Fluss. Als Gute-Laune-Bonus nehme ich noch einen kleinen Lautsprecher und eine Spieldecke für meine Tochter mit.

Die Scherben haben sich in der Zwischenzeit noch vermehrt, das Grölen auch. Schnell habe ich einiges an Glas aufgefegt und erhalte dabei immer wieder Unterstützung von Vorbeigehenden, die spontan mithelfen. Mit einigen Leuten komme ich ins Gespräch, alle freuen sich riesig über die Initiative, Fahrradfahrer bedanken sich klingelnd. Als meine Tochter aus der Trage will, nachdem sie mir eine Zeit lang neugierig über die Schulter geschaut hat, setze ich sie auf die Decke und schalte etwas Dub ein. Meine Tochter ist ein Dub-Fan und wie die Reaktionen von Vorbeilaufenden zeigen, ist sie damit nicht allein. Sie tanzt über die Wiese, während ich mit Hüftschwung und guter Laune weiter aufräume. Eine Passantin, die ich vom Sehen kenne, gesellt sich zu uns und geht anschließend sogar noch mit uns ein Eis essen, als wir mit unserer Herzensarbeit für heute fertig sind. Ein leckeres Eis ersetzt am Ende der Geschichte das anfängliche Ärgern über Scherben & Co. Fantastisch!

Bewertung

Mensch, ist das einfach! Einfach spitze, denn diese Geste hat einen sofortigen Effekt, sowohl auf meine kleine Welt als auch auf meine Stimmung – und die vieler anderer an diesem Nachmittag! Schön, am Ist-Zustand etwas zu ändern, anstatt nur zu meckern. Und es gibt durchweg positive Resonanz. Frische Luft gibt's gratis dazu und meine Tochter hat einen Riesenspaß mit all den Leuten, denen wir auf diese Weise begegnen. Ärmel hoch und aktiv werden, das hat echt was. Wird wiederholt, spätestens beim nächsten Strandurlaub.

Auch gelernt: Kleine Gesten sind ansteckend. An diesem Nachmittag haben wir gute Laune gestreut und schlechte Vibes einfach mit den Scherben aufgesammelt und weggeschmissen. We are the love movement!

Varianten

Aufräumen geht überall, es beginnt im eigenen Hinterhof oder vor der eigenen Tür, reicht über Parks und andere öffentliche Plätze, Spielplätze und Liegewiesen bis zu entfernten Stränden und Bergen im Urlaub. In der Nachbarschaft lässt sich auch prima eine gemeinsame Aufräumaktion organisieren oder mitgestalten, zum Beispiel über eine Online-Nachbarschaftsplattform, einen Aushang im Supermarkt oder indem du direkt deine Nachbarn fragst und sie ermutigst, mitzumachen.

ZEITAUFWAND Etwa eine Stunde oder auch länger **KOSTEN** Keine! **FÜR WEN GEMACHT?** Für Umweltfreunde und Frischluftfanatiker

4. Der Klassiker unter den Gesten: Nachbarschaftshilfe

GAST-GESTE VON CHRISTIAN Z. Außer wir haben uns ganz bewusst für ein Leben abseits der Gesellschaft entschieden, schätzen viele von uns eine respektvolle, unaufdringliche Nachbarschaft. Wer in die Ferien fährt, ist dankbar, wenn zum Beispiel die Katzen gefüttert, der Briefkasten geleert oder die Blumen gegossen werden. In Zeiten der Digitalisierung kann man sogar online eine Cat-Nanny organisieren und muss nicht wie früher an des Nachbars Türe klopfen. Obwohl: Warum nicht, anstatt über den Bildschirm zu klicken, einfach mal wieder die Klingel drücken?

KLEINE GESTE, LEICHT GEMACHT

Es gibt so viele Möglichkeiten, einen nachbarschaftlichen Dienst zu erweisen: Altpapier an die Ecke tragen, Einkaufstüten hinaufbringen. Wer neu in eine Siedlung gezogen ist, kann dem Anwohner beispielweise ein Stück Kuchen anbieten und bei einem kleinen Schwatz herausfinden, womit man in der Nachbarschaft dienen kann. Einfach aus der Anonymität heraustreten und die Gelegenheiten werden sich bieten! Zurückhaltende können als Option den digitalen Dorfplatz besuchen und herausfinden, wo man sich in der Umgebung sinnvoll engagieren kann. Einfach in der Suchmaschine »Nachbarschaftshilfe« und die entsprechende Stadt eingeben, oder direkt bei der Gemeinde anfragen. Es gibt auch Portale, die gezielt auf Ausleihservice setzen. Bohrer oder Rasenmäher benötigen die wenigsten Menschen täglich, warum also nicht gewisse Güter ausleihen, anstatt sie im Keller verstauben zu lassen?

So hat Christian es umgesetzt

Kurz nach meinem Einzug in ein Mehrfamilienhaus habe ich bemerkt, dass meine Nachbarin aus dem vierten Stock die Gewohnheit hat, ihren vollen Müllsack vor ihre Haustür zu stellen. Ich weiß, dass die Dame zur älteren Generation gehört, weil ich bei meiner Wohnungsbesichtigung diverse rüstige Rentner zur Wohnung pilgern sowie Ballons und eine farbige »80« an der Tür hängen sah.

In den darauffolgenden Wochen habe ich mehrmals ihren Abfallsack auf dem Weg zur Arbeit mit nach unten genommen und im entsprechenden Container entsorgt. An einem regnerischen Morgen, nach frischer, gut gemeinter Tat, muss ich noch mal zurück in meine Wohnung, um meinen Schirm zu holen. Meine Nachbarin steht leicht abwesend an ihrem Briefkasten und spricht mich ganz selbstverständlich, aber mit falschem Namen an. Woraufhin ich mich nach ihrem Befinden erkunde. Sie plaudert drauflos und erklärt, dass sie wohl langsam senil werde. Was mich zur Nachfrage veranlasst, wie sie zu diesem Entschluss gekommen sei. Sie erläutert, dass sie der Meinung gewesen sei, am Abend zuvor den Müll bereitgestellt zu haben, jetzt beim Hinausgehen aber keinen Sack vor ihrer Tür vorgefunden habe. Weil das nicht das erste Mal passiert sei, sorge sie sich um ihren mentalen Zustand, was sie aber mit Humor zu nehmen scheint. »Ups«, denke ich, da muss ich wohl für Klarheit sorgen. Ich oute mich sofort als Mülldieb. Überrascht, erfreut und erleichtert klopft sie mir auf die Schulter und bedankt sich für mein Engagement sowie für die Aufklärung. Fazit: Trotz Neuankunft in dieser Liegenschaft habe ich innert Kürze eine Bekanntschaft gewonnen. Meist ist meine vitale, gut gelaunte 80-jährige Nachbarin in Begleitung ihres selbst ernannten Cadillacs (Einkaufswagen), im Supermarkt oder an der Tramhaltestelle ergibt sich regelmäßig etwas Small Talk, immer unter wechselnden Namen. Rückblickend weiß ich, dass man auch Müll nicht ohne zu fragen entsorgen soll, aber nach der Offenlegung bleibe ich trotzdem Wiederholungstäter.

ZEITAUFWAND Eine Minute **KOSTEN** Muskelkraft **FÜR WEN GEMACHT?** Nachbarn in einer Wohnsiedlung oder im Mehrfamilienhaus

5. Gefühle wertschätzen

MELANIE. Wenn »Happy-Sein« zur Diktatur wird, läuft der Mensch Gefahr, sich selbst zu verleugnen oder seine Mitmenschen nicht zu achten. Denn: Alle guten Vorsätze in Ehren, aber zwanghaftes Vermeiden

von vermeintlich negativen Gefühlen kann sogar krank machen. Die Palette der Gefühle muss nicht auf die leuchtenden Farben reduziert werden. Zu den normalen, natürlichen Emotionen gehören auch die weniger gefeierten: Trauer, Enttäuschung, Unsicherheit, Verletztheit, Ärger, Hilflosigkeit, um einige zu nennen. Wenn wir von uns selbst und von unserem Gegenüber ständig erwarten, dass diese Lebenszustände ausgeblendet werden, bremsen wir persönliches Wachstum. Hilfreicher ist es, zu lernen mit diesen Gefühlen umzugehen, anstatt sie zu verbannen. Denn wie das Monster unter dem Bett werden sie größer und stärker, wenn wir sie einfach ignorieren. Gemäß einer Studie kann man viel besser mit Stress, Sorgen und Ängsten umgehen, wenn man seine unzensierten Gefühle zum Beispiel aufschreibt.

KLEINE GESTE, LEICHT GEMACHT

Wenn das nächste Mal jemand auf die Frage »Wie geht es dir?« ehrlich mit »Nicht gut« antwortet, kannst du dies als ein Zeichen von Integrität wahrnehmen und als etwas Positives sehen. Glücklichsein bedeutet nicht per se die Abwesenheit von Leid. Auch die »negativen« Gefühle gilt es zu respektieren, sie sind Teil vom Menschsein. Und dieser Menschlichkeit kann man Anerkennung zollen. Bei dieser Geste geht es darum, einfach mal Raum zu geben für das, was ist, so, wie es ist. Vielleicht nimmt man sich sogar die Zeit, nachzufragen, was das Gegenüber bedrückt, wenn es ehrlich mit »Scheiß-Tag« antwortet …

So hat Melanie es umgesetzt

Es ist ein eiskalter Sonntagmorgen, ich stehe dick eingepackt in meinem Quartier-Laden. An der Kasse begrüßt mich die mir bekannte Verkäuferin, wir begegnen uns mehrmals die Woche, und ich frage wie üblich: »Wie geht es dir?« – »Nicht gut«, antwortet sie mit einem unveränderten Lächeln. Nur ihre Augen verraten eine Traurigkeit. »Oh, tut mir leid, ist es, weil du sonntags arbeiten musst?«, frage ich nach. »Nein, das ist es nicht«, antwortet sie nachdenklich und tippt meinen Einkauf. »Hmmm … Es darf ja auch mal nicht gut gehen …«, erwidere ich sanft. »Dann wünsche ich dir, dass es in einer Stunde etwas besser geht.« Sie nickt, ich zahle, und wir lächeln uns an, bevor ich mich verabschiede, um im Buchsalon ein Haus weiter einen Cappuccino zu trinken. In einem Magazin lese ich über eine persönliche Erfahrung eines Autisten, der gelernt hat, sein Handicap in seinem Arbeitsumfeld nicht mehr zu verstecken. Gerade deswegen veränderte sich das Verhalten seiner Kollegen schlagartig. Anstatt gereizt, verstört und distanziert reagierten sie nun verständnisvoller und gegenseitige Missverständnisse konnten schneller aus dem Weg geräumt werden. Die Zeitschrift enthält auch einen Auszug aus dem Friedensvorschlag 2017 von Daisaku Ikeda, einem japanischen Schriftsteller und Gründer von Friedens-, Kultur- und Erziehungsinstitutionen. Er argumentiert, dass das wahrhaft Menschliche nicht isoliert erreicht werden kann, sondern »nur, wenn man sein Leben und seine Person für das Wagnis der Öffentlichkeit öffnet«. Ich fühle mich inspiriert! Bevor ich weiter meinem Tagwerk nachgehe, schaue ich mir ein paar Postkarten an, wobei ich immer wieder an die Verkäuferin denken muss. Ich finde es mutig, dass sie nicht einfach mit »Gut, danke!« geantwortet hat. Eine Karte fällt mir auf: schwarzer Hintergrund, blass-grünliches Herz in der Mitte. »Wie banal«, denke ich noch und kehre sie um. »Leuchtkarte«, steht auf der anderen Seite. Das Herz leuchtet im Dunkeln! Ohne lange zu überlegen, entschließe ich mich, der Verkäuferin diese Karte zu schenken. Fünf Minuten später stehe ich vor ihr. »Hallo zum Zweiten! Hier ist ein Geschenk für dich.« Ich merke, dass ich versuche, mit Coolness meine Nervosität zu überspielen. Vielleicht findet sie die Geste total doof? Oder denkt sogar, ich bin in sie verliebt? Quatsch. Bin ich zu aufdringlich? Was hab ich mir nur gedacht? Sie aber strahlt, öffnet das Couvert und schaut sich die Karte an. Nun muss ich mich erklären: »Weißt du, ich finde es mutig und wichtig, dass man zu seinen Gefühlen steht«, sage ich schnell. »Deshalb wollte ich dir mit dieser Karte meine Wertschätzung dafür ausdrücken.« Das klingt nun sehr formell. Ich nehme noch einen Anlauf: »Es ist heutzutage eher selten, dass jemand so ehrlich ist … und einfach mal gesteht, dass es ihm nicht so toll geht.« Die Verkäuferin liest die Rückseite, bückt sich plötzlich und verschwindet hinter dem Tresen. Dann kommt sie wieder hoch: »Sie leuchtet wirklich im Dunkeln! Danke vielmals! So lieb. Die kann ich zu Hause aufstellen«, sagt sie und streckt ihre Arme nach mir aus. Etwas überrascht gebe ich die Umarmung über den Tresen zurück, damit habe ich nicht gerechnet. Dann zahle ich eine Schokolade, wir winken, und ich schlendere davon. »Einfach cool bleiben«, sage ich mir. Und verwerfe es gleich wieder. Ich bin berührt über ihre Rührung. Das ist echt. Das ist menschlich. Das gehört in die Gefühlspalette! Dabei schaue ich die Schneeflocken an, die vom Himmel tanzen, während mir ganz warm ums Herz wird.

Bewertung

Ich fühle mich außergewöhnlich leicht und locker. Diese ungeplante Geste hat einen erstaunlichen Effekt auf mich, der mich lange durch den Tag begleitet. Erstaunt darüber nehme ich später die Tram, um eine Freundin zu treffen. Auf der Fahrt realisiere ich langsam, dass ich mir selbst auch ein Geschenk gemacht habe! Meine letzten Tage waren von einem Gefühl der Trauer über eine Trennung geprägt. Obwohl ich natürlich lieber gestern als morgen darüber hinweg wäre, habe ich festgestellt, dass ich Zeit brauche, die Dinge zu verarbeiten. Zeit für Heilung. Es gilt, unbequeme Gefühle auch zu durchleben und zu würdigen. Vorschnelle Happiness-Ansprüche können sonst eine Diskrepanz in uns auslösen, die für unser Heil und Wohlbefinden hinderlich ist. Weil ich heute der Verkäuferin Achtung für ihr Gefühl gegeben habe, weitet sich diese Anerkennung der Gefühle auch in mir selbst aus. Die Schneeflocken sind zu Regen geworden, aber er stört mich nicht. Die Tropfen erinnern mich an meine Tränen, die ich würdigen will. Auch oder vor allem in einer Trauerphase kann ich mich weiterentwickeln, wieder genau hinschauen, erkennen, was für mich wichtig ist, und mich in meine Lebensmitte stellen. Dahin, wo ich hingehöre.

ZEITAUFWAND Drei Minuten **KOSTEN** 2 Euro **FÜR WEN GEMACHT?** Für Menschen, die (alle) Gefühle wertschätzen

6. Deine neuen besten Freunde: Mitgefühl und Geduld. Für dich.

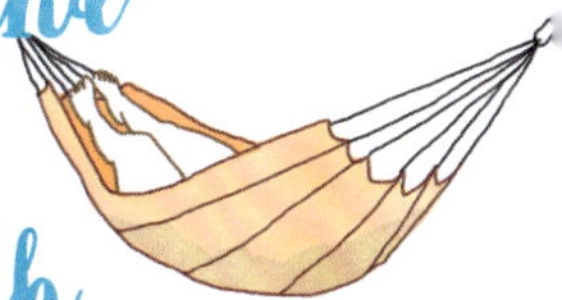

MELANIE. Erstaunlich, wie streng ich mit mir selbst sein kann. Zu Zeiten, in denen ich wenig Energie habe, bin ich oft mein härtester Richter sowie größter Feind. Dadurch kreiere ich ein Bild von mir, das völlig verzerrt ist und mich um meine Selbstwertschätzung bringt. Dabei soll und will ich doch mir selbst der beste Freund sein. Die wichtigste Beziehung ist die zu mir! Es geht nicht um die Erwartungen der Umwelt, sondern darum, was meiner Persönlichkeit entspricht. Trotzdem behandle ich mich immer wieder mal sehr schlecht. Und lade damit auch andere dazu ein, es mir gleich zu tun. Höchste Zeit für eine Veränderung! Und die beginnt mit Sanftheit. Es ist wichtig, immer wieder auch selbst der Empfänger einer netten Geste zu sein: Heute gehe ich mit mir selbst liebevoll um.

KLEINE GESTE, LEICHT GEMACHT

Benötigt werden hierfür lediglich Zeit und das Interesse an der Begegnung mit einem Menschen, der dir sehr nahe steht. Dieser Mensch bist du! Stell dir vor, eine Kopie deiner selbst würde neben dir gehen. Du darfst für ihr/sein Wohl sorgen. Was für ein Frühstück würdest du zubereiten? Welche Musik vorspielen? In welches Café einladen? Was für ein Buch zum Lesen geben? Welche Freunde einladen? Wann eine Umarmung schenken? Welches Kompliment aussprechen? Schenk dir etwas: einen farbenfrohen Schal, eine Duftkerze, einen stylischen Korkenzieher mit einer Flasche deines Lieblingsweins, Zeit.

Sei dein eigener bester Freund und behandle dich wie den wertvollsten Menschen, den du kennst! Denn das bist du. Du bist das Wertvollste in deinem Leben, denn ohne dich ist dein Leben nicht.

So hat Melanie es umgesetzt

Meine Situation ist verkackt. So scheint es jedenfalls. Mein Herz schmerzt, mit meiner Mutter harzt die Kommunikation, eine über 30-jährige Freundschaft wurde mir per WhatsApp gekündigt … Beruflich habe ich innerhalb einer Woche drei Absagen bekommen, was mich wegen meiner Finanzen verunsichert, aber vor allem auch mein Ego tangiert. »Läuft ja gar nix bei dir«, so das Teufelchen auf meiner Schulter. Aber heute werde ich das ändern! Heute verwöhne ich mich, trotz dem ganzen Mist in meinem Leben. So einen großen Haufen kann man doch auch in potenten Dünger verwandeln. Nicht von heute auf morgen, das braucht Zeit. Und die will ich mir geben. Zeit und Aufmerksamkeit. Als Erstes bedanke ich mich am Morgen bei meinem Körper. Der trägt mich schließlich die ganze Zeit durchs

Leben. Dann widme ich mich meinem Morgenritual, dem Rezitieren des Mantras »Nam Myōhō Renge Kyō«, wobei ich mir selbst sage, dass ich mich nicht schämen muss. Nein, heute habe ich vollstes Verständnis für mich, dafür, dass nicht immer alles rundläuft. Und gratuliere mir, dass ich wenigstens in einem Punkt Hochachtung vor mir haben kann: Meine Motivation kommt von Herzen und beinhaltet den tiefen Wunsch, mich selbst und andere glücklich zu sehen. Ein edles Bestreben, das bestätige ich mir mit einem Händedruck. Wirklich, ich schüttle mir selbst die Hand. Als Nächstes gucke ich in den Spiegel und sage laut und deutlich »I love you«, bevor ich in ein Café gehe, um Recherchen zum Thema »Optimismus« anzustellen. Im FORUM, einem buddhistischen Studienmagazin, lese ich Folgendes: »Ein Optimist ist ein Mensch, der versucht sowohl in Zeiten der Freude als auch in Phasen des Leids, Werte zu schaffen.« Dabei erinnere ich mich, wie ich tags zuvor einer Freundin einen Perspektivenwechsel in einer Beziehungsfrage aufzeigen konnte. Sie verließ unser Treffen mit den Worten: »Danke, unser Gespräch hat mir wirklich geholfen, die Dinge von einer neuen Seite zu betrachten.« Stimmt, auch mitten in meiner Misere bin ich bemüht, Werte zu schaffen. Dafür gebe ich mir einen Kuss auf die Schulter. Als der Mittagshunger aufkommt, will ich erst sparsam einkaufen, verwerfe dann aber die Idee und gönne mir eine Portion Humus in einer Hotel-Lobby. Der Kellner, Carlos, ist ein alter Bekannter, er freut sich, mich zu sehen. Als er fragt, wie es mir geht, werde ich überraschend emotional, wage jedoch nicht, die Wahrheit auszusprechen, und sage: »Es geht mir gut, danke.« – »Du solltest mal in deinen Briefkasten schauen«, erwidert er lächelnd, rauscht weiter und lässt mich wegen seiner Aussage verwirrt zurück. Ich genieße meinen Lunch und mache mich dann auf den Weg nach Hause. Am Briefkasten erinnere ich mich an die Worte von Carlos, schaue hinein, klaube eine Tüte heraus und nehme den Lift zu meiner Wohnung. Dort angekommen, ziehe ich den Inhalt heraus: Es ist ein Einhorn-Kissen! Tränen füllen meine Augen. Ich heule los und drücke das Einhorn-Kissen fest an mich! Nach minutenlangem

Schluchzen fühle ich mich wie gereinigt. Carlos sende ich ein Foto von mir und seinem Geschenk, das heute passender nicht hätte sein können. Meine Faszination für Einhörner entstand schon in meinen frühesten Kindertagen: Der Zeichentrickfilm »Das letzte Einhorn« aus dem Jahr 1982 hat mich für mein Leben geprägt. Die VHS-Kassette eierte, weil wir sie so oft abgespielt hatten. Zu Weihnachten schaue ich den Film bis heute immer wieder von Neuem. In diesem Märchen geht es darum, wie das Schöne über die Gewalt und das Böse siegt. Im Titellied zum Film, »The Last Unicorn«, singt die Band America inbrünstig den Refrain »I'm aliiiiiive«. Und genauso fühle ich mich: lebendig!

Bewertung

Mystisch, wie die Dinge sich an diesem Tag entwickelt haben. Just als ich mich dazu entschlossen hatte, mich nicht mehr übermäßig für meine Rückschläge, Mängel oder Verluste zu verurteilen, wurde ich beschenkt, und das im wahrsten Sinne des Wortes. Obwohl ich schon vorher der Überzeugung war, dass ich für meine wohlwollenden Taten mir selbst gegenüber belohnt werde, war ich über die raschen positiven Konsequenzen erstaunt. Es brauchte offenbar diesen einen aktiven, festen Entschluss meinerseits, mich nicht mehr zu verachten. Nicht erst, wenn die Dinge wieder perfekt laufen, sondern jetzt, heute, in meiner vermeintlichen Unvollkommenheit und in meinem Chaos, bin ich wertvoll. Motiviert von dieser Begegnung mit mir selbst, will ich diese Haltung fest in mir eingravieren. Das ist nicht egoistisch, das ist gesund. Denn was nütze ich der Welt, wenn ich immer wieder auf der Strecke bleibe, weil ich der Negative Nancy in mir so viel Raum gebe? Fertig: Es lebe Mindful Melanie! Denn wenn Einhörner ins Leben treten, hat man schließlich etwas richtig gemacht. Voilà!

ZEITAUFWAND Ein Tag **KOSTEN** Variabel **FÜR WEN GEMACHT?** Für dich! Von deinem besten Freund: dir selbst

1. Twice as nice

CHANTAL. Einige Jahre in meinen (nicht so) wilden Zwanzigern habe ich in Südafrika gelebt. Auch fernab von Klischees und Urlaubsromantik: Das alltägliche Miteinander dort ist wie in vielen Ländern der Welt einfach anders gestaltet als hier im kalten und oft auch zwischenmenschlich unterkühlten Deutschland. Inspiriert von Melanies Geste der Onlinekomplimente habe ich mir deshalb gedacht: Warum Südafrika nicht mal nach Deutschland holen? Auf die frischen Papayas und Guaven muss ich hier weiter verzichten, aber ein wenig vom erfrischend zwanglosen Miteinander kann ich vielleicht nach Berlin holen.

KLEINE GESTE, LEICHT GEMACHT

Du benötigst nichts weiter als ein wenig Mut sowie gute Laune und Energie. Such dir einen Nachmittag, Tag oder gar eine Woche aus, die nicht von Stress oder Termindruck geprägt ist. Und jetzt nimmst du dir vor, die Begegnungen mit anderen in dieser Zeit – und hoffentlich weit darüber hinaus! – mit kleinen Nettigkeiten zu dekorieren. Dies können Komplimente sein, oder dass du dir einen Moment nimmst, um jemanden zu fragen, wie es ihm geht. Du kannst anderen die Tür aufhalten, lächeln, bis der Arzt kommt, oder dich einfach öfter mal bedanken. Die Chance, etwas Nettes zu sagen oder zu tun, bietet sich uns unzählige Male am Tag, mit dieser Geste nehmen wir sie ganz bewusst wahr – es ist an der Zeit, Nettsein neu zu definieren und mit Leben zu füllen!

So hat Chantal es umgesetzt

In Südafrika war ich immer schnell in ein kurzes Gespräch an der Supermarktkasse oder im Bus verwickelt. Gern habe ich anderen Frauen im Vorbeigehen ein Kompliment zu ihrem Outfit gemacht, einfach, weil ich mich so gefreut habe, wenn mir Ähnliches zuteilgeworden ist. In Deutschland sind flirtfreie Komplimente aber noch immer sehr selten.

Auch als introvertierter Mensch vermisse ich das manchmal, diese kleinen alltäglichen Berührungspunkte mit vermeintlichen Fremden, die mich unsere Verbundenheit nicht nur wissen, sondern spüren lassen. Heute scheint schon beim Aufstehen die Sonne und selbst mein Morgenmuffelkind ist gut gelaunt. Ich beschließe: Dies ist der perfekte Tag, um meinen Nettigkeitsmodus hochzufahren.

Ich beginne in der Kita, indem ich der Erzieherin sage, wie dankbar ich dafür bin, dass sie so einen schönen Ort für die Kinder schafft. Traurigerweise habe ich ihr das schon lange nicht mehr gesagt, war im Kopf beim Bringen und Abholen immer schon zwei Schritte weiter. Das Innehalten heute tut gut – nicht nur mir, sondern ihr auch. Sie freut sich riesig darüber und als ich sie frage, ob ich noch irgendwie helfen kann, weil ich einen Augenblick Zeit habe, umarmt sie mich. Ich schneide Obst fürs Frühstück und starte beschwingt in den Rest meines Tages. Das Ganze hat vielleicht 15 Minuten gedauert, aber die gute Stimmung, mit der es mich beschenkt hat, ist unbezahlbar.

In diesem Flow geht der Tag weiter. Heute habe ich für jeden ein nettes Wort auf den Lippen. Dem Zeitungsverkäufer mache ich ein Kompliment zu seinem Flamingohemd und erfahre dabei, dass er es von seiner Frau zum Geburtstag geschenkt bekommen hat. Der Chihuahua-Lady aus der Nachbarschaft, die ich oft mit ihrem halben Dutzend Hündchen spazieren gehen sehe, sage ich endlich mal, wie sehr mich der Anblick immer zum Lachen bringt. Die Sitznachbarin im Bus bekommt zu hören, wie schön ich ihre Perlenohrringe finde, und den Paketboten am Nachmittag frage ich, wie es ihm geht. Es ist das erste Mal, obwohl er in regelmäßigen Abständen bei mir klingelt.

Er wischt sich über die Stirn und grummelt ein wenig über das heiße Wetter. Ich hole eine Flasche Apfelschorle aus dem Kühlschrank und gebe sie ihm mit auf den Weg. Erst will er sie aus Höflichkeit ablehnen, dann nimmt er sie doch lächelnd an. »So nett sind die Leute selten!« Ich lächle zurück und mache im Kopf einen Haken hinter die »Mission Nettsein«.

Bewertung

Hier ist wieder einmal eine Geste, die ich beibehalten möchte, allein schon, weil sich wirklich ständig die Gelegenheit für sie bietet. Und je mehr Schönes aus mir heraussprudelt, desto mehr entdecke ich es überall und desto einfacher fällt es mir, diese Wertschätzung und Wahrnehmung der Schönheit um uns und in jedem von uns auch an- und auszusprechen.

Bei dieser Geste wird klar: Nett ist nicht die kleine Schwester von scheiße. Im Gegenteil, Nettsein bedeutet Freundlichkeit, Verbindungen, Authentizität. Und wer braucht von diesem Trio nicht auch mehr im eigenen Leben und im Umgang mit anderen?

> Der 1. März ist übrigens »Welttag des Kompliments«. Vielleicht der perfekte Tag für diese Geste?

ZEITAUFWAND Nur ein paar Minuten **KOSTEN** Keine **FÜR WEN GEMACHT?** Für Menschen, die ihren Charme auf der Zunge tragen

8. Soll ich ins Ausland? Aber ja doch!

MELANIE. Ein Auslandsaufenthalt erweitert den Horizont und ich wünsche es jedem, diese Erfahrung machen zu können. Wer dabei noch eine Fremdsprache lernt, wird sich selbst neu kennenlernen. Die Erfahrung zeigt, dass eine weitere Sprache nicht nur das Denken flexibler macht, sondern dass in verschiedenen Sprachen auch verschiedene Charaktereigenschaften in den Vordergrund treten. Eine gute Voraussetzung also, um sein authentisches Selbst zu entdecken und so langfristig ein ganz eigenständiges, selbstbestimmtes Leben zu führen. Und das wiederum ist: die ideale Basis für ein glückliches Leben.

KLEINE GESTE, LEICHT GEMACHT

Wenn jemand dir den Traum, ins Ausland zu ziehen, anvertraut, denke an seine persönliche Bereicherung und die kulturellen Brücken, die dadurch geschlagen werden können. Auch für dich kann das ein Zugewinn sein! Selbst wenn noch nicht alle Voraussetzungen für die Verwirklichung stehen, kannst du einfach mitträumen. Das kostet nichts und regt dein Gegenüber an, sich ernsthaft mit der Idee für das Abenteuer zu befassen. Vielleicht hast du es sogar selbst schon gewagt und kannst mit Tipps zur Seite stehen? Es muss auch nicht gleich der Sprung über den großen Teich oder in die ganz weite Ferne sein. Vielleicht erzählt dir jemand von einer großen Leidenschaft für ein

Land oder das Reisen oder dem Wunsch zu einer Veränderung. Anstatt dies abzuwürgen, zu relativieren oder kleinzureden, kannst du den Wunsch bekräftigen.

So hat Melanie es umgesetzt

Eine Schülerin von mir, Maja, hat auf meiner Website gelesen, dass ich mein Tanzstudium in Paris absolviert habe. Ich war damals 24, als mich mein stabiler Job mit super Gehalt in der Immobilienbranche zwar befriedigte, aber nicht erfüllte. Wenn ich an den Moment zurückdenke, als ich mich hingesetzt habe, um die Pros für ein Tanzstudium in der Stadt der Liebe niederzuschreiben, muss ich lächeln: »Meine Seele schreit nach neuen Herausforderungen. Ich brauche eine neue Welt mit neuen Impulsen. Ich will endlich Menschen um mich haben, die meine Leidenschaft teilen.« Maja geht es ähnlich, und auch sie muss so manche Hürde überwinden. Ihre Eltern sind mit Tanz nicht vertraut. Ich weiß, manche denken dabei an eine brotlose Zukunft als Künstlerin, das wollen sie ihren Kindern ersparen. Als Maja mich um ein Treffen bittet, sage ich sofort zu. Ihr Talent habe ich gleich bemerkt, und als sie zögerlich ihr Herz öffnet, erkenne ich eine leidenschaftliche junge Frau, die mich an mein jüngeres Selbst erinnert. »Meinen Eltern erzähle ich nicht von meiner Leidenschaft. Ich befürchte, dass ihr Pessimismus mich verunsichern wird. Und ich verstehe sie ja: Ich sollte etwas machen, das mir die Zukunft sichert …« Da kann ich ihr einen Perspektivenwechsel liefern: »Maja, die Eltern, die ihre Kinder zum Beispiel dazu gedrängt haben, in den Finanzsektor einzusteigen, haben sich teils auch stark getäuscht. Wie viele haben ihre Jobs und Existenzen während der Finanzkrise verloren? Sicherheit? Das ist eine Illusion. Als ich mein Tanzstudium machte, fragten sich einige: ›Was wird nur aus ihr werden? Die Träumerin!‹ Aber schau mal: Es sind in diesem Bereich einige neue Berufe entstanden! Man kann nicht immer voraussehen, was sein wird. Aber wenn man tut, was man liebt, ist man kreativ, bildet sich weiter, bleibt auf dem Weg der Selbstverwirklichung. Sind das nicht Dinge, die du anstrebst? Das, was ich heute mit 40 rückblickend sagen kann, ist: Tu das, was dich begeistert!«

Maja ist inspiriert. Sie weiß, dass ich meine Teilzeitstelle in einer Unternehmensberatung gekündigt hatte, um mich als Tanzlehrerin und Coach selbständig zu machen. Wir plaudern weiter und träumen miteinander ihren Traum, in Amsterdam, Paris oder Tel Aviv zu tanzen. Ich verspreche ihr, die Zeilen zu finden, die mich vor 15 Jahren ermutigt haben, ins Ausland zu ziehen. Folgende Worte aus dem »Handbuch des Kriegers des Lichts« von Paulo Coelho haben damals eine entscheidende Wirkung auf mich ausgeübt:

»Wenn er den idealen Augenblick abwartet, wird er nicht von der Stelle kommen; um den nächsten Schritt zu tun, bedarf es einer Prise Verrücktheit.«

Zehn Monate später steht bei Maja auf WhatsApp folgender Satz unter ihrem Namen: »Ins Leben vertanzt«. Und auf Facebook kann ich ihre Bilder aus Tel Aviv bestaunen. Sie sieht so glücklich aus! In einer Sprachnachricht teilt sie mit mir die tollen Neuigkeiten, dass sie gerade eine Arbeitserlaubnis bekommen hat. Auf einem Foto trägt sie den blauvioletten Schal, den ich ihr zum Abschied geschenkt habe. Ein Teil von mir ist mit ihr gegangen, und es zaubert mir jedes Mal ein Lächeln aufs Gesicht, wenn ich von ihr höre oder lese.

Bewertung

Als eine Kollegin von mir ihren Job sowie ihr ganzes Hab und Gut aufgibt, das Visum für Amerika dann aber noch monatelang auf sich warten lässt, habe ich zugegebenermaßen Bedenken. Denn ich hatte sie darin bestärkt, diesen Schritt zu tun. Einen Moment lang fühle ich mich mitverantwortlich. Dann erinnere ich mich an meine eigenen Worte: »Vielleicht wird es nicht klappen, aber dann hast du es wenigstens versucht! Das ist besser, als sich lebenslänglich mit dem Gedanken zu quälen: Was hätte sein können, hätte ich nur den Mut gehabt?« Drei Monate später bekommt sie eine Anstellung als Lehrerin und schickt mir Bilder aus Kalifornien. Ich denke, wenn man für sich allein verantwortlich ist, darf man ruhig etwas verrückt sein. Ist eine ganze Familie von der Idee betroffen, bedarf es eines Sicherheitsnetzes oder zumindest ausführlicher Vorbereitung. Trotzdem, die Nachrichten, die ich aus verschiedenen Ecken der Welt erhalte, sind so voller Begeisterung und Freude, dass ich jedes Mal selbst übers ganze Gesicht strahle.

Fazit: Risiken gehen mit einer Prise Verrücktheit Hand in Hand, dafür erhält das Leben das Salz in der Suppe, welches es lebenswert macht.

ZEITAUFWAND Minuten bis Stunden **KOSTEN** Keine! **FÜR WEN GEMACHT?** Für Menschen, die Abenteuerlust und kulturellen Austausch fördern möchten

1. Seifenblasen-Superkräfte

CHANTAL. Manche Dinge sind für uns alle mit reinster kindlicher Freude verbunden und bewahren ihren Charme lange in das Erwachsenenleben hinein. Seifenblasen gehören definitiv in diese Kategorie. Sie bieten uns im Kindness-Experiment dementsprechend eine einfache, leicht umsetzbare Möglichkeit, Happiness-on-the-go zu verbreiten. Mobile Glück(s)bringer im Mini-Format, perfekt für kleine Gesten im Mama-Alltag (und auch sonst!).

KLEINE GESTE, LEICHT GEMACHT

Benötigt werden: mindestens zwei, besser noch mehr Seifenblasendöschen oder eine Seifenblasenangel, flache Schale (zum Beispiel Untersetzer für Blumentöpfe) und Seifenblasenlösung.

Tipp – Recycling meets Kindness: Du kannst leere Seifenblasendöschen sammeln und diese aus einer Großpackung Seifenblasenlösung neu befüllen. Und wenn sie nicht mehr so frisch aussehen, beklebst du sie mit bunten Stickern. Nimm die Seifenblasendosen das nächste Mal mit auf den Spielplatz oder in den Park. Setz dich auf eine Parkbank und lass die kleinen Blasen fliegen. Dann bleibt nichts mehr zu tun, als für all die Magie offen zu sein, die aus diesen schimmernden Windtänzern erwächst.

So hat Chantal es umgesetzt

Der erste Versuch verläuft denkbar einfach: Kinder mitgenommen – Spielplatz, juhu! –, Buddelzeug ebenfalls und es mir auf einer Schattenbank gemütlich gemacht. In der ersten Spielpause frage ich meine Tochter Thuli, ob sie Lust auf Seifenblasen hat: »Na klar!«, ist die Antwort. Ich reiche ihr eine Dose und ziehe direkt auch eine für mich aus der Tasche. Thuli guckt verwundert, normalerweise ist das Seifenblasenglück ihr allein vorbehalten. Ich erkläre ihr, dass ich heute auch mal Lust auf Seifenblasen habe und dass wir ja einen kleinen Wettbewerb daraus machen können. Bei Wettbewerben ist sie immer dabei und beginnt sofort, die »allerallerallergrößte Seifenblase seit den Steinmenschen« zu kreieren. Gesagt, getan. Ich mache es ihr nach und nach ein paar Minuten sind wir von glänzenden Seifenblasen und begeisterten Kindern umgeben. Das hatte ich vorausgeahnt und mir die Tasche mit Seifenblasendosen vollgepackt. Thuli findet die Idee, dass die anderen Kids mit einsteigen, auch klasse und unterbricht unseren Wettbewerb, um die Döschen zu verteilen. Wir verbringen die nächste halbe Stunde damit, ein Meer an Seifenblasen über den Spielplatz wogen zu lassen, und kehren später mit ziemlich klebrigen Händen und ziemlich guter Laune nach Hause zurück.

Versuch Nr. 2 läuft zäher an, denn diesmal bin ich allein unterwegs. Hello, awkward moment! Vor mir auf der Wiese sitzt eine Gruppe kiffender Jugendlicher, Deutschrap scheppert aus ihrem Lautsprecher. Hier kann ich nicht sitzen und in echter Hippie-Manier Seifenblasen in die Welt hinauspusten, mein innerer Teenie lässt das nicht zu. Ich stehe auf und spaziere einige Minuten durch den Park zu einer anderen Stelle. So, hier ist es besser. Kinder spielen mit einem Ball auf der Wiese, einige Leute sonnen sich leicht bekleidet. Die Luft ist von einer freudigen Ruhe erfüllt, die mich tief durchatmen lässt. Dann puste ich los. Sitze einfach da und lasse Seifenblasen entstehen, die der Wind fortträgt. Es ist schön und wirkt sehr beruhigend auf mich. Richtig rund wird die Erfahrung dennoch nicht. Am Ende fragt mich eines der spielenden Kinder, ob es auch mal darf. Ich schenke ihm erleichtert die Dose und verschwinde.

Neuer Tag, neues Glück. In der Zwischenzeit habe ich gelesen, dass Seifenblasen auch in der Ergo- und Physiotherapie Verwendung finden, weil das Ganze die Feinmotorik verbessert. Auch unsere Konzentrationsfähigkeit profitiert von ihnen und als Stimmungsaufheller wirken sie obendrein. Meine Tochter habe ich diesmal wieder mit dabei, das macht es mir leichter und bringt einfach mehr Spaß. Für diesen Versuch haben wir zusammen zwei Angeln für Riesenseifenblasen gebastelt und wollen sie im Park ausprobieren. Und siehe da: endlich wieder Seifenblasenmagie! Schnell haben wir den Dreh mit der Angel raus und schon fliegen die riesigen Seifenblasen über die Wiese, erzeugen Staunen und Lächeln und hüpfende Kinder. Ich merke gar nicht, wie die Zeit vergeht, so sehr genieße ich das Seifenblasenmachen und seinen Zauber.

Bewertung

Fazit meiner Tochter nach unserer Riesenseifenblasen-Aktion: »Mama, das will ich jeden Tag mit dir machen!« Und seitdem gehen wir wirklich regelmäßig in den Park und lassen die Seifenblasen tanzen. Jedes Mal erfreuen sich große und kleine Menschen gleichermaßen daran und wir haben schon einige Seifenblasenangeln für Freunde und Nachbarn gebastelt. Selbst an das Anmischen eigener Lauge haben wir uns dank Internetrezepten gewagt. Mittlerweile kommt die Angel mit uns zu Kindergeburtstagen und Kitafesten, Ausflügen und Parknachmittagen. Und wann immer ich daran denke, habe ich eine kleine Dose in meiner Handtasche – dank ihr habe ich mich unterwegs gegenüber schon so manchem weinenden Kind auf der Straße oder in der U-Bahn wie eine wahre Superheldin gefühlt!

ZEITAUFWAND Etwa 30 Minuten oder unendlich lange **KOSTEN** Ca. 3-5 Euro
FÜR WEN GEMACHT? Für Menschen mit Kindern und für das eigene innere Kind

Anleitung: Seifenblasenangel für Riesenseifenblasen

Du brauchst: 1 Drahtbügel, 1 Wollknäuel, Seifenblasenlauge, 1 flache Schale für die Lauge

1. Weil es schließlich Riesenseifenblasen sein sollen, muss auch der Ring etwas größer sein. Darum biegst du zunächst den Drahtbügel, so weit es geht, zu einer Kreisform.
2. Dann nimmst du das Wollknäuel und umwickelst den Bügel damit, bis nichts mehr von dem Metall zu sehen ist. Verknote beide Enden des Wollfadens fest miteinander. Zuletzt biegst du den Haken des Bügels etwa in rechtem Winkel zur Seite. Dann kann man den Ring später besser in die Lauge tauchen.
3. Nun fülle Seifenblasenlauge in die flache Schale und tauche den wollumwickelten Ring komplett ein.
4. Hebe den Ring vorsichtig wieder heraus und ziehe ihn dann langsam durch die Luft. Es entsteht eine wunderschöne, riesengroße Seifenblase. Aber bitte draußen – drinnen macht sie Flecken.

10. Sticker als Stimmungsheber

MELANIE. Es gibt Zeiten, da begleiten uns bestimmte Gedanken wie ein Kleidungsstück, das wir frühmorgens anziehen und den lieben langen Tag tragen (müssen). Seltsam, wie wir uns einerseits bemühen, äußerlich einen guten Eindruck zu machen, und gleichzeitig vergessen können, unsere Gedankengebilde ebenso sorgfältig auszuwählen. Einen hässlichen Pullover kann ich ablegen oder ersetzen. Hässliche Gedanken sind da gewöhnlich hartnäckiger. Oft besitzt ein Ort oder eine Strecke, wie der Arbeitsweg, schon eine gedankliche Furche: im Kopf die To-dos durchgehen, die auf uns warten, den Einkauf auflisten, das Dinner gedanklich vorkochen und sich jetzt schon darüber ärgern, dass der Kuchen nicht aufgeht. Diese Furchen oder Automatismen zu erkennen, ist der erste Schritt zu einer Veränderung! Weil an nichts zu denken schon ziemlich hohe Schule ist und mich manchmal überfordert – wir sind nicht alle meditative Überflieger –, will ich es mit einer anderen Taktik versuchen: Mit neuen Sätzen, die ich in meine Furchen pflanze, möchte ich ein Lächeln in mir hervorzaubern, das wiederum meine Mitmenschen erfreuen kann! Win-win? Smile-smile!

KLEINE GESTE, LEICHT GEMACHT

Zu Hause finde ich ein paar Regenbogensticker, die ich auf einer Party geschenkt bekommen habe. Mit einem schwarzen, wasserfesten Filzstift schreibe ich je eine Message auf einen Aufkleber:

Wer keine Sticker zu Hause hat, kann auch auf ein Blatt Papier zeichnen oder schreiben und dieses zum Beispiel mit transparentem Packband wetterfest machen. Und dann: Klebeband, Reißnägel oder andere Befestigungsmöglichkeiten einpacken und für den gewohnten Arbeitsweg etwas mehr Zeit einrechnen – oder die Aktion gemütlich auf dem Nachhauseweg umsetzen.

So hat Melanie es umgesetzt

Ich stehe an der Ecke meines Wohnhauses und sehe eine Ampel, auf der schon verschiedenste Sticker kleben. Ein Plätzchen ist noch frei! Voller Tatendrang gehe ich auf die Ampel zu, nehme einen Aufkleber aus meiner Tasche, bekomme Herzklopfen, bleibe stehen, merke, wie ich nervös werde, biege schnell nach links ab und gehe zehn Schritte auf dem Bürgersteig weiter. Irritiert über mich selbst halte ich an der nächsten Kreuzung inne. Nach einer gefühlten Minute kehre ich endlich um, halte wieder vor der Ampel, blicke mich um, sehe die Menschen auf den Trottoirs, an der Bushaltestelle, zwei gucken mich schon an … Ich beginne zu schwitzen und biege wieder ab. Während ich mich langsam in die Richtung einer Unterführung bewege, observiere ich meine Gedanken: »Das kann ja nicht wahr sein! Ich habe tatsächlich Hemmungen, einen Sticker an eine Ampel zu kleben?! Wie kommt das denn? Das ist doch kein Vandalismus, das geht doch als etwas Harmloses durch. Wie bin ich denn gepolt?! Was geht hier in meinem Kopf ab?«

Fahrräder und Menschen sausen an mir vorbei, die Unterführung vor mir wird rege genutzt, ein junger Mann scheint es auch eilig zu haben, ich erkenne die Locken. »Nemo!«, rufe ich laut. Nemo ist ein Sänger, der gerade bei den Swiss Music Awards vier Auszeichnungen abgeräumt hat. Jetzt guckt er irritiert. »Sorry, du kennst mich nicht, mein Name ist Melanie, ich kenne deinen Produzenten, habe auch schon mit ihm gearbeitet.« Nemo schüttelt mir freundlich die Hand. Ich beschließe, einfach in dieselbe Richtung zu laufen, weil ich ihm unbedingt noch ein Kompliment machen will: »Weißt du, ich habe dich bei der Verleihung gesehen. Da können sich ein paar alte Hasen wirklich eine Scheibe von abschneiden: wie du auf die Bühne gegangen bist, um deine Preise entgegenzunehmen, mit deinem Büchlein, damit du dich bei allen Involvierten bedanken kannst und sicher niemanden vergisst. So von Herzen, voller Ehre gegenüber allen Mitwirkenden. Du hast verstanden, dass man auf dem Weg nach oben auch seinem Team danken sollte. So schön! Dafür kannst du dir gratulieren!«

Nemo lächelt, dankt, erzählt mir, dass er gerade auf dem Weg zur Zürcher Hochschule der Künste und schon spät dran sei. »Oh, nimm die Tram 4, die kommt gleich, dann bist du in zehn Minuten da. Darf ich noch ein Foto mit dir machen?«, frage ich. Ich darf!

Dann ist Nemo weg und ich bin wieder allein mit meinen Gedanken. Im Ernst? Ich kann fremden Künstlern auf der Straße Komplimente machen, aber einen Sticker an eine Ampel zu kleben, bringt mich in Verlegenheit? Ich lache über mich selbst, laufe zurück und bringe meine Aktion zu Ende! Der Regenbogen klebt. An einer Ampel und auf einem Stromkasten. So!

Bewertung

Am nächsten Morgen bin ich gespannt, ob mein Sticker noch klebt – und werde gleich enttäuscht: kein Regenbogen mehr! Mein Herz rutscht in den Magen. Ach ne, so blöd, ich habe die falsche Ampel anvisiert: Da ist er doch, mein Regenbogen! Manchmal sieht man die Dinge einfach nicht, weil man in die falsche Richtung schaut!

Erleichtert (wie sehr, überrascht mich selbst) lächle ich breit und düse dann auf meinem Fahrrad weiter. Beim Stromkasten täusche ich mich nicht, dieser Sticker wurde entfernt. Egal, Sticker Nr. 1 mit der Nachricht »YOU ARE GALACTIC!« hat eine gute Haftung und erinnert mich seither jeden Morgen daran, in die Welt hinauszulächeln. Wenn sich in meinem Kopf beschwerende Gedankenstränge weben, werden diese nun spätestens bei der Ampel unterbrochen. Der Sticker ist wie ein Freund, der mich jeden Morgen mit einem Kompliment begrüßt, und die Freude daran begleitet mich weiter. Ob andere die Nachricht auch bemerken? Ich weiß es nicht, aber für mich selbst habe ich eindeutig festgestellt: Es lohnt sich, seinen Gedankenstrom zu unterbrechen und stattdessen ein Lächeln zu verschenken. Die Menschen, denen ich begegne, freut es, und wer weiß, wie vielen ich damit schon den Tag versüßt habe, die darum wiederum ihr Lächeln »gespendet« haben. Kost ja nix!

ZEITAUFWAND Etwa 20 Minuten **KOSTEN** Maximal ein paar Euro **FÜR WEN GEMACHT?** Für Menschen, die den Gedankenstrom unterbrechen und ihr Lächeln teilen möchten

11. Talent teilen

MELANIE. Hast du ein Talent, das dir Spaß macht und das du leidenschaftlich gern ausübst? Vielleicht backst du die besten Cupcakes in der Familie oder du kennst die geheimsten Plätze, um Pilze zu sammeln? Eventuell hast du ein besonderes Geschick mit der Fotokamera oder bist sogar Profi-Fotograf und hast deine Leidenschaft zum Beruf gemacht? Das nächste Mal, wenn dich jemand für dein

Talent lobt und Interesse daran zeigt, biete der Person an, ihr einen kleinen Workshop zu geben. Ganz umsonst! Und solltest du emotional mal einen Durchhänger haben, werde aktiv. Denn gerade dann, wenn die eigene Freude gemindert ist, lohnt es sich, jemandem eine Freude zu bereiten! Interessanterweise ist Geben in Zeiten von Trübsal die wirkungsvollere Medizin als Nehmen.

KLEINE GESTE, LEICHT GEMACHT

Bereite dich auf den Workshop vor und gib der interessierten Person entsprechende Vorab-Instruktionen. Vielleicht ist festes Schuhwerk nötig, oder es müssen noch Zutaten eingekauft werden. Sorg dafür, dass alles für deine Aktion gut vorbereitet ist, am besten kannst du das in einer offiziellen Einladung schriftlich festhalten. Denk daran, dass du zwar über deine Leidenschaft mehr Wissen besitzt, du deinem Gegenüber aber auf Augenhöhe begegnest. Die beschenkte Person ist nicht einfach ein Handlanger. Niemand möchte beim Pilzesammeln plötzlich zum Gepäckträger mutieren oder das Gefühl haben, er sei in einer Sendung von »Kitchen Nightmares« gelandet, während sie oder er einfach die Freude am Backen entdecken wollte. Du kannst auch proaktiv an diese Geste herangehen und beispielsweise einen Aushang in deiner Schule, bei deiner Arbeitsstelle oder im Supermarkt machen. Heute gibt es sogar diverse Möglichkeiten, online Anzeigen zu schalten. Hierzu solltest du die Offenheit mitbringen, einer fremden Person mit gleicher Leidenschaft zu begegnen. Falls das deinen Rahmen sprengt, und das wäre okay, kannst du alternativ auch eine Rundmail im Freundes- und Bekanntenkreis verschicken.

So hat Melanie es umgesetzt

Seit ich Tanz unterrichte, habe ich viele Talente in meinen Stunden beobachtet. Eines dieser Talente ist Dorian, ein Tanzbegeisterter, der mittlerweile auch ein Freund geworden ist. Nachdem ihm aus wirtschaftlichen Gründen die Stelle gekündigt wurde, hat er den Blues. Ich spüre seinen inneren Kampf: Frustration, Zweifel, Ratlosigkeit, Zukunftsängste. Irgendwie möchte ich ihm etwas Gutes tun und lade ihn deshalb zu einer Privatstunde ein. Sofort sagt er zu. Während dieser Einzelstunde kann ich ganz auf ihn eingehen, ihm die verschiedenen Übungen viel ausführlicher erklären, etwas, das in der Gruppe aus Zeitmangel leider nicht möglich ist. »Wow, ich fühle meinen Körper ganz anders. Ich habe viel mehr Platz in mir«, sagt er nach dieser Session. Ohne viel zu überlegen, erweitere ich das Geschenk um eine nächste Stunde, seine Leidenschaft beflügelt mich und ist willkommen, weil ich selbst ebenfalls eine ausgesprochen harte Lebensphase durchmache. Ich fördere Dorian umfangreich und großzügig, gebe viel positives Feedback. In der Freundschaft zeigt auch er sich sehr unterstützend. Unsere Duette und der persönliche, offenherzige Gedankenaustausch werden zu Fixpunkten in unserem Wochenplan.

Bewertung

Die Reisen, auf die Dorian und ich gehen, sind überwältigend. Nach einer Improvisationsübung ist Dorian so gerührt, dass er weinend auf dem Parkett sitzen bleibt. Ich setze mich zu ihm, halte seine Hand und sage nichts, bis das Schluchzen vorbei ist. »Sie haben es mir weggenommen«, sagt er unter Tränen. Ich verstehe, dass ihm als Jugendlicher eine Tanzausbildung verwehrt wurde. Seine Eltern hatten andere Vorstellungen für ihn und so absolvierte er ein Studium, das ihren Wünschen gerecht wurde. Der Schmerz, der in ihm steckte, brach während einer Improvisation aus ihm heraus. Manchmal sind Bewegungen effizienter als Worte. Dorians Wut und Enttäuschung fanden ihren Weg an die Oberfläche und konnten »durchgefühlt« werden. Nun ist wieder mehr Platz für Kreativität und Visionen. Dass ich Zeuge dieser Transformation sein darf, ist eine Wohltat. Wir fühlen uns beide beschenkt. Dorian und ich investieren weiterhin Zeit in unsere Trainings und starten eine Zusammenarbeit. Dann kommt es bei ihm zu einem Richtungswechsel im Leben. Ich spüre den Wandel, beobachte, mache eine Bemerkung, die er wegwischt. Schließlich fliegt er in die Ferien und meldet sich nicht mehr zurück. Auf meine Anfrage entschuldigt er sich mit Emoji-geladenem WhatsApp-Text. Die nächste Nachricht ist diplomatisch distanziert. Meine Anrufe werden nicht mehr entgegengenommen. Die Vision einer Co-Kreation kollabiert. Zuletzt verkündet mir Dorian in einer Mail, dass er nunmehr ausschließlich seine eigenen Erwartungen erfüllen und für sich selbst Leistungen erbringen will. Eine unmissverständliche Ansage und keine Basis für ein Pas de deux. Einen Tag lang bin ich enttäuscht und wütend, aber das ist bloß mein Ego, das versucht, mich in alte Muster zu locken. Wenn eine Täuschung ein Ende hat, ist das oft erst verletzend, doch wenn man der Wahrheit ins Gesicht blickt, genauso befreiend. Diesmal verlasse ich die Selbsttäuschung und antworte mit Selbstachtung. Um Aufmerksamkeit zu betteln oder Respektlosigkeiten zu ignorieren ist definitiv passé. Diesmal erkenne ich meine eigenen negativen Tendenzen, mein Bewusstsein ist geschärft, sodass ich eine große Chance in der Situation wahrnehme. Unbestritten bleibt, dass das, was ich von Herzen gegeben habe, in ungewisser Zeit und Form seine Früchte tragen wird. Wie meine Schätze letztendlich von meinem Gegenüber quittiert werden, ob mit Wert- oder mit Geringschätzung, ob mit Tiefgang oder Oberflächlichkeit, das gehört zu seiner/ihrer Entwicklung. Früher klammerte ich mich viel zu lange an Hoffnungen, die längst versiegt waren. An Menschen, die meine Loyalität nicht verdient hatten. Nun bin ich mir selbst gegenüber loyal. »People come into your life for a reason, a season or a lifetime.« Wenn es keine Lifetime ist, ist Loslassen oft der Start für glückliche »Zufälle«, und diesmal halte ich keinen Tag mehr an einer Illusion fest. Mein

Blick bleibt trotz allem offen, denn so manche großartige (Geschäfts-) Idee entstand nach einem Bruch oder auf einem Nebenschauplatz, so manche Erfolgsstory begann aus purem Spaß, so manche Liebesgeschichte entwickelte sich aus einem Missgeschick. Die Welt ist voller Wunder, die Frage ist nur, ob wir den Raum dazu geben. Wer seinen Weg geht und seine Wertehaltung beibehält, ob nun in Zeiten des Mangels oder des Überflusses, der Depression oder des Vergnügens, des Hungers oder der Sättigung, kann auf Wellen surfen. Diese Erfahrung hat mir gezeigt, wie stabil ich auf meinem Kurs bin, und das ist mein persönliches Glück. Würde ich heute etwas anders machen? Vielleicht. Bin ich dank dieser Erfahrung mir selbst nähergekommen? Auf jeden Fall! Bereue ich es? Nein! Ich blicke voller Zuversicht der Zukunft entgegen, denn die Samen sind gesät. Ich bin gespannt, was daraus alles wachsen wird.

ZEITAUFWAND Etwa eine Stunde **KOSTEN** Unterschiedlich hoch **FÜR WEN GEMACHT?** Für Menschen, die ihr Talent teilen möchten

12. Krank mit Dank

MELANIE. Krankheiten, Unfälle oder Katastrophen sind Teil der irdischen Existenzen und wer davon gänzlich befreit bleibt, zeigt sich, hoffentlich, dankbar. Oder ist es andersherum? Wer sich regelmäßig in Dankbarkeit übt, bleibt eher vom Unglück verschont? Die Erfahrungen und auch die Wissenschaft zeigen, dass der Weg von innen nach außen geht, also das Gefühl von Dankbarkeit den Weg für ein glücklicheres Dasein ebnet. So oder so, vor allem, wenn die Dinge anders als geplant oder schieflaufen, ist es wichtig, das Dankgefühl zu pflegen. Meistens kann man damit dort, wo man gerade ist, die bestehenden Bedingungen verbessern. Leid lässt sich nicht immer verhindern, aber wie wir darauf reagieren, kann einen großen Unterschied machen. »Look for the helpers«, hat Fred Rogers, ein weltbekannter Moderator für Kindersendungen, einmal gesagt. Wenn Tragik sich im Leben breitmacht, sei es global oder persönlich, kann man Hoffnung bewahren, indem man die Helfer in ausweglos erscheinenden Momenten bewusst in den Blick nimmt und sich ihnen gegenüber dankbar zeigt.

KLEINE GESTE, LEICHT GEMACHT

Unser Gehirn funktioniert so, dass es mehr von dem produziert, was wir im Fokus haben – eine biochemische Reaktion. Fokussiere ich mich auf meinen Ärger, erzeuge ich mehr Situationen, die mir Ärger verursachen. Fokussiere ich mich auf Dankbarkeit, erzeuge ich mehr Situationen, die mir Grund geben, dankbar zu sein. »Ach was, das kann doch nicht so einfach sein!«, werden einige ausrufen. Nun, gemäß der Wissenschaft ist es das. Also mach dir diese einfache Gleichung zunutze: Schreib jeden Tag auf, wofür du dankbar bist, lies dich regelmäßig durch deine Notizen, danke deiner Umgebung mit einer Karte, einem Brief, einer Aufmerksamkeit. Mithilfe dieser Haltung kannst du auch bei größeren Schocks dem Leben eine hoffnungsvolle Richtung geben. Wenn du dir die Gleichung »Geschehen + Reaktion = Resultat« anschaust, wirst du feststellen, dass die Variable, die du beeinflussen kannst, deine Reaktion ist. Ich versuche dich nicht davon zu überzeugen, ich lade dich ein, den Test zu machen. Du wirst das Resultat selbst analysieren. Du bist deine eigene Wissenschaft. Ohne Test kein Ergebnis. Also nimm die nächste Keule, sei es Krankheit, Unfall, Scheidung oder Bankrott, und schau, ob du mit etwas Dankbarkeit trotz der Situation den Kurs beeinflussen kannst. Ahoi!

So hat Melanie es umgesetzt

»Du hast ja ein Glück!«, sage ich zu meiner Mutter, die an diesem Dienstagmorgen ziemlich angeschlagen in ihrem Spitalbett sitzt. Nachdem sie in der Tram gestürzt ist und sich massiv den Kopf angeschlagen hat, wurde sie per Notfallwagen in das Universitätsspital Zürich gefahren. Die Ärztinnen, Ärzte und das Pflegepersonal kümmern sich sehr aufmerksam um sie. Die Balance zwischen Fachlichkeit und Menschlichkeit, Fürsorge und Respekt zu halten, empfinde ich als eine hohe Kunst. Vorsichtig werden meine Mutter, mein Bruder und ich über die Lage aufgeklärt: epileptischer Anfall infolge eines Hirntumors. Der Arzt hat mein Mitgefühl, als er die Bestimmtheit meiner Mutter erkennt: Jede schulmedizinische Behandlung wird von ihr kategorisch abgelehnt. Sie hat diese Entscheidung schon vor langer Zeit getroffen und auch eine mit mir besprochene Patientenverfügung verfasst. »Machen Sie sich keine Gedanken«, sage ich bei einem persönlichen Gespräch, »das ist wohlüberlegt und meine Mutter darf Entscheidungen fällen, die andere als irrational einstufen. Das ist ihr gutes Recht …« Der Arzt sieht etwas hilflos aus, ich merke, dass er um Worte ringt. Seine grünbraunen Augen erinnern mich an die meines Vaters. Auch wenn dieser Arzt die Situation nicht ändern kann, spendet die Tatsache, dass er helfen möchte, mir Trost. In der Gesellschaft befassen wir uns meiner Meinung nach zu wenig damit, wie solche Hilflosigkeit auf die Psyche schlagen kann. Es ist ein Los, das dieser Berufsstand in sich trägt. Glücklicherweise gibt es Menschen, die die notwendige Haltung für diese Arbeit mitbringen. Diese Realisierung regt mich dazu an, ein paar Zeilen der Dankbarkeit zu schreiben. Bevor ich meine Mutter abhole, um sie wieder nach Hause zu begleiten, setze ich mich an meinen Schreibtisch und nehme eine meiner persönlichen Karten zur Hand. Zuerst formuliere ich die Worte in einem Word-Dokument. Oder versuche es zumindest. Mein Kopf ist von den Ereignissen der letzten Tage ermüdet, und bevor ich mich zu lange mit einer perfekten Formulierung herumschlage, helfe ich mir mit Google. »Es kommt ja auf die Geste an«, sage ich mir, »du musst dir nicht stur alles selbst aus den Fingern saugen.« Ich denke, dass eben diese Sturheit, alles allein bewältigen zu wollen, auch krank machen kann. Ich war selbst einmal der Inbegriff einer Einzelkämpferin. Es ist ein harter, einsamer Weg, von dem ich mittlerweile abgekommen bin. Nachdem ich die Zeilen mit etwas Onlinehilfe zusammengedichtet habe, schreibe ich sie per Hand auf die Karte:

> Liebes Spital-Personal,
>
> ich möchte mich herzlich bei allen bedanken, die sich mit ärztlicher Kunst sowie kompetenter, liebevoller Pflege um meine Mutter gekümmert haben. Auch dass Sie über die Feiertage bereit sind, sich mit Geduld und Hingabe um die Patienten zu sorgen, finde ich achtenswert und ehrenhaft.
>
> »May the force be with you.«
> Melanie Alexander

Die Karte gebe ich im Büro der »Post Stroke Unit« im Universitätsspital Zürich ab, nachdem meine Mutter und ich uns vom behandelnden Arzt verabschiedet haben. »Vielleicht schreibe ich auch noch ein paar Worte …«, sagt meine Mutter, als wir uns auf den Heimweg machen. »Das finde ich eine wunderbare Idee, Mami«, sage ich positiv überrascht.

Bewertung

Kann es zu viel Dank geben? Ich bin nicht sicher, vielleicht durchaus in gewissen Situationen … Aber zu wenig davon ist einfach frustrierend und richtiggehend gesundheitsgefährdend. Meine klare Haltung hat überraschenderweise einen Effekt auf meine Mutter. Wenn auch nicht so sehr für mich, kommt ihre Nachbarin nun öfter in den Genuss von Dankbarkeit. Dass ich meine Mutter damit angesteckt habe, finde ich erfreulich. Denn da sind viele Helfer, die es gut mit ihr meinen. Wobei ich wieder an Mr. Rogers denken muss. Es stimmt: Wenn wir unseren Blick dafür öffnen, erkennen wir sie, die großen und kleinen Helfer, die in Zeiten der Krise zugegen sind. Und das tut richtig gut!

So, nun mache ich mich auf den Weg zur Post, um die Merci-Schokolade und das Kärtchen meiner Mutter ans Spital zu senden! Das war ihre Initiative und es freut mich, dass ich sie dazu inspirieren konnte.

Ich will es im Leben an Dank nicht fehlen lassen. Jeden Morgen ist es das Erste, was ich nach dem Öffnen der Augen zu mir und dem Universum sage. Und wenn ich mich gegenüber jemandem dankbar zeigen kann, mache ich das wieder öfters schriftlich. Ich weiß selbst, wie schön es ist, wenn man in schweren Zeiten ein Kärtchen oder eine Nachricht nochmals lesen kann. Diese Nachrichten können übrigens auch von dir selbst kommen, darum funktioniert ein Dankes-Tagebuch wie eine Apotheke für deinen Körper und Geist, aus der du dich bedienen kannst, wenn es dir nicht gut geht. Studien, die die Wirkungen dieser Geste bestätigen, findest du genügend online, aber der beste Beweis bist du selbst.

ZEITAUFWAND Zehn Minuten **KOSTEN** 2 Euro **FÜR WEN GEMACHT?** Für dankbare Menschen, die Hilfe benötigen, sowie deren Angehörige

Lizenz zum Glücklichsein

Bei einem nachfolgenden Besuch bei meiner Mutter habe ich eine »Lizenz zum Glücklichsein« gefunden. Folgende Worte standen da auf einem Blatt Papier:

> Diese Urkunde räumt ihrem Inhaber zeitlich, räumlich und sachlich unbeschränkt das Recht zum Glücklichsein ein. Dieses Recht ist unveräußerlich und darf von niemandem beschnitten werden.

Überrascht reichte ich die Lizenz meiner Mutter und fragte sie, ob sie sie nicht unterzeichnen wolle. Zögerlich nahm sie das Papier in die Hand. In diesem Moment realisierte ich wieder, dass wir unserem Glück am meisten selbst im Weg stehen. Mit Sorgen über die Zukunft, Reue über die Vergangenheit, Klagen über die Gegenwart. Und oft auch wegen des Zweifels, ob wir es verdient haben, glücklich zu sein. Ob wir genug geleistet, genug Anerkennung verdient haben, genug geliebt wurden.

Was ist denn genug? Und wer bestimmt es?

Meine Mutter unterzeichnete die Urkunde. Nicht ganz zwei Monate später war ihre Trauerfeier. Ob sie in ihrem Leben glücklich war? Manchmal. Ich denke, es hätte noch öfter sein dürfen. Ich finde, sie hätte es sich mehr erlauben können.

Bitte warte nicht damit, dir Glücklichsein zu erlauben. Heute und morgen und jeden Tag. Erlaub es dir. Die Lizenz steht dir zu. Unterschreiben kannst du sie nur selbst. Ich habe die Worte auf eine Karte geschrieben, sie unterzeichnet und an meinen Kühlschrank geklebt. Jeden Morgen will ich mich daran erinnern.

13. Gesundheit als Geschenk: Ich gebe einen Teil von mir

CHANTAL. Während meines Studiums habe ich mir angewöhnt, regelmäßig Blut zu spenden. Beeinflusst hat mich meine Zeit in Südafrika, wo die Blutspenden direkt auf dem Campus, quasi in der Mittagspause, durchgeführt wurden, womit auch der faulsten Person die letzte

Ausrede genommen wurde, sich nicht die Nadel geben zu lassen. Mit Kindern, Beruf und Alltag ist leider auch das eingeschlafen. Dabei ist es eine wunderbare Möglichkeit, etwas von mir zu geben, das für andere Menschen sehr kostbar sein kann und das ich zugleich nicht wirklich misse.

KLEINE GESTE, LEICHT GEMACHT

Du brauchst vor allem eins: ein klein wenig Zeit. Je nachdem, was und wo du spendest, empfiehlt es sich außerdem, sich vorab über die Ausschlusskriterien zu informieren. Alles Weitere erklären dir die Menschen vor Ort bzw. erfährst du aus den Anleitungen, die dir ausgehändigt werden.

So hat Chantal es umgesetzt

Um den nächsten Blutspendetermin zu erfahren, rufe ich beim Deutschen Roten Kreuz (DRK) an. Eine freundliche Person teilt ihn mir direkt samt Adresse mit, hält dann aber inne, als sie das schreiende Baby im Hintergrund hört. »Der hört sich aber noch klein an«, unterbricht sie sich selbst. Fünf Monate ist er, sage ich ihr. »Und Sie stillen noch?« Die Frage verblüfft mich, aber ich bejahe sie. Sie erklärt mir, warum das wichtig ist: Während der Stillzeit ist das Blutspenden nicht empfehlenswert, denn da braucht der Körper all seine Kraft für sich selbst und das neue Leben an seiner Seite. Außerdem sollte man nach einer Geburt grundsätzlich sechs Monate lang mit dem Blutspenden warten. Hmmm ... Macht natürlich Sinn, da habe ich vorher nicht drüber nachgedacht. »Schade«, sagt sie, »während der Urlaubszeit gehen die Spenden immer zurück und die derzeitige Hitzewelle tut ihr Übriges. Aber die Stillzeit währt ja nicht ewig, genießen Sie sie, so gut Sie können.«

Recht hat sie. Fürs Erste ist meine Idee also nicht umsetzbar. Aber so schnell gebe ich nicht auf. Welche Alternativen gibt es in meiner derzeitigen Situation? Ich setze mich grübelnd an meinen Rechner. Milchbank kommt mir als Erstes in den Sinn. Milch habe ich mehr als genug – in einem früheren Leben war ich bestimmt Amme. Und dass Muttermilchbanken immer auf der Suche nach Spenderinnen sind, habe ich erst neulich von einer befreundeten Hebamme gehört. Doch ein paar Klicks später weiß ich: Muttermilch kann bei der Berliner Muttermilchbank nur in den ersten drei Monaten gespendet werden, da sie vor allem für Frühchen Verwendung findet und sich später die Zusammensetzung der Inhaltsstoffe in der Milch stark ändert. Die Milch für meinen Wonneproppen ist somit nicht mehr für die Kleinsten geeignet. Mist, und jetzt muss ich auch schon losdüsen und meine Große aus der Kita abholen. Baby ins Tragetuch und auf geht's.

Die ungelöste Frage, ob sich diese Geste gerade überhaupt umsetzen lässt, begleitet mich auf dem Weg. Fast laufe ich deshalb durchs Grübeln abgelenkt am antwortbringenden Plakat vorbei. Doch kurz davor stoppe ich. Ein leuchtender Kussmund mit gigantischem Wattestäbchen: »Stäbchen rein, Spender sein«, steht darauf. Ich bin daran schon dutzende Male vorbeigelaufen, diesmal nicht. Diesmal erscheint es mir wie ein Zeichen von den Gestengöttern, denn es wirbt dafür, sich im Kampf gegen Leukämie und andere Blutkrebsarten als Stammzellenspender registrieren zu lassen. Zumindest registrieren lassen kann ich mich doch bestimmt auch in der Stillzeit, denke ich und gehe weiter. Am Abend nach einem Tag voller Sandburgen und Spaghetti widme ich mich wieder dieser Idee. Und siehe da: Registrieren ist kein Problem, auch, wenn ich in der Stillzeit noch nicht direkt für Stammzellenspenden zur Verfügung stehe. Doch bis zu einem möglichen Match kann sowieso noch viel Zeit vergehen.

Das Registrierungsset ist schnell bestellt und landet wenige Tage später in meinem Briefkasten. Formular ausfüllen und Speichelprobe nehmen, dauert nicht mal eine halbe Stunde und ich kann es zu Hause in einem ruhigen Moment zwischen all dem geliebten Familienchaos erledigen, perfekt!

Bewertung

Aufgrund der Stillzeit war diese Geste in der Umsetzung etwas holpriger, als ich vorher gedacht hätte – und dennoch nicht unmöglich. Der Aufwand selbst war letztendlich gering und ich bin dankbar dafür, dass ich mein Gesundsein auf diese Weise nutzen kann. Diese Geste erinnert mich auch daran, dass Gesundheit nichts Selbstverständliches ist, auch und noch mal auf besondere Weise in dieser turbulenten postpartalen Lebensphase.

Das Blutspenden hat übrigens auf anderem Wege auch noch geklappt: Ich konnte meinen Freund dazu überreden – und habe ihn dabei begleitet. Die Geste hat er ausgeführt, ich habe das Händchenhalten übernommen.

ZEITAUFWAND Variiert stark **KOSTEN** Keine geldwerten, aber Blut- und Knochenmarkspenden sind zum Beispiel bei der DKMS, dem DRK, der Blutspende SRK Schweiz und anderen mehr als willkommen! Auch über finanzielle Unterstützung für ihre Arbeit freuen sich die Organisationen sehr. **FÜR WEN GEMACHT?** Für alle mit Tatendrang

Good to know: Bei der Stammzell- und Knochenmarkspende sind die Nebenwirkungen heutzutage viel geringer (du kannst dich online informieren). Es erfolgt eine Arbeitsunfähigkeit von zwei bis sechs Tagen. Außerdem übernimmt die Versicherung sämtliche Kosten für die ambulante Entnahme oder den Spitalaufenthalt. Spender und Patient bleiben stets anonym.

14. Back to Nature oder: umtopfen statt opfern

MELANIE. In unserer Kindheit haben mein Bruder und ich gern »gedreckelt«. Wir saßen an einem Bachufer, steckten unsere Hände in den grauen Schlamm und kreierten daraus für Kinderaugen fantastische Gebilde. Wenn ich an einem frisch gepflügten Feld vorbeigehe, kann ich mich bis heute kaum davon abhalten, einen Erdbrocken zu zerbröseln. Wenn danach der Dreck unter meinen Fingernägeln klebt, fühle ich mich sogleich entspannter. Der Duft der Erde erinnert mich an eine Zeit, in der ich das Flow-Gefühl auf natürliche Weise lebte – nicht danach strebte. Ich war als Kind geerdet. Konkret und buchstäblich. Die Natur hat diesen Effekt. Sich mit den natürlichen Elementen Erde, Wasser, Feuer und Luft zu verbinden, hat einen direkten Einfluss auf unseren Körper und Geist, was man in vielerlei Therapieformen bestätigt sieht. Zum Beispiel bei der Massage im Wasser, bei der man wieder in die Geborgenheit des Mutterleibes versetzt wird. Oder bei einer Zeremonie in einer Schwitzhütte, bei der man mithilfe von glühenden Steinen, Trommeln und Gesang seine Sinne reinigt und auf eine spirituelle Reise geht. Ein paar Tage in der Wildnis oder auf einem Zeltplatz können dich ebenfalls wieder in deine Mitte bringen.

KLEINE GESTE, LEICHT GEMACHT

Ich bin ein Stadtmensch und der Gedanke an Schlafsack unterm Sternenhimmel klingt zwar romantisch, in der Realität bin ich aber nicht so leicht dafür zu begeistern. Trotzdem beobachte ich den positiven Effekt, den die Natur auf mich hat, wenn ich wieder mal Landluft schnuppere. Ein bisschen »Land« habe ich mir deshalb in die City geholt, und wenn es nur in Blumentöpfen ist. Manchmal gehen unsere grünen Mitbewohner aber in der Hektik des Stadtlebens unter. Mit dieser Geste kannst du wieder für sie Sorge tragen, so wie die Natur für dich sorgt, wenn es dich nach ihren Elementen dürstet. Vielleicht entdeckst du sogar ein paar vergessene Topfpflanzen in einem Hausflur. Oder du weitest deine Aktion auf die Pflanzenmitbewohner deiner Freunde aus, weil du den Anblick des dahinsterbenden Elefantenfußes nicht länger ertragen kannst.

So hat Melanie es umgesetzt

Heute lebe ich in einer Stadtwohnung ohne Terrasse und für spielerisches »Dreckeln« habe ich schon länger keine Gelegenheit mehr wahrgenommen. Dies, obwohl seit Monaten "Planzen umtopfen" auf meiner To-do-Liste steht. Es musste Frühling werden, bis ich mich dazu bewegen konnte, eine Packung Universalerde zu kaufen. Zugegeben habe ich die eine oder andere geschenkte Pflanze einfach weggeworfen, wenn sie aus Platznot vor sich hin kümmerte. Hast du auch schon welche geschenkt bekommen, hübsch präsentiert in einem kleinen Töpfchen, welches dann nicht mitwachsen konnte? Sind einmal alle Nährstoffe aufgebraucht, leidet das Grünzeug, und meist habe ich es dann früher oder später leider dem Abfall geopfert. Aber dieses eine Exemplar kann ich nicht wegschmeißen, ein

Freund aus Kindertagen hat es mir geschenkt und es käme einem Verrat gleich, dieses Leben nicht zu ehren. Einen Unter- und Übertopf finde ich in meinem Keller, die Erde steht bereit, das Spülbecken dient als Werkplatz, die Sonne scheint durch mein Dachfenster und heute sprießt auch mein Tatendrang. Optimale Voraussetzungen. Die Pflanze mit Platznot steht vor mir, das Wurzelwerk sieht aus wie zusammengepresste Nudeln und ich bekomme beim Anblick ein seltsames Gefühl von Befreiungsdrang! Schnell schneide ich den Sack mit frischer Erde auf und rieche erst einmal daran. Beim Hineingreifen spüre ich die Feuchtigkeit und Textur der Erde, das allein lässt mich tiefer atmen. Den Untertopf stelle ich ins Spülbecken und beginne, die Erde mit den Händen so hineinzuschaufeln, dass eine kleine Vertiefung in der Mitte bleibt. Als ich die Pflanze vorsichtig hineinstelle, spreche ich dramatisch zu einem imaginären Publikum: »ICH ERHALTE LEBEN!« Zum Schluss werfe ich doch noch einen Blick ins Internet, um sicher zu sein, dass ich alles richtig gemacht habe. Da steht, nach dem Umtopfen sollte die Pflanze angegossen werden. Das habe ich vergessen und hole es gleich nach. So! Operation gelungen. Ich lächle und mache ein Foto vom Resultat, um es dem Pflanzenschenker zu senden. Er antwortet mit »Ich mag die Expandierung!«.

Bewertung

Der Effekt ist unmittelbar. Mein Atem verlangsamt sich und zieht sich tief bis zum Bauchnabel. Die Erinnerungen, die meine Sinne wecken, erzeugen ein wohliges Gefühl in mir. Die Handarbeit gibt mir den Eindruck, als hätte ich das Leben in meinen Händen. Und dann knallt es mir eine! Ich habe das Leben in meinen Händen: mein Leben! So liebevoll, wie ich mit dieser Pflanze umgehe, sollte ich auch mit mir selbst umgehen. Sicherstellen, dass ich genügend Nährstoffe zu mir nehme, mir genügend Raum schaffen, mich regelmäßig begießen – darunter verstehe ich Spa-Besuche, Lektüre-Duschen sowie ausgelassene Prosecco-Nächte. Auch meinen Boden gilt es zu überprüfen, denn im Gegensatz zu einer Pflanze kann ich wählen, in welche Erde ich meine Wurzeln stecke, sprich: was für eine Lebensphilosophie ich wähle und pflege. Warum benehme ich mich manchmal so, als ob ich diese Freiheit nicht besäße? Warum opfere ich mich immer wieder auf? Ui, so ein Umtopfen kann schnell mal das Leben auf den Kopf stellen. Mein Blick zielt zur Hängepflanze, die ich als Nächstes aus ihrer Misere befreien will. Sie ist schon ganz ausgetrocknet, aber 30 Minuten werden reichen, um ihren Pflanzengeist wiederzubeleben. »Heute Abend gönne ich mir eine Gesichtsmaske«, sage ich laut. Wäre ja gelacht, wenn ich für mich nicht das gleiche Feingefühl aufbringen würde wie für meine pflanzlichen Mitbewohner. Ich gebe ihr heute einen Namen: Siddharta. Weil eine kleine Buddha-Statue unter ihr sitzt. Und weil kleine Pflanzen auch große Namen haben dürfen. Meine Philosophie! So! Und diese Pflanze ernenne ich nun zu meinem Freund, und darum war diese Aktion nicht nur dem Schenker und mir gewidmet, sondern auch meinem neuen Pflanzenfreund Siddharta, dessen Zuhause ich eben expandiert und verschönert habe. Nicht nur Menschen verdienen kleine Gesten des Glücks. Auch Pflanzen und Tiere haben unsere Aufmerksamkeiten verdient. Sie geben uns so viel, da dürfen wir auch mal die Rollen tauschen.

ZEITAUFWAND 30 Minuten **KOSTEN** 4 Euro **FÜR WEN GEMACHT?** Stadtbewohner ohne Terrasse und Pflanzenliebhaber

15. Glaube an die Jugend

GAST-GESTE VON DANIEL S. – MELANIE. Der Buchsalon KOSMOS, Buchhandlung, Café und Begegnungsstätte in einem, dient mir als Büro, als plötzlich ein strahlendes Gesicht vor mir steht. Daniel und ich haben uns bei einer Geburtstagsfeier kennengelernt und sind seitdem Onlinebekannte. Wir kommen ins Gespräch, ich lache laut, er guckt etwas unsicher um sich, ich sage: »Buchsalon, nicht Bibliothek!«, wir lachen beide. Mir fällt ein, dass ich eine Jugendkampagne über seinen Instagramkanal huschen sah, und frage nach. »Ja, ich arbeite mit Kindern und Jugendlichen. Eine sinnvolle Sache, weil man dort nachhaltige Veränderungen bewirken kann. Man hilft ihnen, zu sich selbst zu finden, sich besser kennenzulernen, ein Körpergefühl und gesundes Selbstbewusstsein zu entwickeln – das sind Dinge, die ich vermitteln möchte. Wie schon Nelson Mandela gesagt hat: ›Bildung ist die mächtigste Waffe, um die Welt zu verändern.‹«

So kommt es, dass Daniel in diesem Buch ist. Dank kosmischer Fügung und Daniels Wunsch, die Welt mit Bildung besser zu machen.

KLEINE GESTE, LEICHT GEMACHT

Daniel und ich sitzen uns auf einem breiten Sofa gegenüber. Nach einer Stunde angeregten Philosophierens frage ich nochmals konkret nach seiner Kampagne. »Mein Wunsch ist es, Kindern und Jugendlichen Yoga nahezubringen. Auf körperlicher, psychologischer und sozialer Ebene: für sich selbst Sorge zu tragen, Mitgefühl zu entwickeln, in Verbundenheit mit seinen Mitmenschen zu sein. Vor acht Jahren kam ich selbst das erste Mal mit Yoga in Berührung und habe gemerkt, dass ich damit ein Tool gefunden habe, das mich entspannen lässt. Ich darf mich auf meinen Atem fokussieren und dabei bewegen. Bei meinem leichten ADHS ist mir das Stillsitzen nicht so angenehm, aber Yoga funktioniert und hilft mir, mich zu beruhigen. Ich möchte Kindern und Jugendlichen einen Einblick in diese Lehre ermöglichen. Yoga ist dabei nicht der einzige Weg. Surfen kann auch Meditation sein. Genauso wie Zeichnen, Tanzen, Fußballspielen … Es geht mir darum, den Horizont zu erweitern, jemandem Mut zu machen, seine eigene Passion zu finden. Ich kann meine Leidenschaft teilen, aber schlussendlich muss ich es dem Kind überlassen, ob es sie verfolgen will.« Auf die Frage, welche Voraussetzungen für diese Geste und damit seine Arbeit nötig sind, antwortet Daniel ohne Umschweife: »Die attraktivsten Menschen sind die, die eine Leidenschaft pflegen, das kann eine ganz eigene sein. Wer dann noch ein gutes Gespür für die Jugend mitbringt, ist gerüstet.« Im Übrigen muss man auch nicht der Initiator einer solchen Bewegung sein. Es gibt die Möglichkeit, sich bestehenden Kampagnen anzuschließen und seine Dienste anzubieten, beispielsweise als Fahrdienst für einen Fußballclub oder als Aufsichtsperson für die Jugenddisco.

So hat Daniel es umgesetzt

DANIEL. Als Kind bin ich nicht so wahnsinnig gern in die Schule gegangen, gegen Ende der Ferien dachte ich immer: Hoffentlich brennt das Schulhaus ab! Eigentlich wollte ich immer in einem Zelt mitten in der Natur leben. In meiner Kindheit habe ich mich viel auf der »Farm« meines Großvaters aufgehalten, später als junger Mann und Pfadfinderleiter haben mir Aktivitäten in der Natur ebenfalls Freude bereitet.

Nach meinem Psychologiestudium habe ich beim Reisen in Kolumbien festgestellt, dass Bildung der Grundstein für Veränderung ist. Vielleicht, weil Education in Kolumbien nicht so selbstverständlich ist wie in der Schweiz oder in Deutschland. Aus Dankbarkeit dafür, dass mir mein Heimatland eine so umfangreiche Bildung ermöglicht hat, wollte ich gern etwas auf meine Art dazu beitragen: Ich beschloss, ein Yoga Teacher Training zu machen, und zwar auf Bali, sieben Jahre nachdem ich dort das erste Mal mit Yoga in Berührung gekommen war. In der ersten Woche des Trainings habe ich eine richtige Wut in mir gespürt, ich hatte das Gefühl, ich war zu lange vom Weg abgekommen. Aber dann gesellte sich eine Akzeptanz dazu: Die Jahre dazwischen hatte es eben gebraucht. Heute schätze ich vieles mehr: Während der ersten Woche des Trainings habe ich keinen Kaffee getrunken. Als ich dann doch wieder eine Tasse genoss, hat mich das so angekurbelt, dass ich nicht schlafen konnte. Also setzte ich mich hin und begann, Notizen zu machen, wie ich Yoga ins Schulsystem integrieren könnte. Die nächsten drei Wochen habe ich sehr intensiv darüber nachgedacht. Erst nach dem Training habe ich meine Idee geteilt, ich wollte sicher sein, dass es nicht nur auf einer kurzfristigen Begeisterung von mir fußte. Schließlich war Janine, meine damalige Arbeitskollegin, von meiner Idee so angetan, dass wir am gleichen Abend beschlossen, das Projekt gemeinsam durchzuziehen. Weil es uns wertvoll und umsetzbar erschien.

Bewertung

Innerhalb von zwei Monaten waren wir mit der Website www.alduna.org online! In den sieben »vergeudeten« Jahren hatte ich mir nämlich Online-Marketingtools angeeignet, Sales Skills erworben, gelernt, wie man Texte gestaltet oder Sponsoren sucht. Alles Dinge, die es uns ermöglichten, unsere Website in kürzester Zeit aufzustellen. Im darauffolgenden Jahr haben wir Schulen in Bern, Basel, Luzern und sogar

Berlin und Hamburg angeschrieben. Wir haben 34 Yogalehrpersonen mit Schulklassen in Kontakt gebracht und sind sehr dankbar, dass diese freiwilligen Yogalehrer einmal pro Monat kostenlos Yoga in der Sportstunde unterrichten. Natürlich mit der Vision, dass diese Lehre in Zukunft einmal wöchentlich ihren festen Platz im Schulprogramm zugewiesen bekommt. Wir wollen den Markt nicht zerstören, sondern Yoga zu einem Teil vom Lehrplan machen. Wir zwei Gründer haben unterdessen ein Team von vier bis sechs Freiwilligen für Administratives und Marketing, über 120 registrierte Yogalehrer, 34 davon aktiv. Fazit: Der Lohn ist im Moment in den Yogalektionen zu erleben, und darin, dass wir einen wertvollen Beitrag zur gesunden Entwicklung der Kinder leisten. Wenn zum Schluss alle gemeinsam fünf Minuten lang ruhig auf dem Rücken liegend Shavasana machen, ist das doch bemerkenswert. Zudem bekommen wir viel herzliches Feedback von den Lehrpersonen des Schulbetriebs. Logischerweise müssen wir in Zukunft auch einen Lohn erhalten, da die Arbeit sehr viel Zeit in Anspruch nimmt und wir möchten, dass unser Projekt nachhaltig ist. Dieses soll auch noch in fünf oder zehn Jahren bestehen. Es kann als eine Art Werbemaßnahme für Yoga gesehen werden: einmal im Monat kostenlos anbieten und damit Lehrpersonen und Kinder erreichen sowie ein Bewusstsein dafür schaffen, dass die Yogalektionen vorteilhaft und wichtig für jeden von uns sind. Die Zahlen sprechen für sich: Ein Drittel der Elfjährigen leidet gemäß der 1912 in der Schweiz gegründeten Stiftung für Kinder und Jugendliche, Pro Juventute, schon unter Stress und Leistungsdruck mit Auswirkungen wie Schlaflosigkeit über Niedergeschlagenheit bis hin zu Depressionen und sogar Suizidgedanken. Darum zeigt auch die Pädagogische Hochschule Zürich Interesse an Yoga als Stressprävention und -reduktion. Ein Teil unseres »Lohns« sind auch die Projektsynergien, die entstehen, die inspirierenden Menschen, die wir kennenlernen, und das Netzwerk, das sich webt. Außerdem bringen die Jugendlichen Yoga mit nach Hause, sodass wiederum auch die Eltern und ihre direkte Umgebung erreicht werden. Unsere Wertehaltung basiert übrigens auf der United Nations Millennium Declaration, welche sich auf Freiheit, Gleichheit, Solidarität, Toleranz, den Respekt für die Natur und geteilte

Verantwortung beruft. Diese im Jahr 2000 in New York von 189 Mitgliedsstaaten der Vereinten Nationen unterschriebene Millenniumserklärung kannst auch du für deine Bewegung annehmen. Schau mal rein! Gibt's online.

ZEITAUFWAND Ein Nebenjob **KOSTEN** Zeit **FÜR WEN GEMACHT?** Für Menschen, die an die Jugend glauben und eine Leidenschaft ungezwungen teilen wollen

Dank

MELANIE. Danke, Dani! Ganz ehrlich: Ich habe mich mit der Trendbewegung »Yoga« immer etwas schwergetan, vielleicht, weil es in manchen Fitnessstudios eher wie ein Sport denn wie eine uralte indische philosophische Lehre und Wissenschaft gehandhabt wird. Nach dem Gespräch mit Daniel habe ich mich neu informiert und orientiert. Resultat: Ich habe eine Horizonterweiterung und einen Perspektivenwechsel erfahren. Heute bin ich voll pro Yoga! Vielleicht ist der Zugang zuerst der »trendy« Fitnessaspekt, aber da muss es ja nicht aufhören.

»Yoga is not about touching your toes,
it is what you learn on the way down.«
(Jigar Gor)

16. Medizin mit fünf Buchstaben: SMILE

MELANIE. Ein von Herzen kommendes Lächeln wirkt oft ansteckend und ist Medizin. Aus deiner internen Biochemie-Apotheke. Dementsprechend wird es im Gesundheitswesen auch eingesetzt: Clowns besuchen zum Beispiel Kinder in Krankenhäusern, weil es wissenschaftlich erwiesen ist, dass das Immunsystem durch Lachen aktiviert wird. Eine Komödie kann über den Blues hinweghelfen und wir haben sicher alle schon erfahren, dass ein lächelndes Gesicht in einer grauen Menschenmenge ein wahrer Lichtblick sein kann. »Lachen ist Leben und umgekehrt«, hat Oscar Wilde gesagt. Grund genug, sein Lachen und Lächeln zu verschenken. Aber was tun, wenn einem nicht danach ist? Hier kommt eine Geste, die hilft, das aus dir hervorzubringen, was du kostenfrei verschenken kannst.

KLEINE GESTE, LEICHT GEMACHT

Heute will ich durch den Stadtdschungel gehen und eine, so denke ich, seltene Spezies fotografieren: »die lachende Frau«, »den lachenden Mann«. Einfach, um zu beweisen, dass es sie noch gibt! Ich erhoffe mir, dass mich die Beobachtung dieser Artgenossen glücklich stimmt, damit ich meine Gefühlsregung weiterschenken kann. Sollte es mir gelingen, ein Exemplar vor die Linse zu bekommen, werde ich es in mein digitales Smile-Album stecken. Am einfachsten startet man an einem Ort, wo Menschen sich anhäufen: in einem Kaufhaus, am Flughafen, in einem Restaurant oder, wer ganz mutig ist, bei einer Demonstration gegen die neue Steuerreform. Forscher-Outfit wählen, Kamera oder Handy einpacken und sich auf die Suche machen!

So hat Melanie es umgesetzt

Ich starte im Shoppingcenter Alexa, wo ich mich auf eine Bank setze und Ausschau halte. Ha, da sitzen zwei junge Männer und unterhalten sich, gleich vor mir! Sie brechen in schallendes Lachen aus! Das war ja einfach! Schnell zücke ich mein Handy und mache ein paar Fotos. Ich bin so begeistert, dass ich übermütig auf die Idee komme, ihnen diese Bilder zu senden.

Nachdem ich all meinen Mut zusammengenommen habe und vor ihnen stehe, bemerke ich die Schwierigkeit:

»Hey, ihr habt gerade so schön gelacht, da habe ich ein Foto gemacht …«

Die beiden gucken mich ratlos an.

»Also, ich bin Forscherin … über das Glück … und Lächeln … Ich dachte, ich schicke euch das Foto … als Andenken für einen schönen Moment …«

Die Fragezeichen auf ihrer Stirn werden größer, meine Wangen beginnen zu glühen. Jetzt sehen sie mich an wie eine seltene Spezies, die sie noch nie zu Gesicht bekommen haben. Ich realisiere, dass ich für meine Aktion nach ihrer Nummer fragen müsste!

»Also, ich kann euch die Fotos auf Facebook senden, ich mache auch keine Freundschaftsanfrage … keine Sorge …«

»Mach du mal, bis später!«, sagt der eine und zieht nach einem Handschlag mit seinem Kollegen von dannen.

Der Zurückgebliebene nennt mir seinen Namen auf Facebook, ich tippe ihn etwas angespannt in mein Handy. Hoffentlich denkt er nicht, ich wollte ihn anmachen. Mensch, das habe ich mir gar nicht gut überlegt! Als auch er gegangen ist, muss ich mich erst mal setzen. Nach ersten Schamgefühlen lache ich dann über mich selbst und stelle mir die Situation umgekehrt vor: Hätte ein Typ mich und eine Freundin so angequatscht, hätte ich wahrscheinlich gar keine Information rausgegeben. Kann ja jeder kommen! Gerade in der heutigen Zeit gehen wir mit den Themen »Datenschutz« und »Privatsphäre« sehr sensibel um. Das war ein Reinfall – und ein guter Grund, mir weiterreichende Überlegungen zu machen. Mann, Frau, Alter, Kultur, Herkunft, Sprache, Aussehen, Ort … So viele Faktoren können für eine gelungene Geste eine Rolle spielen.

Eine neue Taktik muss her! Den nächsten Anlauf nehme ich wiederum in Berlin-Mitte, in einem Gesundheitssnackrestaurant namens TINMAN. Es ist ein äußerst heißer Sommertag: Ich stelle mir vor, irgendwo in einer Wüste zu sein, und male mir aus, wie ich einen National-Geographic-Preis gewinnen kann, wenn ich zehn Exemplare des Homo sapiens risus (Risus = Lateinisch für Lachen) in einer Stunde ausmache. Diesmal nehme ich nur ein Blatt Papier und einen Stift zur Hand. Keine Fotos mehr, dafür drei Kategorien von Lachen, die ich festhalten möchte: Small, Medium, Grande. Nach sieben Minuten in dem Café erlebe ich eine Überraschung:

Small: 4
Medium: 4
Grande: 7

Außerdem beobachte ich Lachen auf Französisch, Englisch und Portugiesisch. Man versteht es in allen Sprachen!

Bewertung

Während ich meiner Forschungsarbeit nachgehe, lächelt mich einer der Betreiber des Cafés an und sagt: »Du bist immer guter Laune, das ist so schön anzuschauen.«

»Gleichfalls!«, gebe ich ihm das Kompliment zurück. Ich konnte dank ihm immerhin mehrere Small-, Medium- und Grande-Risus notieren, die er den Gästen durch seine nette Art entlockt hat. Genaugenommen hat er mein Strahlen auch hervorgezaubert, denn das Beobachten eines Lächelns hat mich wiederum positiv beeinflusst. Es funktioniert! Wenn ich mich jetzt in der Öffentlichkeit dabei ertappe, wie ich eine Schnute ziehe, wende ich diese Taktik an. Einerseits hat das Observieren der Umgebung einen Mindfulness-Effekt, ich trete aus meinem Kopf-Geschnatter heraus und bin präsenter, andererseits ist das Lachen und Lächeln anderer Menschen tatsächlich ansteckend. Ein weiterer Nebeneffekt: Menschen nehmen mich als Beobachterin intensiver wahr, weil sie es wahrscheinlich nicht gewohnt sind, dass jemand seiner Umgebung so große Aufmerksamkeit schenkt. Am Ende des Experiments höre ich noch ein wirkliches Grande-Risus und blicke mich verwundert im Café um. Das war doch tatsächlich der bärtige Gast im roten T-Shirt, der schallend losgelacht hat. Ihm hätte ich das gar nicht zugetraut. Irgendwie eine sympathische Lach-Klatsche!

ZEITAUFWAND Bestimmst du **KOSTEN** Keine! **FÜR WEN GEMACHT?** Für Menschen mit Forschergeist

MAGIE DES LÄCHELNS

MELANIE. Wann hast du dir vor Lachen das letzte Mal in die Hosen gepinkelt? Noch nie? Es wäre auf jeden Fall eine ganz natürliche Reaktion, weil sich bei einem herzhaften Lachen die Blasenmuskulatur entspannt. Gesund ist es auch: Ein Lachanfall produziert Abwehrstoffe, die dein Immunsystem stärken, und das Gehirn bremst die Produktion von Stresshormonen wie Adrenalin und Kortison. Zudem hat jeder von uns hoffentlich schon die Erfahrung gemacht, dass Zusammenlachen ein Signal von Verbundenheit ist. Ob heimlich in der Schulbank oder offen bei einem Sieg im Mannschaftssport: Lachen schweißt zusammen. Und wenn man nichts zu lachen hat? Es lohnt sich, es trotzdem zu tun!

Die Berliner Motivationstrainerin Vera F. Birkenbihl hat mit ihrer Aufforderung zum Selbstversuch »60 Sekunden lachen« einen YouTube-Hit gelandet, den sie leider selbst nicht mehr erlebt hat. Wer dieses Video noch nicht gesehen hat, sollte sich einen Gefallen tun und es bei nächster Gelegenheit anschauen. Mich hat dabei vor allem eines fasziniert: die Rückkoppelung. Selbst ein »gespieltes« Lächeln löst Glücksgefühle in dir aus. Wir haben es also in der Hand, mit einem forcierten Grinsen die eigene Apotheke zu aktivieren, die uns mit einer Ladung des Glückshormons Serotonin versorgt. Und wer selbst nicht in Aktion treten mag, kann einfach anderen beim Lachen zuhören und zusehen. Dein Gehirn sendet »Mitlachsignale« aus, denen du nur mit größter Mühe entgegenwirken kannst. Du wirst sozusagen zum Mitlachen verdonnert. Eine Strafe, die ich gern annehme. Alles schön und gut, denkst du, aber wie sieht das im Alltag aus? Soll ich mich Tag für Tag durch die Arbeit grinsen? Ich denke, das wäre übertrieben, und permanent gequältes Lächeln ist sogar unangenehm, wenn es nicht sogar verstörend auf andere wirkt. Trotzdem: Freiwillig dosiert kann es dein Leben und das deiner Umgebung bewegen und einen entscheidenden Unterschied machen. Dazu möchte ich dir eine Geschichte erzählen, die mir passierte, als meine Mutter noch bei uns war.

Ich sitze im Zug von Zürich nach Effretikon, trage an diesem Tag ein bewusst ausgewähltes Kleid. Auf meinem Stoffbeutel die Abbildung von Darth Vader mit Einkaufskorb. Auch ein Bösewicht mag frisches Gemüse. Im Beutel ein Brief, den ich tags zuvor verfasst habe. Die Kopfhörer stecken in den Ohren und ich höre eines meiner Powerlieder, volles Volumen. Ein Abteil weiter sitzt ein schlaksiger Mann, wahrscheinlich Mitte 40. Er zappelt etwas herum, unsere Blicke treffen sich. Ich lächle. Er macht Handzeichen. Ich nehme meine Kopfhörer heraus. »Ja, bitte?«, frage ich.

»Ist etwas laut«, grummelt er.

»Wie meinen Sie?«, frage ich.

»Die Musik: Sie ist etwas laut«, entgegnet er nun sichtlich genervt.

»Ja, dann ist es heute halt etwas laut«, sage ich und stecke mir die Stöpsel mit einem Lächeln wieder in die Ohren. Heute brauche ich die Kraft der Musik und drehe nicht leiser. Heute nicht. In Effretikon angekommen, schlage ich den Weg Richtung Stadtzentrum ein. Am Fuß des angehenden Hügels angekommen, muss ich einen Moment tief durchatmen. Oder besser: drei Mal. »Alles ist gut«, sage ich mir. Dann gehe ich zum Eingang der Kirche, wo ich meine Mutter und meinen Bruder umarme. Viele weitere bekannte Gesichter begrüßen uns. Alle sind gekommen, um meinem Vater die letzte Ehre zu erweisen. Vor einer Woche hat er seine Reise angetreten und seine Adresse gewechselt. Heute ist die Trauerfeier. Heute will ich den Trauergästen erzählen, was für ein Mensch er für mich gewesen ist. Eine Person nach der anderen begrüßt mich, kondoliert, zwischen den trauernden Blicken auch ein paar Lächler. Händeschütteln. Umarmungen. Ich spüre ihre Herzen, auch, wie sie schmerzen. Als alle in der Kirche Platz genommen haben, beginnt die Pfarreibeauftragte Frau Monika Schmid mit dem Trauergottesdienst. Die Lieblingslieder meines Vaters werden gespielt. Sein Lebenslauf wird vorgelesen. Schöne und traurige Stationen: Jugend mit Hobbyfischen. Zwangsrekrutierung. Vietnamkrieg. Hochzeit. Zwei Kinder. Krankheit. Swissair Grounding. Jobverlust. Noch mehr Krankheit. Der Enkel meines verstorbenen Vaters schluchzt herzzerreißend in der Kirchenbank. Mein Herz schnürt sich zusammen und ich spreche mir Mut zu: »Noch nicht, Melanie. Denk an das, was eine Freundin zu dir gesagt hat: Du wirst die Kriegerin sein, die du sein willst. Du wirst deinen Vater ehren. Danach kannst du alle Tränen weinen, die du willst.« Dann bittet Frau Schmid mich nach vorne. Jetzt schon? Kann ich das? Ich muss. Ich will! Im Innern ein Tsunami an Gefühlen. Da stehe ich nun, hinter einem Rednerpult und doch total exponiert. »Der erste Satz«, denke ich. Dann geht es. Für Daddy. Drei Jahre war er im Altersheim. Nach einem Schlaganfall gelähmt, das Sprachzentrum betroffen, konnte er kaum noch einen verständlichen Satz sprechen. Er war ein Gefangener in seinem Körper. Drei Jahre lang. Und trotzdem beschenkte er seine Familie, die Pfleger und Angestellten im Altersheim, die anderen Bewohner, Verwandte und Bekannte, Fremde und Vertraute mit seinem strahlenden »Smile«. Unaufhörlich.

»Du schaffst drei Minuten«, sage ich mir. Ich atme nochmals tief ein und beginne zu lesen:

»Lächle, und die Welt verändert sich.«

Dieser Spruch von Buddha stand bei meinem Vater im Zimmer des Altersheims. Jemand hatte ihm eine Plakette mit diesen Worten geschenkt. Auch wenn man denken könnte, dass man in seiner Situation während der letzten Jahre nicht mehr viel zu lachen hatte, fand mein Vater immer wieder die Inspiration dafür, ein Lächeln zu schenken. Es ist genau das, was mir von ihm am wärmsten in Erinnerung bleiben wird. Folgende Worte haben mich vorgestern erreicht:

»Ich umarme dich. Ich kann fast nicht schreiben, die Tränen laufen mir hinunter. Ich mochte deinen Papa immer sehr und seine Art, Hallo zu sagen.«

Die Art meines Vaters hat bewegt. Er war kein Mann der großen Worte und man würde ihn eher als Einzelgänger beschreiben, der dennoch immer wieder auf prägende und persönliche Art und Weise Spuren hinterlassen hat: Er begegnete den Menschen mit einer authentischen Offenheit. Mich dünkt, ohne Wertung. Und eben mit diesem gewinnenden Lächeln. Die Sanftheit darin war außergewöhnlich stark.

An Sonntagen hatte Daddy oft Rührei, Grütze und Speck gekocht und danach sehr gern Klassikradio genossen. Lottospielen war auch eine Leidenschaft. Wie viele Stunden habe ich damit verbracht, die Lottozahlen aus der ganzen Welt für ihn herauszusuchen? Manchmal dachte ich: »Ja, wann kommt er denn endlich, der Jackpot?!« Heute denke ich: Der wahre Jackpot war, dass mein Vater noch 20 weitere Jahre nach seinem ersten Schlaganfall geschenkt bekam. Eine Zeit lang ging er zum Kung-Fu und lehrte mich und meinen Bruder Bewegungen dieser Kampfkunst. Später holte ihn sein Gesundheitszustand ein und sein Leben spielte sich nach seiner Arbeit meist in den eigenen vier Wänden ab. Aber! Wenn man ihn auf der Straße oder beim Einkaufen sah, blieb er lebhaft in Erinnerung: »Ich hab deinen Daddy gesehen!«, war ein oft gehörter Satz, der stets auch von einem Lächeln des Gegenübers begleitet war.

Ich möchte eine Eigenschaft, die mein Vater mir ans Herz gelegt hat, besonders erwähnen: das Visionieren. Er hat immer gesagt: »Stell es dir vor, dann wird es wahr.« Was ich mir vorstelle, ist, dass wir heute hier zusammen nicht einfach einen Tod beklagen, sondern in Dankbarkeit ein Leben zelebrieren. »Vielen herzlichen Dank, dass ich die Chance hatte, diesen wundervollen Mann kennenlernen zu dürfen«, schrieb mir eine Freundin. Solche Worte beflügeln in Zeiten der Trauer und ich danke an dieser Stelle für alle die verschiedenen Formen von Beileidsbekundungen. Sie erreichen uns im Herzen und sind Balsam für uns, die hier auf Erden mit diesem Verlust umgehen müssen.

»Der Schmetterling ist ausgeflogen«, hat mein Bruder so schön gesagt. Der Kokon ist zurückgeblieben. Ich konnte ganz klar ein Lächeln auf diesem Kokon ausmachen und möchte denken, dass mein Vater seine Eleganz, seine Ruhe und seine Liebe bis zum letzten Atemzug bewahrt hat.

Ich wünsche mir für uns alle, dass wir akzeptieren, dass wir nicht immer alles unter Kontrolle haben können, und schon gar nicht den Tod. Dass wir kein perfektes Leben leben können oder leben müssen, dass es auf das Herz ankommt und eine wohlwollende Haltung gegenüber sich selbst und der Umwelt. Wir können entscheiden, wie wir im Leben auf Dinge reagieren, wir können entscheiden, welche Spuren wir hinterlassen. Spuren, die generationenübergreifend ihre Wirkung hinterlassen können. Darum mache ich eine Einladung: Denken wir an Daddy auch mit einem Lächeln und Dankbarkeit, so schenken wir ihm, uns selbst und unseren Mitmenschen während dieser Trauerfeier auch Momente der Freude. Ich denke, mein Vater hätte sich das gewünscht. Und weil er ein großer »Star Wars«-Fan war, möchte ich mit folgenden Worten abschließen: »May the Force be with you.«

Ich falte den Brief und setze mich wieder hin. Frau Schmid begibt sich zurück ans Rednerpult und ist sichtlich gerührt.

»Sagen Sie mir nochmals den Spruch von Buddha?«, fragt sie mit liebevoller, gerührter Stimme. Staunend blicke ich zu ihr hoch. Erst hatte ich befürchtet, es wäre etwas seltsam oder unpassend, in der Kirche von Buddha zu sprechen. Aber Frau Schmid heißt seine Weisheiten willkommen. Ich nehme noch mal das Blatt in die Hand und spreche die Worte:

»Lächle, und die Welt verändert sich.«

Elegant, emotional und authentisch baut Frau Schmid diese Worte spontan in den weiteren Verlauf des Trauergottesdienstes ein. Bewunderung kommt in mir auf, für diese Frau, die das Göttliche in all seinen Formen erkennt. Ich bin dieser weltoffenen Frau in der Katholischen Kirche sehr dankbar und muss noch heute lächeln, wenn ich an sie denke. Alle Wissenschaft in Ehren, alle biochemischen Prozesse und Statistiken und Forschungen und, und, und … Am Schluss ist es dieser eine Akt, der einen immensen Unterschied im Leben machen kann. Darum lade ich dich ein, das nächste Mal anstatt zu grollen einfach zu lächeln. Mein Vater ist mir ein ewiges Vorbild. Vielleicht inspiriert seine Geschichte auch dich ein bisschen. Wir wissen nie genau, wo unser Gegenüber gerade im Leben steht, was für eine Geschichte die Person mitbringt, welche Herausforderungen sie zu meistern hat oder was sie gerade durchmacht. Aber eines kann ich dir versichern: Mir hat ein Lächeln im richtigen Moment schon so oft den Tag versüßt oder gar gerettet! Und wer weiß, vielleicht kam es ja von dir, lieber Leser. Das ist gut möglich. Oder kann es noch werden. Was wir uns vorstellen können, kann wahr werden.

17. Lob den Lesenden

CHANTAL. Unsere lokale Bibliothek ist mein zweites Zuhause. Für mich ist es der größte Luxus und Genuss, durch die Gänge zu schlendern und mich treiben zu lassen, hier und da ein Buch herausfischend, das mir spontan ins Auge sticht.

Und immer wieder erfreue ich mich dabei an den Lebenszeichen anderer in den frisch ausgeliehenen Büchern. Ob Kuchenkrümel, Randnotizen, Eselsohren – wunderbar! Der Solo-Akt des Lesens erhält durch sie plötzlich eine gemeinschaftliche Komponente. Vor Kurzem habe ich in einem Buch eine Postkarte mit einem leuchtenden Rapsfeld darauf gefunden, die bestimmt als Lesezeichen verwendet und dann vergessen worden ist. Dank der Adresse darauf konnte ich sie mit einer kurzen Anmerkung versehen direkt an die Adressatin zurückschicken – und dabei hat sie mir ganz nebenbei die Idee für eine neue bibliophile Geste geschenkt.

KLEINE GESTE, LEICHT GEMACHT

Benötigt werden: (selbst gemachte, ausrangierte oder gekaufte) Lesezeichen, Stift, ggf. Washi Tape, Post-its oder eine Postkarte

1. Schreibe eine kurze Nachricht für den unbekannten Empfänger, quasi einen Liebesbrief ans Lesen oder ein paar Worte dazu, was dich an einem bestimmten Buch so berührt und angesprochen hat.

2. Befestige das Lesezeichen so an der Notiz, dass es später wieder leicht zu lösen ist.
3. Verstecke das Ganze in einem Exemplar deines Lieblingsbuchs in der Bibliothek oder einer Buchhandlung. Oder verschenke das Ganze einfach direkt an eine lesende Person, der du unterwegs begegnest.

So hat Chantal es umgesetzt

Als Buchfan bekomme ich recht häufig Lesezeichen geschenkt und habe einige davon noch zu Hause herumliegen. Drei wähle ich für meine Geste aus: zwei als Überraschung in Büchereibüchern und eins »für unterwegs«. An einem ruhigen Abend, während der Rest der Familie bereits im Bett ist, schreibe ich kleine Notizen und befestige die Magnet-Lesezeichen daran. Allein das Schreiben der Notizen im Kerzenschein und bei einer Tasse Tee bringt mir viel Freude. Es tut einfach gut, einen Moment lang in diesem Gefühl von Dankbarkeit zu verweilen, für Bücher selbst, aber auch für all die Menschen, die genau wie ich nach wie vor das Schreiben und Lesen feiern.

Am nächsten Tag, nachdem ich meine Tochter vom Kindergarten abgeholt habe, gehen wir zusammen in die Bücherei. Während sie sich Hör- und Bilderbücher aussucht – derzeit am liebsten zu Pferden und Dinosauriern, uns fehlt nur noch ein Buch, das beide Themen endlich mal zusammenbringt –, suche ich in den Reihen nach zwei meiner Lieblingsbücher: Arundhati Roys »Der Gott der kleinen Dinge« sowie »Hundert Jahre Einsamkeit« von Gabriel García Márquez. Beide sind zum Glück gerade da. Ich nehme ein jedes heraus und klebe einen der Post-its auf die erste Seite. Buch geschlossen und ab zurück ins Regal, schon ist meine kleine Geste vollbracht. Es ist eine schöne Vorstellung, wie sich die nächsten Menschen, die das Buch lesen wollen, an meiner kurzen Notiz erfreuen und durch das Lesezeichen auch in Zukunft an diesen Akt geteilter Bücherliebe erinnert werden. Das dritte Lesezeichen, das ich an einer Postkarte befestigt habe, trage ich die nächsten Tage mit mir herum. Ich habe es schon fast wieder vergessen, als mir in der U-Bahn eine junge Frau auffällt, die sich komplett in ihrem Buch verloren hat. Es ist »Swing Time« von Zadie Smith, ein Buch, das auch auf meiner »TBR-Liste« steht, also zu meinen To-be-read-Büchern gehört. Zu wissen, dass ich die Postkarte samt ihrer Notiz in meiner Tasche habe, macht es mir etwas leichter, die Frau mit den rosafarbenen Braids anzusprechen. »Tut mir leid«, sage ich und sie schaut überrascht hoch, »ich will nicht lange stören. Das Buch wollte ich nur auch schon lange lesen, wie gefällt es dir?« Die Überraschung weicht und sofort erfüllt Freude ihr Gesicht. Unter dem einen Auge hat sie ein Muttermal, das mir auffällt. Ihr breites Lächeln lässt sie wunderschön aussehen. »Es ist einfach groooooßartig!«, ruft sie aus. Und dann berichtet sie mir anderthalb U-Bahn-Stationen lang, was ihr alles am Roman gefällt, die Themen, die Erzählweise, die Protagonistinnen, scheinbar so ziemlich alles. Während die Bahn in meine Station einfährt, hole ich noch schnell die Postkarte aus dem Rucksack und drücke sie ihr in die Hand. »Für dich. Danke für die Buchfreude, die du versprühst. Und danke, dass du sie gerade mit mir geteilt hast.« Sie nimmt die Postkarte in eine Hand und greift mit der anderen einen Augenblick lang nach meiner: »Immer wieder gern, das war das beste U-Bahn-Gespräch überhaupt.« So schön kann das Leben sein, denke ich, während ich ihr von draußen noch einmal zuwinke.

Bewertung

Ich steige happy aus der Bahn und düse zu meinem Treffen. Lesezeichen zu verschenken und auch zu verstecken, ist etwas, was ich seitdem öfter wiederholt habe. Und jedes Mal fühlt es sich an wie ein kleines Fest, mit dem ich das Lesen feiere. Das Buch ist nicht tot, es ist so lebendig wie ein jeder von uns, der es mit großen Augen in die Hand nimmt und zwischen den Seiten eine andere Welt entdeckt. Diese kleine Geste verbindet uns in genau diesem Akt.

Varianten

Diese Buchgeste ist sowohl halb-anonym in Bibliotheken und Buchhandlungen als auch ganz persönlich und direkt von Mensch zu Mensch umsetzbar. Was du genau im Buch hinterlässt, ist völlig dir überlassen. Neben Lesezeichen kann es zum Beispiel auch eine Einladung dazu sein, dir die eigenen Eindrücke beim Lesen per Mail zu schreiben. Oder du legst eine frankierte Postkarte ins Buch und den Wunsch, diese an einen netten Menschen zu schicken, an den man beim Lesen des jeweiligen Buchs gedacht hat. Auch Wünsche und Affirmationen, Weissagungen und Lebensweisheiten lassen sich gut verstecken. Erfülle die Bücher um dich herum mit Leben und lass deiner Fantasie dabei freien Lauf!

ZEITAUFWAND Etwa 20 Minuten **KOSTEN** 0-3 Euro **FÜR WEN GEMACHT?** Für alle Bücherwürmer dieser Welt

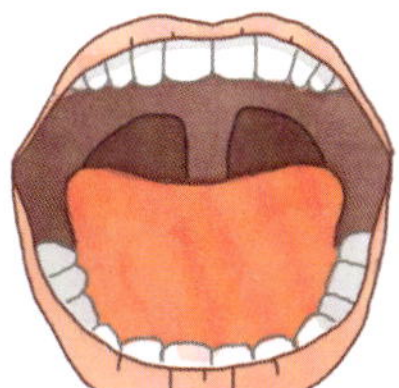

18. Achte auf deine Worte

GAST-GESTE VON HENRY W. Die Sprache ist ein wunderbares Instrument, mit dem ein jeder an seinem Glück feilen kann. Sicher hast du auch schon bemerkt, dass viele (Glaubens-)Sätze unbewusst von Familie, Freunden, Umgebung und Gesellschaft aufgenommen, integriert und gedankenlos wiedergegeben werden.

Manche so automatisch, dass sie mit dem Staub der vergangenen Generationen über die Lippen gehustet werden. Bei einigen Redewendungen kontere ich manchmal augenzwinkernd mit »1950 hätte gern seine Standpunkte zurück«.

Manchmal gehen Kommentare aber auch unter die Haut und ich frage mich, wieso es die Person für nötig empfindet, ihre Gedanken zu teilen. Nicht alles, was uns durch den Kopf schwirrt, müssen wir auch teilen. Manchmal verkaufen wir es als Ehrlichkeit. Ich appelliere jedoch ans Taktgefühl vor Schamlosigkeit. Vielleicht gefällt die neue Frisur oder Bluse einer Kollegin nicht, aber muss man es ihr ungefragt unter die Nase reiben? Was genau würdest du damit bewirken? Denke daran: Jedes Wort besitzt eine Kraft.

Achte auf deine Gedanken, denn sie werden Worte.
Achte auf deine Worte, denn sie werden Handlungen.
Achte auf deine Handlungen, denn sie werden Gewohnheit.
Achte auf deine Gewohnheiten, denn sie werden dein Charakter.
Achte auf deinen Charakter, denn er wird dein Schicksal.

Ich muss zugeben, dass ich in gewissen Situationen wie ein Seemann fluche. Gemäß Forschungsergebnissen des Psychologen Richard Stephens kann Fluchen in gewissen Situationen sogar Schmerzen lindern. Wo sich jedoch ungeachtet Gewohnheiten einschleichen, ist Vorsicht geboten. Egal, ob es sich dabei um eine Redewendung oder ein einzelnes Wort handelt.

KLEINE GESTE, LEICHT GEMACHT

MELANIE. Weil ich bemerkt habe, wie bewusst Henry mit seiner Sprache umgeht – eloquent, charmant, witzig –, war ich neugierig, etwas darüber zu erfahren. In einem spontanen Interview über das Glück und wie die Sprache es beeinflussen kann, teilt er seine Gedanken mit mir: »Die Weisheit, die im vorherigen Sprichwort enthalten ist, können wir nutzen – alles, was es dazu braucht, ist die Bereitschaft, sich etwas Gutes zu tun. Wir brauchen nur die Aufmerksamkeit uns selbst gegenüber und den Willen, selbst aktiv etwas zu verändern.«

Klingt leicht, aber wie setzt es Henry praktisch um?

»Glücklich leben ist für mich eine bewusste Entscheidung. Eine Entscheidung, die ich täglich bestätige, wenn ich bestrebt bin, immer das zu wählen, was zum glücklichen Leben beiträgt. Es gibt vieles, was mich glücklich macht. Eins davon ist, andere Menschen einzuladen, selbst einen Beitrag zu ihrem eigenen Glück zu leisten. So habe ich drei mir liebe Menschen, die eine rohe Umgangssprache pflegten und ständig Worte wie ›Scheiße‹ und ›Fuck‹ benutzten, eingeladen, ihre Wortwahl zu überdenken.«

So hat Melanie Henrys Einladung umgesetzt

Ich will hier nicht um den heißen Brei herumreden: Ich bin einer dieser drei Menschen. Yup. Die Einladung von Henry habe ich dankend angenommen und kann sagen: Es lohnt sich! Ohne die Beobachtung von Henry hätte ich gar nicht gemerkt, wie oft am Tag ich eigentlich »Fuck« sage. Als Adjektiv, als Verb, als Nomen, ach herrje, gäbe es jedes Mal etwas in die Kasse, könnte ich so manchen Spendenaufruf damit unterstützen. Zusammen mit den anderen beiden Menschen habe ich schnell gemerkt, dass das Weglassen eines so oft benutzten Wortes ganz schön anstrengend ist. Hier verraten wir dir einen Trick, den Henry auch begrüßt: »Es macht mich glücklich, zu sehen, dass die drei Kreativen umgehend umgesetzt haben, auf ihre Sprache zu achten, indem sie die Worte ›Fuck‹ und ›Shit‹ durch ›Miau‹ ersetzt haben. Heute sagen sie beispielsweise: ›What the Miau soll denn das?‹ Ich wünsche mir, dass ihnen das guttut und sie dank des sensibleren Sprachgebrauchs von ihrem Umfeld noch positiver wahrgenommen werden. Ich denke, sie fühlen sich dadurch auch wohler in ihrer Haut, weil sie sich von Negativem befreien. Der neue Sprachgebrauch wirkt sich also gleich doppelt positiv auf ihren Alltag aus. Ein kleiner Schritt, könnte man sagen. Doch es sind gerade diese vielen kleinen Schritte und die vielen feinen Entscheidungen, die wir treffen, die einen Unterschied machen.«

Bewertung

Jeder Seemann würde bestätigen, dass eine Kursänderung von wenigen Grad auf die Länge eine völlig neue Destination bedeuten kann. Also weg von der steinigen Shit-Küste hin zum samtig weichen Katzenstrand. Nach ein paar Wochen mit gezielter Aufmerksamkeit habe ich meine Schimpf-Software neu geschrieben und gedenke, sie immer wieder mal zu aktualisieren. Ganz komplett sind die »Ss« und »Fs« nicht aus meinem Vokabular verschwunden, das will ich gleich offenlegen. Gezielt eingesetzt vertraue ich immer noch ihrer Wirkung! Im Alltag kreiert ein mit Emotionen geladenes »Miauuuuuu!« jedoch eine andere Stimmung in mir. Ich fühle mich, je nach Ton, katzenhaft süß oder pantherhaft stark! Das gefällt mir. Frei zum Nachmachen!

ZEITAUFWAND Zuhören, verstehen, täglich üben **KOSTEN** Keine **FÜR WEN GEMACHT?** Jeden, besonders Sprachliebhaber

19. Klasse an der Kasse

MELANIE. Was heißt eigentlich »Klasse haben«? Ist dein Gefühl auch, dass es mehr beinhaltet als das reine Erscheinungsbild? Nach etwas Recherche würde ich die Bedeutung folgendermaßen zusammenfassen: Menschen, die aufmerksam und respektvoll sind, die die Etikette einhalten, sich anderen Menschen gegenüber gütig verhalten, sich selbst sowie ihre Mitmenschen schätzen, haben Klasse. Gar nicht so unmöglich, das zu erreichen, oder? Obwohl kaum jemand von sich selbst behaupten würde, dass er Klasse habe (das wäre zumindest in meinem Kulturkreis etwas unverschämt), können wir uns mit kleinen Gesten dementsprechend verhalten. Wer es sogar im Geheimen tut, besitzt meiner Meinung nach ganz große Klasse. Ob mit oder ohne Zuschauer, es fühlt sich gut an!

KLEINE GESTE, LEICHT GEMACHT

Für diese Geste braucht es etwas extra Geld in der Tasche und den passenden Moment an einer Kasse beziehungsweise beim Bezahlen generell. Das kann im Supermarkt sein, auf einem Flohmarkt, beim Bäcker, auf einem Street-Food-Festival, in einem Café oder sogar im Restaurant. Wichtig empfinde ich, dass der Betrag, den man übernimmt, im Rahmen des Erschwinglichen liegt.

So hat Melanie es umgesetzt

Diese Geste wartet schon länger auf ihren Einsatz, bisher haben die Umstände einfach nicht gepasst. Ich stehe im Supermarkt und ein Herr will mir in der Schlange den Vortritt geben. Erst will ich annehmen, winke ihn dann aber mit einem »Bitte schön« an mir vorbei, weil er genaugenommen einen Augenblick vor mir da war. »Oh, vielen Dank, Frauen haben einfach mehr Geduld als Männer«, sagt er mit einem Lächeln und legt seinen Einkauf auf das Band. Ich lächle zurück und lege eine Tomate, ein Brötchen und Schokolade hinter das Trennding. (Wie heißt eigentlich dieses Ding? Warum frage ich zehn Personen, alle wissen sofort genau, was ich meine, aber niemand weiß, wie es richtig genannt wird?)

»Sie sind eine sehr nette Frau, soll ich Sie heute einladen, und Sie übernehmen die nächste Woche?«, fragt er in gebrochenem Schweizerdeutsch. Ich schaue aufs Band, dort liegen Milchreis, Softdrink und Schokomilch.

»Nein: Ich zahle diese Woche und Sie übernehmen das nächste Mal!«

Der Mann hält inne, staunt, grinst dann bis über beide Ohren und fragt, ob ich sicher sei. Ich bin sicher. Er nimmt strahlend die »Absperrung« vom Band, der Kassierer guckt etwas verwirrt und fragt: »Also, wer lädt jetzt wen ein?«

»Ich lade ein!« Der Kassierer macht große Augen und kommentiert gespielt theatralisch: »Ach, wäre ich doch heute auf der anderen Seite!«

Während ich schmunzelnd das Portemonnaie hervorhole, bemerke ich, wie die Leute in der Schlange sich an dem Szenario erfreuen. Der Eingeladene packt die Geschenke in seine Einkaufstasche und strahlt.

»Soll ich Ihnen meine Nummer geben, damit wir uns beim nächsten Mal nicht verpassen und ich Sie einladen kann?«

Mist. Dass das passieren würde, ist eine Befürchtung, die ich im Vorfeld hatte. »Nein danke! Das muss nicht sein, das ergibt sich auch so, da vertraue ich dem Universum«, schießt es überzeugend aus mir heraus. Ach, war gar nicht so schwer, diese Einladung abzuwenden:

»Nein danke!« sagen und gut ist. Der Mann hält mir noch die Tür auf. Wir wünschen uns gegenseitig einen schönen Tag und jeder geht seiner Wege.

Bewertung

Ich hatte Glück, denn ich wurde zu dieser Geste quasi eingeladen. Vielleicht, weil ich es mir gewünscht hatte?

Auf jeden Fall ist meine Freude so groß, dass ich es wieder tun möchte. Das nächste Mal aber anonym, vielleicht in einem Café, wo ich einem Kellner mein Vorhaben zuflüstern kann. Zwar kann sich die beschenkte Person dann nicht bedanken, aber das muss ja auch nicht immer sein. So übe ich mich gleichzeitig darin, nicht nach Bestätigung zu suchen und wirklich ohne Erwartungen zu handeln. Darin liegt eine große Freiheit. Und sich frei zu fühlen, macht eben auch glücklich. Ein kleines Zettelchen wie das auf S. 235 kann ich ja beilegen.

Wenn du magst, kannst du sogar deine Gedanken voraussenden und so aktiv ein Resonanzfeld erstellen. Dir also vorstellen, dass deine Geste genau an der Stelle in Aktion tritt, wo sie eine optimale Wirkung haben wird. Du glaubst, das ist Hokuspokus? Ist es nicht. Dein Gehirn ist ein Sender von elektromagnetischen Feldern, die wiederum deine Wahrnehmung beeinflussen. Steuerst du deine Gedanken also in eine Richtung, nimmst du auch die Umgebung entsprechend wahr. Schwangere bemerken plötzlich andere Schwangere, wer Haare verliert, sieht plötzlich mehr Glatzen. Wie wäre es also, wenn du dir vorstellst, dass deine Geste so richtig tolle Wellen schlägt? Kommt dieser Wunsch zudem von deinem Herzen, kannst du dich auf wunderbare Fügungen gefasst machen. Das ist das Einmaleins der Quantenphysik. Kein Witz.

ZEITAUFWAND Keiner **KOSTEN** 5-50 Euro **FÜR WEN GEMACHT?** Spontane Leute beim Bezahlen oder verborgene Gönner

20. Begleitperson beim Arztbesuch

oder: Wie Geheimnisse die Gesundheit beeinflussen

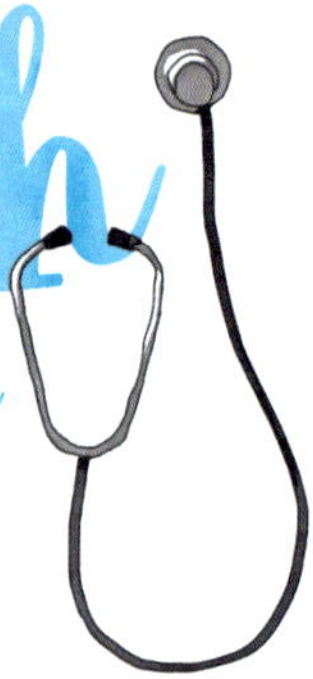

MELANIE. Je nach Kultur und Gesellschaft, in der wir leben, gibt es Tabuthemen, die uns dazu veranlassen, uns aus Scham zu isolieren. Vor allem, wenn es um eine Erkrankung geht, leiden Menschen oft doppelt: an ihrer Krankheit und am krankhaften Versteckspiel. Aber: Geheimnisse erschweren das Leben. Das haben Forscher der Columbia University in New York untersucht und sind zu dem Schluss gekommen, dass es die Gesundheit zusätzlich belastet, eine Krankheit geheim zu halten. Ärzte und Wissenschaftler bestätigen, dass es für die Genesung oder den Gesundheitszustand generell einen bedeutenden Unterschied macht, ob man eine Vertrauensperson an seiner Seite hat oder nicht.

KLEINE GESTE, LEICHT GEMACHT

Der Welt-AIDS-Tag, der Pink Ribbon Day der Krebsliga, die Kampagnen »Diabetes STOPPEN«, »Deine Psyche? Kein Tabu!« der schweizerischen Werner Alfred Selo Stiftung (jeder Zweite in der Schweiz erleidet einmal im Leben eine psychische Erkrankung) – es existieren diverse Kampagnen für gesundheitliche Aufklärung. Trotzdem sitzt kaum jemand mit Freunden an der Bar und sagt: »Ich habe Diabetes und einen künstlichen Darmausgang«, oder: »Wegen meiner Endometriose falle ich einmal im Monat bei der Arbeit aus.« Zu groß die Angst, als Freak oder Heulsuse abgestempelt zu werden. Wenn aber jemand in deinem Freundeskreis den Mut aufbringt, seine Krankheit anzusprechen, kannst du die Unterstützung sein, die bei seiner Genesung oder beim Umgang mit der Erkrankung einen entscheidenden Unterschied macht. Dies ist eine Geste, die eher zu dir kommt, als dass sie von dir ausgeht. Wenn du keine bevormundende Haltung dem Thema gegenüber hast, kannst du eine Begleitung anbieten oder vielleicht noch besser: eine Einladung abwarten. Solltest du die Betroffene oder den Betroffenen aber als Opfer sehen und zu großes Mitleid mit ihr oder ihm haben, finde ich es ratsam, davon abzusehen. Solch eine Grundhaltung kann sonst in eine ungesunde Dynamik für beide münden. Deswegen habe ich zum Beispiel mein Telefon auch während der Arbeit ständig geprüft und nachts nicht mehr ausgeschaltet, was wiederum zu einer erschöpfenden Anspannung geführt hat. Entscheide also mit Köpfchen, und sei ehrlich mit dir. Bist du die richtige Person für so eine Mission? Absolute Sicherheit gibt es keine, aber du kannst die betroffene Person fragen, wie sie oder er es einschätzt, damit ihr zusammen entscheiden könnt.

So hat Melanie es umgesetzt

Als Jérôme, ein Freund von mir, fragt, ob ich ihn bei seinem nächsten Arzttermin begleiten würde, sage ich sofort zu. Ich weiß, dass er seit zwei Jahren HIV-positiv ist, und er hat sich noch nie über seine Situation beklagt. (Anmerkung: Ist ein HIV-Testergebnis »negativ«, bedeutet das, dass keine Antikörper im Blut nachgewiesen werden konnten. »Positiv« heißt also, dass man sich mit HIV angesteckt hat.) »Ich war damals sehr verliebt und mein Objekt der Begierde ließ meine Fragen über seinen Gesundheitszustand abblitzen. Nun, ich kann die Verantwortung nicht abgeben. Für meine Handlungen und deren Konsequenzen stehe ich gerade«, sagt Jérôme. Er ist schwul, liebt seinen Job, ist Single und eine wahre Frohnatur. Trotzdem sind da Momente, in denen er verunsichert ist. Er erzählt mir, dass der Gang zur Kontrolle für ihn am Anfang angsteinflößend gewesen ist, doch seine Lebenseinstellung ihm die nötige Kraft gegeben hat, sich der Situation zu stellen. Seine Familie hat er noch nicht über seinen Gesundheitszustand und die damit einhergehenden Herausforderungen informiert: »Gerne hätte ich meine Mutter oder meine Geschwister gebeten, mich zu begleiten, aber sie beten immer noch dafür, dass mein Schwulsein nur eine Phase ist.« Nachdem Jérôme mir einige Terminvorschläge gemacht hat, tragen wir ein Doktor-Date in unsere Planer ein, und ich frage ihn, was seine Motivation war, mich zu bitten, ihn zu begleiten. »Neben der emotionalen Unterstützung, die ich mir wünsche, will ich sicher sein, dass du die medizinische Seite siehst. Es ist mir wichtig, dass du aufgeklärt bist.«

Um 7:45 Uhr treffen wir uns an der Haltestelle. Ich mit Energydrink und Croissant in der Hand, die Augen noch auf Halbmast. Jérôme springt aus der Tram. Seine Freude darüber, dass ich da stehe, ist riesig! Viel größer, als ich es erwartet habe. Er umarmt mich innig und wir spazieren zum Haupteingang des Universitätsspitals Zürich, wo er sich bei der Rezeption meldet. Wir warten, bis der Arzt in einem weißen Kittel und mit breitem Lächeln um die Ecke gebogen kommt. Die beiden Männer umarmen sich, ich gebe dem Doktor die Hand.

»Schön, dass Sie da sind! Ich bin Dimitri!«

»Melanie, freut mich sehr!«

Wir gehen in ein kleines Büro mit Schreibtisch und Computer, auf dem Dr. Dimitri gleich Jérômes Datei anklickt. Während der nächsten Minuten informiert der Arzt mich über Fakten. Worte wie »oral«, »anal«, »vaginal« fliegen ohne Scham durch den Raum. Wie erfrischend unverkrampft, denke ich.

»Es ist tatsächlich so: Als HIV-positiver Mensch, der nicht raucht, hat man mittlerweile eine höhere Lebenserwartung als ein Mensch, der HIV-negativ ist, aber Raucher. Weil der HIV-Positive öfter zum Arzt geht: Blutdruck, Leberwerte, Nierenwerte usw. werden auch geprüft. Ist ein Full Service hier!« Ich staune über diesen Sachverhalt, das ist mir neu.

»Keine anderen Medikamente sind so gut erforscht wie HIV-Medikamente … 30 Jahre Studien, das ist eine lange Zeit!«, fährt Dr. Dimitri fort. »Normal sind Helferzellen-Werte von 900, bei der Infizierung mit AIDS liegt der Wert dann zum Beispiel auch mal bei 5. Aber bei frühzeitiger Diagnose von HIV ist die Chance groß, dass der Patient nach anfänglichem Schwächegefühl, zum Beispiel wegen Fieber oder einer starken Erkältung, dank der Therapie bald wieder Saft und Kraft hat. Wie es bei Jérôme der Fall war.« Ich gucke konzentriert auf den Bildschirm und will mir das Lachen verkneifen. Der Doktor fährt mit der Maus herum und starrt ebenfalls auf den Computer. Da bricht es schallend aus Jérôme heraus: »Ja, also das mit dem Saft war jetzt schon ziemlich zweideutig.« Wir lachen alle drei herzhaft. Herrlich, diese Lockerheit! Der Doktor errötet ein wenig – das finde ich sehr sympathisch. Er beantwortet mir meine Fragen, ohne den Eindruck zu erwecken, dass die Zeit drängt. Zum Schluss erfahre ich noch Folgendes von Dr. Dimitri: »Die Behandlung spricht besser bei Patienten an, die keine Geheimnisse vor den Menschen haben, die sie lieben. Das ist erwiesen.« Ich will ihm zum Abschied die Hand geben, aber er steuert auf eine Umarmung hin, die ich gern erwidere. Jérôme muss sich noch Blut abnehmen lassen, dafür geht es in einen anderen Raum, in dem sich unzählige Glücksschweine aller möglichen Art befinden! Die Regale einer ganzen Wand sind damit vollgestellt, überall rosa Schweinchen, und mittendrin ein Plakat: »Bevor Sie bei sich selbst eine schwere Depression oder Antriebsschwäche diagnostizieren, stellen Sie sicher, dass Sie nicht komplett von Arschlöchern umgeben sind.« Sagte Sigmund Freud! Diesen Leitsatz merke ich mir.

Bewertung

Jérôme strahlt und hat Tränen in den Augen. Er ist offenkundig gerührt, was wiederum meine Emotionen weckt. »Danke, du weißt gar nicht, wie viel mir deine Begleitung bedeutet!«, sagt er mit zittriger Stimme.

Noch Tage später drückt er immer wieder seine Dankbarkeit aus. Ich hätte nicht gedacht, dass diese Aktion so eine starke Wirkung hat.

Wenn das Vertrauen da ist und man kein Mitleid sucht, sondern Mitgefühl (eine ganz andere Emotion!), kann bei einer Erkrankung eine Person aus dem nahen Umfeld eine seelische Stütze sein. Weil die nötige emotionale Distanz nicht gegeben ist, kann jedoch ein Familienmitglied mitunter nicht die richtige Person dafür sein, weil sie einem schlicht zu nahe steht. Und Achtung: Die gewählte Person ist kein Therapeut! Die Verantwortung für die eigene körperliche und seelische Gesundheit lässt sich nicht delegieren. Das wäre falsch und auch respektlos, weil man damit das Gegenüber ungefragt unter immensen Druck setzt. Ich spreche aus eigener Erfahrung. Nachdem mir ein »Krankheitsgeheimnis« anvertraut worden war, wurde mir ein Maulkorb verpasst: Ich sollte keinem davon erzählen. Ich litt schlussendlich extrem darunter, denn vielseitige Hilfe wäre angebracht gewesen: von Arzt, Therapeut, Vertrauensperson, quasi einer kleinen »Feuerwehr«. Denn wenn es brennt, kann man das Löschen nicht immer wieder allein ein und derselben Person auflasten. Darum empfehle ich, ungeniert zu fragen: Werde ich Teil eines Löschteams? Oder erwartest du, dass ich dich rette? Bei letzterer Erwartung ist Vorsicht geboten. Sonst riskierst du auf einmal deine eigene Gesundheit und das wünsche ich dir nicht. Diese Geste sollte also gut überlegt sein.

ZEITAUFWAND Etwa anderthalb Stunden **KOSTEN** Keine! **FÜR WEN GEMACHT?** Für Menschen, die gebeten werden, jemanden zu einem Arzt zu begleiten

Schweigen ist Silber – Reden ist Gold

Als ich am 29. August 2018 die Tageszeitung »20 Minuten« aufschlage, entdecke ich einen Artikel mit der Überschrift: »Wir wollen dem Kranksein mit Humor begegnen«.

Ich behalte den Artikel, um die Präsidentin des Vereins »Miah – Menschen mit Autoimmunerkrankungen und Handicap« zu kontaktieren. Es ist bestimmt kein Zufall, dass ich darüber stolpere. Chantal und ich haben kürzlich darüber diskutiert, dass wir Krankheiten in unserem Buch thematisieren wollen. Aber wie, ohne dabei zu brüskieren? Ist die Welt bereit für eine neue Sichtweise auf Krankheit? Yes! Wir können alle dazu beitragen, indem wir uns informieren und reflektieren. »Miah« sagt dazu: »Wir möchten, dass es normal ist, Hilfe zu bekommen und unterstützt zu werden.« Schweigen bezüglich schwieriger Themen ist der größte Müll überhaupt.

Nachdem ich mit Silvia Meier-Jauch von »Miah« Kontakt aufgenommen habe, verabreden wir uns zu einem Telefongespräch, bei dem wir über Krankheit und Gesundheit reden, auch die mentale. Interessanterweise finden wir beide, dass der Umgang mit Krankheiten, sowohl physischen als auch psychischen, stärker in den Schulunterricht integriert gehört. Weil ich ihre Erfahrungen als wertvoll erachte, möchte ich gern ein paar von ihren Gedanken mit dir teilen:

Mein Handicap kann genauso gut deines sein

Vor einiger Zeit habe ich mich selbst dabei ertappt, wie ich meine Krankheit verleugnet habe. So richtig. Wie wenn man die Liebe zu einem anderen Menschen aus Scham verleugnet. Geschämt habe ich mich dann. Die ganze Nacht. Ich habe gelogen, um es meinem Umfeld leichter zu machen. Um nicht mit anschauen zu müssen, wie es mit Empathie und Offenheit ringen muss. Gelogen, um mich all den unschönen Reaktionen zu entziehen. Habe ich nur mir damit geschadet? Oder nur meiner Krankheit? Nein. Ich habe der ganzen Welt um mich herum damit geschadet. Schweigen und Lügen bezüglich der unschönen Seiten des Lebens sind ein Verrat am Leben selbst.
Jetzt frage ich mich: Wie konnte ich bloß …? Ich liebe das Leben so sehr und ich liebe die einzelnen Facetten, die alles so unbeschreiblich schön machen. Ist eine Wüste hässlicher als ein Urwald? Beides gehört zu unserem Planeten. Krankheit, Handicap und Tod auch. Wer hat eigentlich beschlossen, dass wir Menschen uns am Leben bedienen wie an einem Büfett?

»Das nehme ich…«, »Das schmeckt mir nicht« und ich gehe weiter. Schulde ich es nicht dem Leben, es in seiner Gänze anzunehmen und zu feiern? Meine Krankheit tut weh. Sie fesselt mich. Und vielleicht genau deswegen hat sie mich erst recht befreit. Unser Leben ist kein Büfett. Sondern ein Teller voller altbekannter Köstlichkeiten und exotischer Noten. Und nicht alles schmeckt. Einiges brennt so sehr, dass mir die Tränen kommen. Aber ich versuche, nicht an die Tränen zu denken, sondern an die Erfahrung und das damit verbundene Erlebnis. Es öffnet mich. Zeigt mir neue Wege. Ich werde mehr. Ich lebe mehr. Also, möchtest du meine traurigen Momente nicht hören und fühlen? Dann hast du das Leben nicht gelebt. Liebe alles und du bist frei. Erkenne in allem Grausamen die mögliche Veränderung, die erst dadurch entstehen kann. Ein Paradies gibt es deshalb nur im Himmel, weil das Leben lebt, und ich bin mittendrin. Es ist allein deine Entscheidung, ob du mit mir leben willst oder bloß zuschauen, wie ein Kind, das hinter einem Glasfenster exotische Tiere im Zoo beobachtet. Ich bin das Leben mit allen seinen Facetten. Alles andere ist die wahre Krankheit von uns Menschen. Leben umfasst alles.

Silvia Meier-Jauch von »Miah«

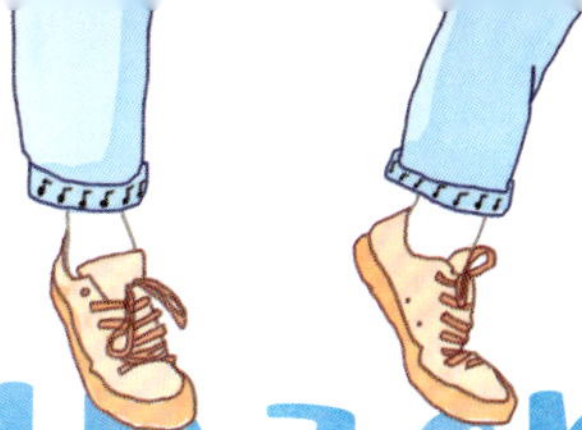

21. Erst tanzen, dann denken

MELANIE. Tanzen macht glücklich! Das belegen wissenschaftliche Studien und die meisten von uns haben selbst hand- und beinfeste Beweise dafür. Kinder machen es uns vor: Wenn sie happy sind, vollführen sie einen Freudentanz. Es geht aber auch umgekehrt: tanzen und damit Freude aus sich und seinen Mitmenschen herauskitzeln.

KLEINE GESTE, LEICHT GEMACHT

Optimalerweise gibt es einen Grund für einen kurzen Freudentanz. Ich habe mir einfach einen zusätzlichen kreiert: Überwachungskameras. Von denen gibt es in den meisten Städten mehr als genug, sodass du mit etwas Aufmerksamkeit mehrmals am Tag einen Ansporn hast, um deinen »Swag« (deine positive Ausstrahlung) zu leben. Wer auf dem Land weilt, kann auch für Kühe, Katzen oder Krähen einen Tanz aufführen. Dabei darfst du ganz persönlich bleiben: Vielleicht sind deine Bewegungen sanft und lang, kurz und ruckartig, verspielt oder roboterhaft. Du bist frei! Selbst wenn dir jemand dabei zuschaut, sollte dich das nicht von deiner persönlichen Note abhalten. Im Gegenteil, du wirst vielleicht ganz nebenbei für diesen Jemand zur Inspirationsquelle! Oder zum YouTube-Hit!

So hat Melanie es umgesetzt

Während ich allein durch die Straßen von Berlin-Mitte spaziere, halte ich nach Kameras und Shopping-Gelegenheiten Ausschau. Ein Schuhgeschäft erregt meine Aufmerksamkeit und ich habe Glück im Unglück: Den Turnschuh gibt es zwar nicht mehr in meiner Größe (auch dann wäre ein Freudentanz angemessen gewesen), dafür sind da zwei Bildschirme! Für alle Kunden gut sichtbar, entdecke ich mich auf dem Monitor. Als ich den linken Arm anhebe, bewegt sich auf dem Screen meine rechte Seite. Ha! Wie spannend für das Gehirn! Ich mache ein paar Moves und spiele mit dem Spiegeleffekt. Die Verkäuferin beobachtet mich und flüstert mir zu: »Die Kamera nimmt auf!«

»Das habe ich gehofft!«, erwidere ich erfreut. Sie schaut irritiert-interessiert, mit diesem »Was läuft bei ihr ab?«-Blick, und ich konzentriere mich auf ein paar weitere Tanzschritte. Irgendwie hoffe ich, dass eine Sicherheitskraft die Bilder zu Gesicht bekommt. Ich könnte ja neben einem Ladendiebstahl oder an einem total unspektakulären Arbeitstag eine willkommene Abwechslung sein … Und, wer weiß, sogar zum Mittanzen einladen?!

Bewertung

Wie sich herausstellt, gibt es dank der Anzahl an Überwachungskameras in einer Stadt täglich reichlich Gelegenheit für diese Geste. Wenn ich mit Freunden unterwegs bin, bringt es noch mehr Spaß, einige von ihnen wissen mittlerweile schon um meinen Wunsch, mit ihnen zu tanzen, wenn wir eine Kamera entdecken. Wer möchte, kann sogar einen Schritt weiter gehen und eine kurze Überwachungs-Choreo mit Kolleginnen und Kollegen einstudieren. Es bringt Spaß, so den Alltag aufzupeppen, und alle Beobachter, die ich bis jetzt erlebt habe, haben stets positiv überrascht reagiert. Ein Verkäufer beim Gemüsehändler um die Ecke hat sich von mir anstecken lassen: Er legt mit Gangster-Moves los, sobald ich den Laden betrete. Auch wenn niemand live zugegen sein sollte, kann es sein, dass die Bilder jemanden erheitern. In meinen Gedanken ist auf der anderen Seite nicht nur Technik, sondern sitzt ein Mensch! So oder so, die spontanen Tanz-Trigger sind gut fürs Gemüt.

ZEITAUFWAND Eine Minute **KOSTEN** Keine! **FÜR WEN GEMACHT?** Für hemmungslose Tanzbegeisterte

GESTE²

Tanz für die Straßenmusiker

CHANTAL. Tanzen ist pure Lebensfreude, daran hat mich Melanies Geste mal wieder erinnert. Zusammen mit meiner vierjährigen Tochter habe ich sie deshalb etwas abgewandelt und wie folgt umgesetzt: An einem Nachmittag, an dem wir viel in der Stadt unterwegs waren, haben wir uns bei jedem Straßenmusiker Zeit genommen und uns von den Klängen zu wilden, rhythmischen oder auch mal ganz sanften Bewegungen inspirieren lassen. Nachdem ich meine erste Scheu überwunden hatte (Tanzen in der Öffentlichkeit, argh!), hat das Ganze nicht nur uns beiden, sondern auch vielen Passanten und den Musikern selbst viel Freude gemacht. Aus wippenden Füßen wurde dabei im Handumdrehen ein swingender Tanzpartner!

TANZ UND MINDFULNESS

oder: Wie wir Step by Step zur Achtsamkeit gelangen

MELANIE. Als die Schweizer Band Hecht mir ein E-Mail schrieb, weil sie sich choreografische Hilfe für ihr nächstes Musikvideo von mir wünschte, war ich begeistert. Fünf Männer, die gern tanzen! Sensationell!

»Uns ist absolut klar, dass aus uns keine Wundertänzer werden, aber um das geht's nicht«, fügte der Kopf der Band zum Schluss an. Genau, um das geht's nicht. Worum geht's beim Tanzen also?

Bevor ich dazu komme, lass mich einen kleinen Abstecher zu Mindfulness machen, und was es bedeutet. Auf Deutsch wird das Wort mit »Achtsamkeit« beschrieben oder auch mit »zielgerichtete, nicht wertende Aufmerksamkeit auf Gedanken, Gefühle, Körper und Umgebung«. So zu finden im ersten Text, den ich bei meiner Onlinerecherche anklicke. Besser kann und will ich es nicht formulieren, denn ich möchte mit dir gleich zum Effekt von Mindfulness weiterfahren: Reduktion von Stress, gesünderer Lebensstil, gesteigertes Mitgefühl, weniger Ängste, bessere Sozialkompetenz, mehr Selbstakzeptanz, Entwicklung neuer Perspektiven, stabileres psychisches Gleichgewicht.

Mindfulness ist also ein regelrechtes Wahrnehmungstraining. Nun klingt das nach viel Übung, vielleicht jahrelangem Studium, um seine Gedankenimpulse besser kontrollieren zu lernen. Es ist ähnlich, wie eine neue Sprache zu erlernen: Man muss auch erst die Symbole kennenlernen, bevor man überhaupt Wörter zusammenstellen kann, um irgendwann, nach zwei Jahren vielleicht, einen Satz wie folgt zu formulieren: »Ich verlasse meinen Autopilotenmodus und eröffne dadurch Freiräume zwischen der Wahrnehmung und meiner Reaktion darauf.« Kompliziert? Muss es nicht sein. Ich verrate dir eine Abkürzung: tanzen!

Wenn du einen Tanzkurs besuchst, kannst du Mindfulness auf spielerische Art erleben und trainieren. Egal, ob nun Tango, Walzer, Salsa, Ballett, Breakdance, Tanz der Derwische, Modern Dance, Street

Style, West Coast Swing, Volkstanz, Burlesque, Jazz, Afrodance oder Voguing… Eine Tanzstunde kann den Mindfulness-Effekt wie oben beschrieben auslösen. Deine Aufgabe ist dabei einfach, einen Stil und einen/eine Lehrer/-in zu finden, der oder die gefällt. Der erste Tanzstundenbesuch braucht vielleicht etwas Überwindung, aber es lohnt sich! Wie Hecht so schön gesagt hat, geht es eben nicht darum, dass du ein Wundertänzer wirst. Sondern einfach darum, dass du tanzt und als Nebeneffekt Mindfulness erlebst.

Wenn du deine Gedanken mit Tanz unterhältst, ja deinen Spaß daran findest, ist dein Monkey Mind (wenn deine Gedanken wie bei einem wild gewordenen Affen herumturnen) friedvoll beschäftigt. Wir fühlen uns in Folge optimal stimuliert und erfahren gleichzeitig Entspannung. Wir spüren einen feinstofflichen Zauber, der in der Luft hängt, eine Vibration. Klingt abgefahren, ist es auch. Ich hoffe, du hast es schon erlebt. Wenn nicht: Freu dich drauf! Wir sind nämlich gemacht dafür. Ja, wir sind zum Tanzen gemacht. Und so nebenbei ist es genial gesund und in vielerlei Hinsicht wissenschaftlich untermauert, dass diese physische Tätigkeit unseren Fokus stärkt, unsere Selbstwahrnehmung, eine flexiblere Denkart und unsere Kreativität. Tanzen verändert deine Denkstruktur, dein Gehirn (entgegen früheren Behauptungen wissen wir heute Dank der Neurowissenschaft, dass das Gehirn dynamisch ist). Es wirkt auch vorbeugend gegen Alzheimer und hilft bei Posttraumatischem Stress. Tanzen ist sozusagen die beste multifunktionale »Droge«, die du dir vorstellen kannst. Und für jedes Alter geeignet: Meine älteste Kundin ist 74 Jahre alt und wenn ihre Füße nicht wollen, tun wir es auch im Sitzen.

Außerdem macht es dich sexy! Ich meine jetzt nicht das äußerliche Sexy, das ist ohnehin subjektiv. Ich meine deine innere Sexiness. So, wie du dich fühlst. Deine Energie, Vitalität, Auftrittskompetenz, Präsenz. Auch die Erweiterung deiner Facetten, die du im Tanz erfährst, ist attraktiv. Die Art von Attraktivität, die zum Mitspielen einlädt. Nicht im Sinne von »Ich will dir an die Wäsche«, sondern von »Ich mag deine Art, deinen Spirit, die Symphonie, die du spielst«.

Im Tanz finden wir Möglichkeiten zu einem respektvollen, friedlichen Miteinander. Als ich mit den fünf Jungs von Hecht im Studio war, gab es laute Musik, linke Füße, losgelöste Arme, luftige Sprünge – und keine Langeweile. Sie wurden von sich selbst überrascht, lernten ihre Körper neu kennen, ließen sich auf neue Bewegungen ein. Resultat? Viel ansteckender Spaß! Das sieht man auch in ihrem Videoclip »Gymnastique«, der bei den besten Schweizer Musikvideos zum Publikumsliebling gekürt wurde. Ihre explodierende Fangemeinde feiert an Konzerten tanzend mit. Weil die fünf Männer mit vollem Körpereinsatz mitfühlen und über Lebenslagen singen, die wir alle kennen: »Jetzt sind wir am Tanzen, Tanzen, Arsch an Arsch am Tanzen. Wir haben uns noch nie in die Augen geschaut, aber Arsch an Arsch kommt das Leben gut!« Weil die Menschen in der Menge sich darin wiedererkennen und akzeptiert fühlen. Weil sie ihre Sorgen vergessen und ganz im Jetzt sind. Ein spanisches Sprichwort sagt so schön: »Niemand kann dir nehmen, was du getanzt hast.« Dein Tanz gehört dir, für immer. Du kannst dich und deine Umwelt damit bereichern, egal, ob du Lehrer, Wissenschaftler, Architekt, Arzt, Verkäufer, Musiker, Bäcker, Beleuchter, Bauarbeiter oder Babysitter bist. Dance! Auch wenn es nicht in einer Tanzstunde ist, auch ganz ohne Choreographie, hat es seinen Effekt. In den eigenen vier Wänden, bei einem Konzert, im Club, allein, unter Freunden oder Fremden. Tanzen bewegt! Deinen Verstand, deinen Körper, deine Seele. Also brich wieder mal in einen Freudentanz aus, auch wenn noch keine Freude da ist. Der Effekt der Rückkopplung funktioniert nämlich auch hier.

Du hast Startschwierigkeiten? Hüpfe einfach mal los! Es ist fast unmöglich, hüpfend eine Schnute zu ziehen. So, genug geschrieben, ausprobieren. Viel Spaß!

22. Freie Fahrt ins Glück

CHANTAL. Wir Berliner können auf den ersten Blick etwas schroff rüberkommen, doch mit der Zeit zeigt sich stets: hart, aber herzlich. Des Öfteren ist mir das am Fahrkartenautomaten aufgefallen. Alle paar Monate habe ich einen kleinen Glücksmoment, in dem mir jemand seine Karte zur Weiterfahrt schenkt oder sie einfach beim Automaten selbst zur Weiterbenutzung liegen gelassen hat. Und jedes Mal freue ich mich riesig darüber, habe oft auch ein sehr nettes Gespräch und steige mit einem Grinsen in die Bahn, die ich sonst manchmal eher grimmig besteige – wer in Berlin schon mal U-Bahn gefahren ist und die Stimmung oder Luft darin überlebt hat, versteht das sicherlich. Mit dieser Geste mache ich mich daran, dieses Glück weiterzugeben!

KLEINE GESTE, LEICHT GEMACHT

Benötigt werden: eine Fahrkarte und etwas Mut zum Ansprechen oder etwas Kreppband/Washi Tape zum Befestigen.

Du hast ein übertragbares Tagesticket oder deine Fahrkarte gilt noch ein paar Stunden und du brauchst sie nicht mehr? Dann nimm sie nach deiner Fahrt in die Hand und schenke sie der nächsten Person am Fahrkartenautomaten.

Oder wenn es mal schnell gehen soll und gerade niemand in Sicht ist: Schreib eine kleine Notiz an den Rand, wenn du Lust hast, zum

Beispiel »Bereit für die Weiterfahrt!« oder »Geschenk an den nächsten Großstadtbummler«. Nimm ein Stück leicht lösbares Klebeband und befestige die Fahrkarte gut sichtbar am Fahrkartenautomaten, sodass die nächste Person sie erblickt, bevor sie sich eine neue Karte zieht.

So hat Chantal es umgesetzt

Da ich mich mit Baby im Schlepptau gerade wenig aus meinem Kiez und seiner Westberliner Kleinstadtidylle hinauswage, benutze ich nur selten Bus und Bahn. Wenn doch, kaufe ich meist ein Tagesticket, um entspannt den Tag über durch die Stadt fahren zu können. Meine eigene Schüchternheit hat mich bisher davon abgehalten, das Ticket an andere weiterzugeben, aber diese Woche lasse ich mich von ihr nicht stoppen, das habe ich mir fest vorgenommen.

Nach einem Tag in Ämtern und Cafés komme ich mit Baby in der Trage wieder bei meiner Station an. Die Fahrkarte habe ich schon in der Hand, leicht zerknittert, aber noch bis um drei Uhr nachts gültig, und jetzt ist es erst halb vier am Nachmittag. Am Automaten steht ein Herr um die 50, Marke Gymnasiallehrer, mit der Art von Stirnfalte, Blick und Brille ausgestattet, die Abstand und ein Siezen fordern. Er kramt gerade in seiner Geldbörse, scheint aber nicht die passenden Münzen zu finden. »Entschuldigung«, spreche ich ihn leise von der Seite an. Er schaut nicht auf, also versuche ich es ein zweites Mal, diesmal etwas lauter und mit Ausrufe- statt Fragezeichen in der Stimme: »Entschuldigung!« Sein Blick richtet sich auf mich, abwehrend und fragend zugleich. »Ich will Ihnen nichts verkaufen«, wiegle ich sofort ab, »ich wollte Ihnen nur etwas schenken.« – »Mir?« Er schaut mich verdutzt an, die Falte auf seiner Stirn wächst bedrohlich. »Aber Sie kennen mich doch gar nicht!« – »Nein, aber ich weiß, was Sie brauchen könnten«, antworte ich mutig und zücke meine Fahrkarte. »Genau das hier.« Und drücke sie ihm in die Hand. Jetzt ist er sprachlos, die Stirnfalte verschwindet und stattdessen erscheinen Grübchen auf seinen Wangen. Grübchen! Ich kann es fast nicht glauben, wie anders er lächelnd aussieht. Richtig charmant, mit einem Anflug von Röte und Verlegenheit. Und weil heute mein mutiger Tag ist und ich einiges von meinem Komplimente-Experiment gelernt habe, sage ich ihm das auch direkt. »Danke«, stottert er. »Gern geschehen«, entgegne ich, »und Ihnen noch einen wunderbaren Tag!« – »Den werde ich jetzt definitiv haben, auch wenn er ganz anders begonnen hat.«

Ich frage nicht weiter nach, denn in seinen Worten liegt eine Schwere, die gerade nicht berührt werden möchte. Stattdessen lächle ich nur und verabschiede mich. Als ich schon fast bei der Rolltreppe bin, ruft er mir noch etwas hinterher. Ich drehe mich um und er wiederholt es: »Ich werde es Ihnen nachmachen, das ist eine tolle Idee! Die Karte verschenke ich nach meiner Fahrt gleich weiter.« Güte, die Güte sät. Was für ein Geschenk und ein besonderer Augenblick, der sonst an uns beiden vorbeigezogen wäre.

Beim zweiten Mal bin ich um einiges entspannter und freue mich geradezu schon auf den Akt des Verschenkens. Doch heute ist der Bahnsteig ziemlich ausgestorben und niemand wartet am Automaten auf mich. Kein Problem, ich habe mich vorsorglich mit Washi Tape ausgestattet und hole einen Stift aus der Tasche. »Freie Fahrt ins Glück«, schreibe ich auf den Rand des Tickets und male ein kleines Herzchen daneben. Nach raschem Blick nach links und rechts reiße ich etwas buntes Tape ab und klebe die Fahrkarte direkt über dem Bildschirm an den Automaten, sodass sie einem gleich ins Auge fällt, wenn man davorsteht. Eine Leichtigkeit erfüllt mich und mit Bildern davon, wie sich eine Person darüber freut, schlendere ich nach Hause.

Bewertung

Diese Geste ist eine wunderbare Möglichkeit, ohne großen Aufwand anderen eine kleine Freude zu bereiten. Mir hat dabei die Variante, bei der ich den überraschend netten Herrn angesprochen habe, sogar noch mehr Spaß gemacht als das Guerilla-Verschenken mithilfe von Washi Tape. Der direkte Kontakt ist doch etwas anderes und es war ein großes Geschenk an mich und meinen Tag, zu sehen, wie sehr sich auch die Stimmung meines Gegenübers durch unser kurzes Miteinander verändert hat.

Varianten

Ticket-Sharing statt Car-Sharing ist hier das Zauberwort. Wer eine Zeitkarte für den öffentlichen Nahverkehr besitzt, kann sie nach der Nutzung unter bestimmten Bedingungen gut weitergeben. Informiere dich am besten immer vorab, was in deiner Stadt oder beim Verkehrsverbund vor Ort rechtens ist. Ich habe das mittlerweile in Berlin mit einer Wochenkarte ausprobiert, die ich über die Nachbarschaftsplattform nebenan.de zum Ausleihen angeboten und damit einigen Menschen eine große Freude bereitet habe. In Hamburg ist das aber zum Beispiel nicht möglich, weil die Tickets dort, bis auf Einzelfahrkarten und Tagestickets, personalisiert sind.

Oft werden bei regionalen Bahnfahrten Tickets für mehrere Mitfahrer angeboten, die nur geringfügig teurer als Einzelkarten sind. Hier kannst du, wenn du rechtzeitig am Bahnhof bist, andere direkt am Automaten ansprechen und so vielleicht eine günstige Fahrt und ein nettes Gespräch obendrein ergattern.

Auch ein schönes Geschenk an einen anderen Menschen: Wenn die Bahn mal wieder Mitfahrertickets verschenkt und du selbst gerade allein unterwegs bist: das zweite Ticket einfach gratis auf einer Mitfahrerplattform oder deinen Freunden anbieten.

ZEITAUFWAND Maximal zehn Minuten **KOSTEN** Keine! Hier wird einfach nur weitergegeben statt etwas extra gekauft **FÜR WEN GEMACHT?** Für Bahnfahrer und Busfans

23. Kleine Fehler? Großes Potenzial!

Packe die Gelegenheit, emotionale Agilität zu üben, beim Schopfe, und werde zum Zauberlehrling!

MELANIE. Fakt ist, dass Menschen mit emotionaler Agilität, also Personen, die auf das Leben inklusive dessen Krisen flexibel reagieren, glücklicher sind. Starre Regeln und fixe Strukturen können für uns selbst und unsere Umgebung zu einem Gefängnis werden. Langfristig sind wir also besser damit bedient, Leitlinien anstatt Dogmen zu definieren. Denn erste können je nach Situation eine Ausnahme erfahren. Und das Leben ist voller Abweichungen! Gerade da, wo viele Menschen notgedrungen aufeinandertreffen, ist Menschlichkeit im Spiel, und darum ist es auch keine Seltenheit, dass Fehler passieren. Oder, wie es der Künstler Bob Ross in seinen Kult gewordenen Fernsehmalkursen ausgedrückt hat: »Wenn es mal nicht genauso geht, wie wir wollen, denken wir daran: Wir machen keine Fehler. Wir haben lustige, kleine Unfälle.«

KLEINE GESTE, LEICHT GEMACHT

Ich nehme mir vor, bei der nächsten Gelegenheit emotionale Agilität bewusst zu leben. Diese Übung lässt sich in vielerlei Situationen anwenden. Jemand hat sich an der Kasse an mir vorbeigedrängelt? »Happy little accident« anstatt »Wieso stellt der Scheißkerl sich nicht an das Ende der Schlange?«. Eine Person tanzt aus Versehen in mich hinein und der Rotwein malt ein Muster auf meine weiße Bluse? »Kunst!« anstatt »Blöde Kuh!«. Auch wenn man selbst einen Fauxpas begeht, sollte man nicht so streng mit sich sein: »Ich Idiot!« ist eine harte Aussage, die wir oft unbedacht machen. Wieso nicht gegen »Ich Zauberlehrling!« austauschen? Wir lernen gerade dank unserer Fehltritte ständig dazu. Wachstum passiert Schritt für Schritt, und Humor ist dabei ein guter Begleiter.

So hat Melanie es umgesetzt

Mit diesem Leitfaden gewappnet, finde ich mich schneller als erwartet in entsprechender Lage wieder. Als ich in das Flugzeug von Berlin nach Zürich steige, lese ich auf meiner Bordkarte »Sitz 14B«. So ein Mist! Wegen einer Umbuchung habe ich keinen Fensterplatz erwischt und bin sofort genervt und enttäuscht. Den Sitz in der Mitte mag ich gar nicht. »Stopp!«, sage ich zu mir. Ich hatte so einen traumhaften Aufenthalt in Berlin, da will ich meine Gefühlslage nicht wegen dieses »Fehlers« beeinträchtigen. »Happy little accident«, denke ich, und setze mich auf 14B, rechts von mir ein Herr, links von mir eine Dame. Beide nicken kurz, ich nicke zurück, und die Selbstkasteiung in meinem Kopf ist gekappt. »Entschuldigen Sie, ich glaube, Sie sitzen auf meinem Platz …«, sagt da eine freundliche Männerstimme zu mir. Ich schaue nach oben. Tatsächlich: Da steht »12B«. »Ich … Zauberlehrling!«, sage ich zu mir. Ha, gerade noch rechtzeitig ertappt! »Sie haben recht, bitte verzeihen Sie«, und bevor ich mich aus dem Sitz schälen kann, erwidert der Herr: »Keine Ursache, bleiben Sie nur sitzen, wir kommen ja alle gleichzeitig in Zürich an. Ich nehme Ihren Platz«, und steuert den Sitz zwei Reihen weiter hinten an. Offenbar ein geübter Zauberer, dieser Mitflieger! Ich schätze seine Flexibilität, bleibe unverkrampft und döse noch vor dem Abflug weg. Erst als meine Sitznachbarin am Fensterplatz heftig zuckt, werde ich wach.

Schnell stelle ich fest, dass sie eine Panikattacke hat. »Are you okay?«, frage ich besorgt. Sie nickt verspannt, um dann wieder heftig mit den Armen auszuschlagen, während das Flugzeug beim Abheben den Windverhältnissen trotzt. »Wir können Händchen halten, wenn das hilft«, sage ich lächelnd. Ich meine es ernst. Sie entschuldigt sich und erklärt, dass sie sich wirklich schämt. Weil sie Touristenführerin ist und so oft fliegt, aber dennoch bei windigen Startflügen Panik bekommt. »Oh, das ist eine gute Nachricht. Wissen Sie, ich bin Coach, und so kann ich meinen Kunden erzählen, dass man trotz Flugangst seinen Traumberuf als Touristenführer ausüben kann. Ich nehme an, Sie üben diese Tätigkeit sehr gern aus?« Mein Ablenkungsmanöver hilft und wir bleiben den gesamten Flug über im Gespräch. Das Gefühl von Angst kann also durchaus der Anfang einer angenehmen Konversation sein, wenn man es offen anspricht. Ich erfahre, dass Silvia, so heißt die 36-jährige Italienerin, eine Künstlerin ist, und sie zeigt mir ein paar ihrer Ölbilder auf ihrem Handy. Als ich ihr Talent bewundere, sagt sie spontan: »Wenn du wieder nach Berlin kommst, male ich dich!« Ich staune, denn ein Porträt war schon lange ein geheimer Wunsch von mir und ich hatte mir bereits einige Künstler auf Instagram angeschaut. Die Zeit vergeht wahrlich wie im Flug und direkt nach der Landung fasst Silvia mit der Hand an meine Schulter und lehnt kurz ihren Kopf an mich: »Oh, du bist ein Engel, ich danke dir!«, sagt sie erleichtert, während wir zum Gate rollen. »Ich habe zu danken«, erwidere ich strahlend, »was für eine wunderbare, unerwartete Begegnung.« – »Und das alles nur, weil du auf dem falschen Sitz gelandet bist!«, ergänzt Silvia. Mein Herz lacht.

Bewertung

Wegen eines »happy little accidents« bin ich um eine Bekanntschaft reicher und wie es aussieht, wird mir in der Zukunft noch ein Herzenswunsch erfüllt. Das alles, weil ich selbst nicht stur vor mich hingegrummelt habe und ein Herr lächelnd meinen »Fehlsitz« übersah. Zauberhaft! Zudem habe ich entdeckt, dass ich für Menschen mit Flugangst eine gute Nachbarin abgebe. Eine Qualität, von der ich bisher nichts wusste. Es kann sich also in zweierlei Hinsicht lohnen, emotionale Agilität zu üben: Erstens kann man neue Eigenschaften an sich selbst entdecken, zweitens erlaubt die Gelassenheit vielleicht, gemeinsam mit einem Mitmenschen eine sonst spannungsgeladene Situation anders zu erleben. Also: einfach mal locker bleiben, unvorhergesehene Umstände nicht gleich schwarzmalen, und wer weiß, vielleicht entdeckst du dank einem schreienden Kind im Flugzeug, dass du das Zeug zur Super-Nanny hast. Schon bist du dem lang ersehnten Karrierewechsel aus dem Büro hinaus in eine neue Umgebung einen Fehlschritt näher!

ZEITAUFWAND Null **KOSTEN** Keine! **FÜR WEN GEMACHT?** Menschen, die »happy little accidents« willkommen heißen

24. Mit Handicap zum Held

GAST-GESTE VON MICHEL F. – MELANIE. Im Jahr 2014 entdeckte ich eine Facebook-Freundschaftsanfrage in meinem Profil, die ich nach anfänglichem Zögern (wer ist diese mir fremde Person?) annahm. Ein Glücksgriff!

Michel ist ehrenamtlicher Botschafter für eine neuartige Handprothese, die er selbst trägt: Er ist ohne rechte Hand zur Welt gekommen.

Es ist ihm ein großes persönliches Anliegen, den Bekanntheitsgrad dieses Hilfsmittels in der Gesellschaft zu steigern, um Menschen mit dem gleichen Handicap zu erreichen und ihr Leben zu erleichtern. Als ich Michel vier Jahre später um ein Interview zu seinem Engagement bitte, sagt er sofort zu. Bei unserem ersten Telefongespräch beeindruckt mich folgender Satz: »Der stärkste Muskel eines Superhelden ist sein Herz.« Ein Zitat von Bionicman, der Superhelden-Comicfigur, die Michel ins Leben gerufen hat, um gegen Berührungsängste und Mobbing anzukämpfen.

KLEINE GESTE, LEICHT GEMACHT

Michel erzählt mir in unserem Skype-Interview, dass er ohne rechte Hand auf die Welt kam. Im Alter von 37 Jahren erhielt er von der schottischen Firma Touch Bionics seine erste Hightech-Hand – die modernste auf dem Markt. »Hilfreich und spannend«, war Michels erster Eindruck, doch muss das Ganze auch pragmatisch betrachtet werden: Die Roboterhand erreicht lediglich 15 % von der Mobilität einer menschlichen Hand. Dies öffnete Michel die Augen. »Wie komplex und unerreicht doch die Bewegungen einer menschlichen Hand sind. Muskelimpulse, Feinmotorik, Nerven … ein wahres Wunderwerk. Ich sagte mir: Sei nicht traurig, ohne rechte Hand geboren zu sein, sei dankbar, eine linke Hand zu haben.« Mit dem Teilen seiner berührenden Erkenntnis löst Michel bei mir ebenfalls Gefühle der Dankbarkeit für meine zwei funktionierenden Wunderwerke aus.

Und wie kam es, dass sich sein Handicap in eine Superkraft verwandelt hat? Die Kinder haben Michel auf die Idee gebracht, einen Cartoon ins Leben zu rufen, der sich um einen Superhelden mit Handicap dreht. Aber der Reihe nach: »Wenn Kinder meine künstliche Hand sahen, fragten sie mich, ob meine Zauberhand über Superkräfte verfüge. Verneinte ich, waren sie jeweils sichtlich enttäuscht.« Also änderte Michel seine Antwort: »Kann gut sein!« Die Kinder waren begeistert und Bionicman war geboren. Michel schrieb dem Schweizer Comiczeichner David Boller, der jahrelang in den USA Batman und Spider-Man gezeichnet hat. Noch in derselben Woche entstand die erste Episode des Superhelden mit Handicap. Das war der Beginn einer engen Zusammenarbeit und einer wundervollen Freundschaft.

So hat Michel es umgesetzt

Über den Bildschirm spüre ich Michels Begeisterung und fühle seinen brennenden Herzenswunsch, mit Bionicman Brücken zwischen Menschen mit und ohne körperliche Beeinträchtigung zu bauen. »Die Heldenfigur soll enthindern und zum Nachdenken anregen. Die Menschen sollen lockerer und respektvoller mit dem Thema ›Behinderung‹umgehen.«

»An Prothesen muss nicht ein verstaubter Beigeschmack kleben. Sie können cool, farbig, poppig sein. Es ist Zeit für einen frischen Wind. Da kommt ein Cartoon wie gelegen. In der Cartoon-Industrie findet gerade eine weitreichende Bewegung statt. Heute kann jeder ein Superheld sein; auf seine ganz besondere Art. Wir müssen das Thema breiter machen. Diversifizierter. Authentischer! Weg von diesem Ideal, hin zu echtem Selbstwertgefühl«, so Michel. Der einhändige Superheld Bionicman macht sich in seinen Abenteuern für schwächere und benachteiligte Mitmenschen stark. Michel ist für das Storytelling zuständig und David Boller für die künstlerische Umsetzung. Besonders großes Interesse an den Comics zeigen übrigens Schulen. Sie bauen Bionicman aktiv in Projekte zum Thema »Enthinderung statt Behinderung« ein.

Als ich auf Michels Website das strahlende Gesicht der kleinen Olivia ohne linke Hand beim Lesen von Bionicman sehe, wird mir richtig warm ums Herz. Den Tiefen meiner Seele wird ein »Aaaaaaaawww« entlockt und ich muss ein paarmal schlucken. »Kinder können sehr verletzend sein, was Mobbing in Schulen anbelangt, darum bin ich mit so viel Herzblut dabei. Damit Kinder mit einer körperlichen Beeinträchtigung es im Schulalltag leichter haben«, fügt Michel hinzu.

Bewertung

Michel zuzuhören ist ein wahrer Genuss. Man merkt, dass es ihm um seinen Herzenswunsch geht, nicht um die Aufmerksamkeit an seiner Person: »35 Jahre lang schämte ich mich für meine Behinderung und versteckte sie, so gut ich konnte«, erzählt er. »Dann wagte ich den Schritt. Ich ›outete‹ mich, öffnete mich innerlich. Das war eine versöhnliche Geste. Ich habe mich bei meinem Armstumpf entschuldigt für all die Jahre, die ich ihn versteckte und verstieß – habe mit ihm Frieden geschlossen. Das war ein sehr emotionaler Moment. Ich danke all den Menschen, die mich auf dieser Reise unterstützten.«

Als Teenager verliebte sich Michel in Julia, ein Mädchen aus dem Nachbardorf. »Julia wusste nichts von meiner fehlenden Hand. Um mein körperliches ›Defizit‹ zu verstecken, habe ich mir vor unserem ersten Treffen eine Gipshand gebastelt und vorgegeben, ich hätte mir beim Skateboarden die Hand gebrochen.« Das schlechte Gewissen plagte den Jungen aber so sehr, dass er nach zwei Tagen die Katze aus dem Sack ließ. Und Julia sagte: »Ob du drei Ohren oder nur eine Hand hast, ich mag dich, wie du bist.«

Ich frage Michel, was er sich von seiner Umgebung in Bezug auf sein Handicap wünscht. »Für Menschen mit einer körperlichen Behinderung wird bei uns in der Schweiz schon viel getan, hier hat jeder das Recht auf ein orthopädisches Hilfsmittel. Das ist nicht selbstverständlich. Ich finde, jeder muss für sich entscheiden, wie er mit seinem Handicap leben möchte – ob er Hilfsangebote annehmen oder prothesenfrei seinen Alltag meistern will.« Bietet man Menschen mit einer körperlichen Beeinträchtigung Hilfe an, fühlen sich manche diskriminiert, andere empfinden es als aufmerksam. »Wenn ich keine

Hilfe wünsche, antworte ich mit einem Lächeln: ›Dankeschön, aber das mach ich mit links!‹« Klar gebe es auch Momente, in denen er mit seinem Schicksal hadere. Doch seit er seine körperliche Behinderung akzeptiere, gehe ihm vieles leichter von der Hand. »Da bleibt keine Zeit für Selbstmitleid.«

Auf meine Frage, ob er aufgrund seiner persönlichen Erfahrungen etwas empfehlen möchte, meint Michel: »Oft sehen wir nur das Kleine, Störende, wie eine summende Mücke, welche nachts über unser Bett kreist, und fokussieren unsere ganze Energie auf sie, anstatt das bequeme Bett zu schätzen. Selbstmitleid war nie ein Thema. Schließlich hat jeder von uns seinen Rucksack, physisch und/oder psychisch, zu tragen. In Kanada nennen sie Menschen mit Handicap ›People with special needs‹, ich mag diesen Ausdruck. Dabei kann gerade ein vermeintliches ›Defizit‹ auch ein Grund zur Erstarkung sein, ein Added Value. Für die Person und die Gesellschaft. Dank meiner Prothese durfte ich spannende Persönlichkeiten kennenlernen, welche ich zweihändig vielleicht nie kennengelernt hätte. Auch wenn ich mit meiner bionischen Hand 25 programmierte Griffmuster abrufen kann, so ist doch der wichtigste Griff der 26. – der Griff, entspannter auf Menschen zuzugehen. Vielleicht schon bald in Japan, wo Bionicman nächstes Jahr lanciert wird.«

Ich wünsche es Michel und danke ihm für das herzliche, offene Interview. Das Datum für die Präsentation des ersten Bionicman-Taschenbuchs trage ich mir sofort ein.

ZEITAUFWAND Individuell **KOSTEN** Individuell **FÜR WEN GEMACHT?** Menschen, die ihr Handicap in eine Heldengeschichte verwandeln möchten

25. Vitamin W wie Wertschätzung für einen anderen Beruf

MELANIE. Wertschätzung spielt eine sehr wichtige Rolle in unserer Gesellschaft, und ein Mangel davon ist mit ein Grund für chronische Unzufriedenheit oder Burnout. Du hast vielleicht selbst schon die Erfahrung gemacht, dass es deine Arbeitsmoral positiv beeinflusst, wenn du von deinem Vorgesetzten oder den Mitarbeitern Anerkennung bekommst. Es macht einen Unterschied und hilft phasenweise sogar über unbefriedigende Lohnverhältnisse hinweg. Das heißt nicht, dass wir es aufgeben sollen, in gewissen Berufsständen für bessere Lohnverhältnisse zu kämpfen, ganz im Gegenteil. Vielleicht hilft gerade das Vitamin-W-ertschätzung, dass der Kampf nicht aufgegeben wird. Und selbst wenn die Lohnverhältnisse stimmen: Schaden tut eine extra Portion Anerkennung kaum.

KLEINE GESTE, LEICHT GEMACHT

Meiner Meinung nach gibt es zwei Berufsstände, in die jeder mal einen Einblick haben sollte: die Gastronomie und die Altenpflege, Letztere verbunden mit dem dazugehörigen Sterben. Essen müssen wir alle. Altwerden ist ein Privileg. Und wer es wird, soll dies in Würde tun können. Wir als Gesellschaft können das einfordern. Leider tun wir es kaum oder erst, wenn wir betroffen sind. Dann reicht die eigene Kraft oft nicht mehr aus und wir können nur hoffen, dass die schwungvolle nächste Generation das Thema aufgreift und würdig gestaltet. Als ich Tschée auf einer Geburtstagsparty kennenlerne, werde ich augenblicklich in ihren Bann gezogen. Sie hat eine Lebendigkeit und Fröhlichkeit an sich, die mitreißt. Umso erstaunter bin ich, als ich erfahre, dass diese 35 Jahre junge Frau voller farbiger Tattoos von Beruf Bestatterin ist. Zudem ist sie die einzige Frau in Zürich, die dieser Arbeit nachgeht. Mein erster Impuls ist Neugier, gefolgt von Ehrfurcht. Ich denke an meine Großmutter und wie positiv überrascht ich war, als ich sie nach ihrem Ableben im Abschiedsraum besucht hatte. Sie hat so hübsch ausgesehen, als wenn sie schlafen würde. Da steckt eine Kunst dahinter, denke ich mir. Weil ich den Personen, die diese Beschäftigung ausüben, meine Wertschätzung entgegenbringen möchte, frage ich Tschée, ob ich sie einmal während ihrer Arbeit begleiten darf. Nach Rücksprache mit ihrem Chef habe ich ihre Zustimmung.

So hat Melanie es umgesetzt

Als ich um 12:45 Uhr im Bestattungsamt Zürich ankomme, stellt mich Tschée gleich ihrem Team vor. Ich drücke den Männern in dunklen Hosen und sanft-grauen Hemden einzeln die Hand. Tschée trägt die gleiche Dienstkleidung, ich ein weißes Oberteil und schwarze Hosen. Sie hat richtig getan, mich über die angemessene Kleidung hier vor Ort zu informieren. Als sie mir ihren Chef Rolf vorstellt, staune ich über seine vielen Lachfalten. Er stimmt sogleich einen Lobgesang an:

»Tschée ist ein Geschenk des Himmels! Eine Frau bei uns im Team zu haben, ist ein Segen. Sie hat so manche Geste bei uns eingeführt, mit der wir den Verstorbenen auf ihrer letzten Reise dienen können. Einen bestimmten Lippenbalsam zum Beispiel oder Trockenshampoo, das ist was ganz Tolles. Die Angehörigen schätzen es, wenn ihre verstorbenen Familienmitglieder oder Freunde gepflegt aussehen.« Rolf beschreibt gestenreich, wie fettiges Haar wie von Zauberhand wieder Volumen bekommt. Als ich das Thema unseres Buches erkläre, kann ich die Weisheiten, die als Reaktion aus ihm heraussprudeln, kaum alle notieren: »Schön, dass du hier bist, um deinen Horizont zu erweitern und unserem Beruf Achtung zu schenken! Aber denk daran: Es geht darum, die eigenen Grenzen zu erweitern, nicht, sie zu überschreiten. Wenn dir etwas Angst macht oder du dich überfordert fühlst, sag es uns. Abhärtung ist hier bei uns gar kein Thema. Meine Gefühlswelt ist nach 37 Jahren als Bestatter alles andere als verloren. Im Gegenteil. Mitgefühl gegenüber den Angehörigen ist sehr wichtig. Nicht Mitleid! Das würde bedeuten, man würde das Elend übernehmen. Dann kann man nicht mehr funktionieren, das bringt nichts. Meine Frage ist eher: Was für ein Glück kann ich den Angehörigen mit auf den Weg geben? Du kannst heute beobachten, auch deinen Geist, und dabei herausfinden, was dir wichtig ist. Viel Freude beim Aufnehmen!«, sagt's, drückt mir sanft die Hand und geht davon.

»Wow, Tschée, ich glaube, dein Chef ist der Meister Yoda von Zürich.« Sie lacht und nickt bestätigend dazu. Dann führt sie mich in einen Raum, in dem verschieden große Särge stehen. Sie klärt mich darüber auf, dass jeder Mensch ein Anrecht auf eine Bestattung hat, dazu gehören ein Sarg, ein Kissen und ein Bestattungskleid. Während ich Tschée durch den Raum begleite, erzählt sie mir, dass die Sprache in ihrem Beruf sehr viel Feingefühl verlangt. Man spricht von »Verstorbenen«, nicht von »Toten« oder einem »Leichnam«. Man sagt »Einbetten«, nicht »Einsargen«. Mir wird schnell klar: Dieser Berufsstand ist viel mehr als »noch etwas schminken«, er umfasst ein breites Betreuungsprogramm, das Wissenschaft und Philosophie beinhaltet. Eine Arbeit, die pietätvoll und sorgfältig ausgeführt werden muss und eine gute psychische und auch physische Verfassung verlangt. Das zeigt sich sofort, als ich Tschée dabei begleiten und ihr zur Hand gehen darf, als sie eine Verstorbene in einem Heim abholt. Tschée erklärt mir, wie wir zusammen die Frau aus dem Bett in den Sarg heben können. »Bei meinem vorigen Arbeitgeber war ich immer allein. Das ist beim Bestattungsamt Zürich glücklicherweise nicht der Fall, da sind wir immer zu zweit.« Ihre Handgriffe sind sanft, ihre Berührungen so, als ob die Person vor uns einfach nur schläft. »Entschuldigung, Frau L.«, sagt Tschée, als sie ihren Kopf anhebt. »Ich rede mit ihr, weil man ja nicht weiß, ob man sich wieder trifft«, sagt Tschée lächelnd. Als Frau L. eingebettet ist, schwingt plötzlich die Tür zum Vorraum auf und zwei Pfleger eilen herein. Ob sie noch hier sei? Als sie Frau L. sehen, sind sie sichtlich erleichtert. Schnell stellen sie sich andächtig neben sie. »Gut sieht sie aus. Friedlich.« Sagen es und huschen wieder davon. Mir schießen unerwartet die Tränen in die Augen. Dass es den beiden so wichtig war, sich zu verabschieden, berührt mich. Tschée umarmt mich und lässt meinen Emotionen ihren Raum. Nachdem ich mich gefangen habe, wir wieder im Auto sitzen und mit Frau L. zum Friedhof fahren, frage ich Tschée, ob dieser Beruf sie verändert hat.

»Meine ehemals saloppe Sprache hat sich verändert! Materielles hat weniger Bedeutung für mich. Ich sehe, dass Lachen echte Lebensqualität ist. Bei vielen Dingen sage ich mir heute: Das ist keine Aufregung wert. Die Sichtweise verändert sich … Ich habe aufgehört, Menschen in ›richtig‹ oder ›falsch‹ einzustufen. Selbst fühle ich mich deswegen auch vollwertiger. Am meisten schätze ich es, wenn ich nach einem Unfall meine Kreativität einsetzen darf, damit die Angehörigen sich pietätvoll verabschieden können. Da blühe ich auf.« Tschée erzählt mir von einem Fall, bei dem ihr Kunsthandwerk gefragt war. Ich staune über ihren Magen, ich wäre dazu schlicht nicht in der Lage. »Eigentlich gebe ich keine Interviews mehr, die Journalisten wollen immer eine blutige Sensationsstory und bauschen dann die Dinge auf. Das mag ich nicht. Da wurde ich schon richtig grantig! Die wirkliche Sensation ist ja, dass wir kaum darüber sprechen, was uns eines Tages allen ausnahmslos widerfahren wird.« Da stimme ich ihr zu. Zwar werden Katastrophen wie Flugzeugabstürze auch in einer Mittagspause diskutiert, über den eigenen Tod oder den von Familienmitgliedern, Freunden oder nahen Bekannten reden wir jedoch kaum. Auch nicht im Privatleben. Oder weißt du darüber Bescheid, ob deine Mutter, dein Vater, Partnerin oder Partner, ja Kinder oder eine Freundin/ein Freund kremiert oder erdbestattet werden möchte?

Als wir eine weitere Verstorbene in einem Heim abholen, schieben wir den leeren Sarg auf einer Rollvorrichtung durch die Gänge. Die zuständige Pflegerin staunt, guckt, fasst Tschée prüfend an den

Oberarm. »Machen Frauen das jetzt auch? Sind sie denn dafür stark genug?« Tschée lacht und bejaht. »Wir Frauen sind sehr stark in diesem seelischen Bereich, das stimmt«, sagt die Pflegerin überzeugt. Im Zimmer angekommen streichelt sie die Verstorbene, sieht sie liebevoll an. »Ciao, mein Schatz, adiós, große Frau. Wissen Sie, ich war die Letzte, die sie gesehen hat.« Als ich frage, wie lange sie sich kannten, antwortet die Pflegerin: drei Monate. Ich habe keine Vorstellung davon, wie sie es aushält, alle paar Monate Abschied zu nehmen, und verneige mich innerlich, während die Pflegerin sich empfiehlt, um sich um die nächste Bewohnerin zu kümmern.

Bewertung

Der Tag war für mich voller Emotionen und es gab auch einen Moment, in dem ich mich entschuldigen musste. Gut hatte Rolf mich daran erinnert, mich nicht selbst zu überfordern. Als er am Ende des Tages wieder vor mir steht, hoffe ich auf weitere Weisheiten und muss gar nicht bitten: »Weißt du, ob nun jemand ein Mörder oder Bankdirektor war, bei mir ist die Person in anständigen Händen und wird würdevoll behandelt. Ich halte mich nicht mehr so im globalen Wertesystem auf. Wir haben oft gar keine Ahnung, was ein Mensch im Leben durchgemacht hat. Wie wollen wir da urteilen?«

Es ist eben so, wir teilen gern ein. In Gut oder Böse. In Richtig oder Falsch. Aber eines hat der Tod an sich: Er diskriminiert nicht. Er kommt für uns alle. Egal, welcher Religion wir angehören, welchen Beruf wir ausüben, wie wir aussehen, wen wir lieben oder hassen, was wir erreicht oder versäumt haben. Am Schluss sterben wir alle. Und wie wir über den Tod denken, wird von den Menschen, die tagtäglich damit zu tun haben, mitgestaltet. Wie von Tschée und Rolf. Rolf ist, so mein Fazit, ein Poet, und er hat mich gelehrt, dass gerade dort, wo Leid vorliegt, kleine Gesten eine große Rolle spielen. »Ich kenne dich noch nicht näher, aber Tschée sagt, du bist ein Sternchen. Jetzt kannst du den Menschen von den Gesten erzählen, die bis über den Tod hinaus von uns geachtet werden. Das ist wichtig. Du kannst so den Menschen etwas Angst nehmen.« Ich weiß nicht, ob mir das gelingt, aber zu wissen, dass Menschen wie Tschée und Rolf diesen Beruf ausüben, ist wirklich ein Segen. Der echte Blick in eine andere Berufswelt erweitert unseren Horizont. Vielleicht wirst du dadurch spendabler mit Trinkgeld, Spenden, Geduld oder Gelassenheit. Oder du verlierst an Vorurteilen, Überheblichkeit und Diskriminierungsdenken. Beides tut dir und deiner Umgebung gut.

ZEITAUFWAND Etwa ein halber Tag **KOSTEN** Keine **FÜR WEN GEMACHT?** Für Personen, die ihren Horizont erweitern und Mitmenschen ehren möchten

Ergänzung

Der Satz »Es ist nie zu früh – jedoch oft zu spät« hat mich dazu bewogen, eine Wichtigkeit im Zusammenhang mit dieser Geste hervorzuheben: Ich habe gelernt, dass die Wünsche für die eigene Beerdigung nicht ins Testament gehören, da dieses meist erst nach der Bestattung eröffnet wird. Am besten informiert man sich, zum Beispiel über das Portal www.deinadieu.ch oder www.bayerische-stiftung-hospiz.de. Dort findet man klare Antworten auf viele Fragen und kann auch seine Bestattungswünsche und sogar sein Testament mithilfe einer Vorlage verfassen. Neu gilt es sich auch Gedanken zum digitalen Nachlass zu machen. »Früher war alles anders«, heißt es unter der Rubrik »Dem Sterben den Schrecken nehmen«. Und weiter: »Einst bestimmten Kirchen und Gesellschaftsnormen, heute gestalten wir das individueller. Wir wissen: Abschiednehmen von einem geliebten Menschen kann Trauer und Leid, aber auch Dankbarkeit und Erleichterung auslösen.«

Sich einmal im Leben persönlich mit seinem Bestattungswunsch auseinanderzusetzen, kann die Sorge vor dem Sterben mindern und den Angehörigen die Zeit während der Trauer erleichtern.

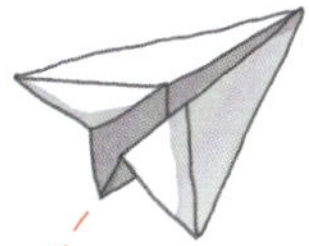

26. Ein Kettenbrief der guten Art

CHANTAL. In den letzten Monaten habe ich viel darüber gelesen, wie Güte ihre Wirkung entfaltet. Immer wieder bin ich dabei Studien begegnet, die belegen: Liebenswerte Gesten beeinflussen nicht nur die direkt involvierten Personen, sondern ziehen weite Kreise, wie ein Stein, der in einen See geworfen wird. Kann dieser Effekt auch durch den Start eines Kettenbriefs in Gang gesetzt werden? Das möchte ich mit der folgenden Geste herausfinden.

KLEINE GESTE, LEICHT GEMACHT

Am einfachsten ist diese Geste in Form einer E-Mail umsetzbar. Alternativ kann sie aber auch auf dem Postweg realisiert werden, dann brauchst du nur mehr Zeit, die genauen Adressen und einige schöne Postkarten. E-Mail (oder Postkarte) schreiben, in der du die Empfänger zu einer kleinen Geste einlädst und dazu, dir anschließend davon zu erzählen. Ergänze das Ganze um die Aufforderung, den Text an andere weiterzuleiten oder -zugeben. Abschicken und warten, was passiert, voilà!

So hat Chantal es umgesetzt

Ich merke es bei mir selbst während des Kindness-Experiments und in meinem Alltag, dass sich eine kleine Geste, egal ob ich sie ausführe oder empfange, nachhaltig auf meine eigene Stimmung auswirkt und darauf, wie ich anderen Menschen im Laufe des restlichen Tages begegne. Wenn wir diesen Effekt in Form eines Kettenbriefs vervielfältigen könnten, was für eine Welle an guter Energie würden wir auf diese Weise freisetzen! Einen Versuch ist es also auf jeden Fall wert, auch wenn ich Kettenbriefen sonst eher kritisch gegenüberstehe. Die Welle an Kettenbriefen voller leerer Glücksversprechen, die im Internet vor einigen Jahren dahinschwappte, ist aber seit Langem abgeklungen, sodass meine Variante der Massenmail vielleicht besser aufgenommen wird, als ich erwarte.

Dennoch zögere ich das Versenden der Mail tagelang hinaus, überlege lange, wie ich es am besten angehe. Am Ende kommt Folgendes dabei heraus (ursprünglich auf Englisch, weil viele meiner liebsten Freunde in weiter Ferne leben): Nach einer kurzen Einleitung zum Buchprojekt und zu meinem Anliegen entwerfe ich einen Kettenbrieftext, den alle genauso weiterleiten können:

> Liebe*r Freund*in,
>
> hab keine Angst. Denn ja, dies hier ist ein Kettenbrief. Aber: Es ist kein herkömmlicher Kettenbrief. Mit dieser E-Mail lade ich dich dazu ein, zu einem Glied in einer »Kindness-Kette« zu werden, die wir gemeinsam auf diesem Wege kreieren können. Ich möchte, dass du dabei bist, denn ich glaube an deine Güte und an die Schönheit und Kraft, die in genau dieser schlummert. Diese Kette wurde in Berlin, Deutschland, begonnen, als Teil einer Übung darin, liebenswerter und achtsamer durchs Leben zu gehen. Das Ziel: unsere Verbindungen mit anderen bewusster wahrzunehmen und das Leuchten des Lebens in jedem von uns zu sehen und zu zelebrieren.
>
> Bereit? An Bord? Großartig, dann lass es uns angehen!

Es folgen drei Schritte, zu denen ich in der Mail auffordere:

1. eine kleine Geste selbst durchzuführen, egal, welcher Art, Form und Größe,
2. diese mit mir als ursprünglicher Senderin des Kettenbriefs zu teilen, aber auch mit der Person, die diese Einladung weitergeleitet hat, und
3. die E-Mail mit einem eigenen Intro, zum Beispiel mit Informationen zur eigenen kleinen Geste und wie sie aufgenommen wurde, an sieben Personen weiterzuleiten.

Ich beende die Mail mit Worten des Dankes, überlege dann, wem ich sie senden möchte (das dauert nicht lange!), und schicke sie ab.

Direkt nachdem ich sie abgeschickt habe, schließe ich den Account, den ich extra für diese Geste angelegt habe. Fast so, als würde ich bei etwas erwischt werden. Das bringt mich ins Grübeln. Angst steckt dahinter, eindeutig. Angst davor, dass niemand antwortet, dass ich Menschen nerve und ihnen auf den Wecker gehe, dass einige es komisch finden, aus dem Nichts diese Mail von mir zu bekommen. Denn, ehrlich gesagt, habe ich die meisten Freundschaften aufgrund von Babyzeit und Familienalltag schon länger vernachlässigt … Diese Angst vor Ablehnung ist anscheinend bei Menschen, die mir viel bedeuten, sehr viel ausgeprägter als bei völlig Fremden. Spannend, wieder was gelernt.

Ganze zwei Wochen checke ich die Mailadresse nicht. Dann ist es so weit. Ich öffne den Account an einem warmen Spätsommertag im Garten eines kleinen Cafés. Vier Mails. Vier Mails warten auf mich, nicht 40. Aber dafür sind es vier sehr berührende Mails. Eine Freundin aus Südafrika schreibt mir zurück, wie sehr sie mein Herz aus den Worten habe sprechen hören, und auch wenn sie gerade keine Zeit für irgendeine Challenge habe, es habe sie so mit Glück erfüllt, zu lesen, in welchem Abenteuer ich mich gerade befinde. Eine andere Freundin, nicht aus dem Süden Afrikas, nur aus dem Süden der Republik, erzählt davon, wie sie als Lehrerin ihre Schulklasse mit selbst gebackenen Muffins anstelle des angekündigten Vokabelunterrichts überrascht hat. Zwei weitere Gesten folgen, ebenso herzlich und eigen wie diese. In den nächsten Wochen fliegt immer mal wieder eine Mail bei mir ein, aus Jamaika, Australien und Österreich. Jede lese ich mit viel Aufregung und beantworte sie mit ebenso viel Dankbarkeit.

Bewertung

Die Welle ist klein ausgefallen, aber auch sie hinterlässt Spuren in der Welt. Einen der Menschen, von denen ich nichts mehr gehört habe, habe ich anschließend bei einem persönlichen Treffen gefragt, wie er die Mail aufgenommen hat. Er empfinde das Ganze als eine schöne Aktion, habe aber gerade überhaupt keinen Kopf für irgendetwas außerhalb seiner Deadlines und Arbeitsaufgaben. Ich frage nach, ob die Form auch eine Rolle dabei gespielt habe. Nach kurzem Überlegen bejaht er das. »Hättest du eine Postkarte oder eine kleine Notiz von mir anders aufgenommen?«, hake ich nach. »Eindeutig. E-Mails gehen bei mir grundsätzlich unter und meistens lese ich sie zwischen Tür und Angel. Wenn du mir persönlich von deiner Aktion erzählt hättest oder mir davon ausführlich geschrieben hättest, hätte ich mir auch in dieser stressigen Phase Zeit frei geschaufelt, um dabei zu sein.« Ich sage ihm, dass es dazu ja noch nicht zu spät sei, und in der Tat: Einige Tage später schickt er mir eine kurze Voice-Nachricht – er hat seinen freien Samstag dazu genutzt, ein paar Rentnerinnen mit Smartphone-Problemen zu helfen, die über eine Nachbarschaftsplattform nach Hilfe gesucht hatten.

ZEITAUFWAND Etwa eine Stunde, je nachdem, wie viele Antworten du erhältst und ob du den digitalen oder den postalischen Weg wählst **KOSTEN** Höchstens für Briefmarken und Postkarten **FÜR WEN GEMACHT?** Für alle, die ihren Kindness-Radius erweitern wollen

27. Spontane Rettungsaktion

MELANIE. Wir Menschen geraten immer wieder in kleine Notlagen. Vor einer Woche war ich abends spät auf dem Heimweg und freute mich darauf, beim Restaurant in meiner Nähe noch ein Take-away-Dinner zu bestellen. Ich hatte Glück: Das Lokal hatte gerade noch geöffnet und ich große Lust auf eine kleine Portion Köstlichkeiten. An der Kasse dann mein Pech: Ich fand nur meine Sportkleider in meinem Rucksack, leider hatte ich das Portemonnaie in der Handtasche verstaut. Und die hing zu Hause an der Garderobe. Enttäuscht blickte ich auf: »Oh nein, nun habe ich mein Portemonnaie vergessen! Kann ich es morgen nachzahlen? Ich verspreche es Ihnen!« Die beiden Verkäuferinnen hinter dem Tresen schauten sich an, es war sonst niemand zugegen. Da packte die eine beherzt mein Dinner in eine Tüte und sagte: »Geschenkt!« Erstaunt und hocherfreut über diese spontane Hilfe in der Not, fuhr ich singend auf meinem Fahrrad nach Hause – hoch motiviert, bei der nächsten Gelegenheit ebenfalls zu einer spontanen Retterin in der Not zu werden.

KLEINE GESTE, LEICHT GEMACHT

Für diese kleine Geste braucht es keine Vorbereitung, einfach etwas Aufmerksamkeit für seine Umgebung. Also: Augen auf! Bei der nächsten Bushaltestelle nicht nur aufs Handy starren. Die Menschen im Café beobachten. Vielleicht mal etwas früher aus dem Haus gehen, damit der Arbeitsweg keine Hetzerei wird, sondern Spielraum gibt, spontan zu Retterin oder Retter in der Not zu werden. Und dann: nur Mut, um im entscheidenden Moment in Aktion zu treten! Variationen gibt es zuhauf!

So hat Melanie es umgesetzt

Ich stehe am Hauptbahnhof Zürich und habe mich eben im Ausgang geirrt. Mein Fahrrad steht auf der anderen Seite der Gleise. In Eile bin ich nicht, und anstatt mich aufzuregen, spaziere ich los: mal sehen, was mir alles begegnet. Zwei Frauen mit wunderschönen schwarzen, langen Haaren erregen meine Aufmerksamkeit. Die eine junge Frau fuchtelt im Haar der Freundin herum, während diese immer wieder einen Satz zur Seite macht. Ich schaue genauer hin: Ein Käfer hat sich in ihrem hüftlangen Haar verfangen. Beide Ladys sind offensichtlich von dem Tierchen angeekelt. Vor Spinnen graust es mir auch, aber bei gewissen Käferarten kann ich mich zusammenreißen. Lächelnd und mit Handzeichen signalisiere ich, dass ich helfen will. Nach einem kurzen Gefecht kann ich den Käfer entfernen. Beide Frauen lächeln mich erleichtert und herzerwärmend an und wir winken uns auf Wiedersehen.

Bewertung

Spontane Hilfe ist immer wieder möglich, vorausgesetzt, man verpasst nicht dauernd die Gelegenheiten dafür. Deshalb habe ich es mir zur Gewohnheit gemacht, meine Umgebung wieder öfter bewusst zu beobachten. Ich merke, wie das eine größere Herausforderung geworden ist, seit ich ein Smartphone besitze. Aber es lohnt sich! Nach meiner Käfer-Retter-Aktion habe ich mich mutig gefühlt, und das Lächeln der beiden Frauen hat mich noch eine Weile begleitet. Das nächste Mal, wenn du siehst, wie jemand mit Einkaufstüten oder einer Spinne kämpft, ratlos vor einem Ticketautomaten steht, im Portemonnaie nach diesem einen fehlenden Euro sucht, zwischen Kind und Kegel die Tür zum Auto nicht aufbekommt, kannst du deine Hilfe anbieten. Es kostet dich meist nur ein ganz wenig Zeit, dafür gibt es als Retour viel Dankbarkeit. Die hat es in sich!

ZEITAUFWAND Drei Minuten **KOSTEN** ? Euro **FÜR WEN GEMACHT?** Aufmerksame Beobachter

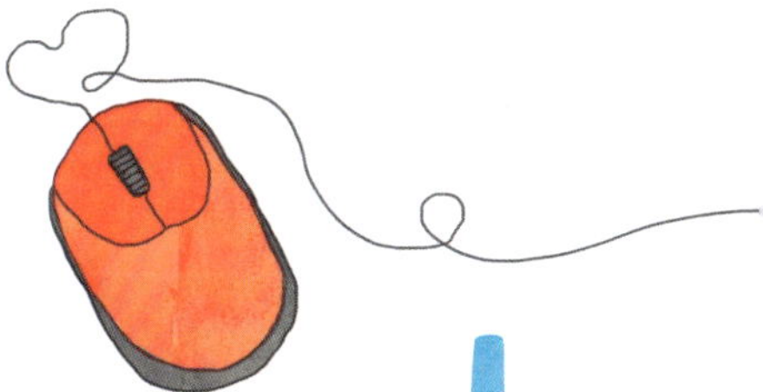

28. (Online) Komplimente verteilen

MELANIE. Wer kennt sie nicht, die Tage, an denen man auf die gesamte Menschheit kotzen könnte. Um nicht in dieser negativen Haltung zu verharren, lenke ich den Blick auf etwas, das mich stets daran erinnert, dass der Mensch – trotz aller Infernos auf unserem Planeten – bewundernswert ist. Die Kunst. So grässlich der Mensch handeln kann, so Wundervolles ist er gleichzeitig in der Lage, zu kreieren: Lieder komponieren, Pas de deux tanzen, Bilder malen, Skulpturen meißeln. Kunstfertigkeiten beglücken mich und wecken so meine Wertschätzung für den Homo sapiens immer wieder aufs Neue. Wenn wir den Blick also bewusst auf die durch Menschenhand geschaffene Kunst lenken, erfahren wir oft einen Gemütswandel. Wie heißt es doch so schön? The earth without art is just »eh«!

KLEINE GESTE, LEICHT GEMACHT

Wenn dir die Welt wieder mal ganz fürchterlich vorkommt und du die Menschheit als tödliches Virus bezeichnen willst, nimm dir etwas Zeit, zur Kunst zu blicken. Geh in ein Museum, besuch ein Konzert oder surfe im Internet. Zieh dir Facts über die Sixtinische Kapelle rein, mach eine virtuelle Tour durch ein architektonisches Meisterwerk, plan einen Kulturtag, geh in eine Bibliothek oder sitz in eine Hotellobby, die mit großen, dicken Fotobüchern auf den Coffeetables ausgestattet ist. Verteil beim Betrachten und Lesen und Hören großzügig Komplimente. So wirst du wieder Teil einer Spezies, Teil einer Bewegung, Teil vom Ganzen. Du kannst es bei Komplimenten aus der Ferne belassen, aber auch persönlich werden. Vielleicht gibt es in deiner Umgebung einen Künstler, der dir gefällt? Schau seine Website an, schreib der Person eine Nachricht und lobe seine Arbeit. Wähle auf Facebook oder Instagram einen Kunstschaffenden (Maler, Bildhauer, Make-up-Artisten, Tänzer, etc.) aus, dem du eine wertschätzende Nachricht schreibst. Anerkennung zu geben, generiert Glück genauso, wie sie zu erhalten.

So hat Melanie es umgesetzt

Nach dem heutigen Tag will ich nicht mehr in die Welt hinaus: Die News sind voller Terrormeldungen. Ich verkrieche mich mit Pizza und Prosecco in meinen vier Wänden, wettere über die Menschheit und den Wahnsinn in der Gesellschaft. Es fällt mir sichtlich schwer, das Gute in der menschlichen Natur in den Vordergrund zu rücken. Ich sitze mit meinem Mobile in eine Decke gewickelt auf meiner Couch und browse auf Instagram. Einigen Künstlern, deren Werke mich beeindrucken, folge ich schon länger. Kann ich mich wirklich dazu bewegen, aus meinem verschlossenen Turm heraus (wobei ich meine Wohnung und mein Oberstübchen meine) ein Kompliment zu schreiben? Mit echten, richtigen Sätzen, nicht nur steinzeitähnlich-reduzierten Emojis? Die erste Message ist gar nicht so einfach geschrieben, weil ich mich eigentlich verschließen und gerade nicht mit der Außenwelt verbinden will. Aber die spezielle Technik einer Künstlerin fasziniert mich gerade unglaublich, die Blumen auf den Bildern sehen so wahnsinnig echt aus! Ich bereite eine Nachricht vor, wobei ich ein Detail erwähne. So weiß die Person, dass ich genau hingeschaut habe. Nachdem ich auf »Senden« gedrückt habe, ändert sich mein Gemütszustand bereits ein wenig. Die zweite und dritte Nachricht an weitere Kunstschaffende heben meine Stimmung nochmals an, wie mit einem Zauberstab verteile ich großzügig Sterne. Ich will immer noch in meinem Turm bleiben. Aber die Welt da draußen ist nicht mehr ganz so dunkel. Ich fühle mich wieder als Verbündete der Spezies Mensch und kann mir vorstellen, dass es morgen besser geht. Morgen ist ein neuer Tag. Und vielleicht wird dann aus meinem Gefängnisturm wieder ein Leuchtturm. Das mag ich nämlich lieber.

Bewertung

Auf wundersame Weise hat das Komplimenteverteilen eine versöhnende Wirkung auf mich. Oft sind Künstler von Selbstzweifeln geplagt, in finanziellen Nöten oder fragen sich, ob es die ganze Mühe wert ist. Das Künstlerleben ist für den größten Teil kein Zuckerschlecken und verlangt extrem viel Durchhaltevermögen. Ein einziger Satz kann in einem schwermütigen Moment Wunder bewirken. Das durfte ich schon persönlich erfahren. Manchmal reicht die Anerkennung einer Person, um die eigene Energie und Leidenschaft wieder aufflammen zu lassen. Diese aufmunternde Person kannst du sogar dann sein, wenn du gerade zu Hause mit deiner

Couch eine innige Beziehung pflegst. Ein Fotograf schreibt mir am nächsten Morgen gleich zurück: »Wow! So schön, mit deinen Worten in den Tag zu starten!« Ich freue mich über seine Freude und mein Tag fängt dank dieser schönen Nachricht beschwingter an. »Du Leuchtturm!«, sage ich, in den Spiegel blickend, und muss dabei lächeln.

ZEITAUFWAND 15 Minuten **KOSTEN** Keine **FÜR WEN GEMACHT?** Für Höhlenmenschen, Turmbewohner und Schüchterne

21. Düfte teilen? Dufte Sache!

MELANIE. Viele Erinnerungen stehen mit Düften in Verbindung. Ich liebe zum Beispiel den Duft von Pferdemist. Dabei werde ich sofort in meine Kindheit transportiert, denke an unbeschwerte Tage im Stall mit meinem Pflegepferd. Für dich ist der Duft von Pferdemist vielleicht ekelerregend oder erzeugt keine besondere Reaktion. Dafür kann der Duft von Motoröl, der mir den Hals zusammenschnürt, jemanden in wohligen Erinnerungen schwelgen lassen. Vielleicht an das Motorradfahren mit dem Großvater oder den ersten Flirt mit dem Jungen auf dem »Töffli«. Nicht umsonst setzt man im Verkauf auf die Kraft der Düfte. Warum diese Wissenschaft nicht bewusster bei sich selbst und seiner Umwelt einsetzen?

KLEINE GESTE, LEICHT GEMACHT

Von meinen Lieblingsduftprodukten habe ich meistens mehr als ein Exemplar zu Hause. Dazu zählt ein Körperspray aus der Apotheke, das ich immer auf Vorrat habe. Wenn ich wegen des Dufts, der mich umhüllt, ein Kompliment bekomme, nenne ich gleich den Namen des Produkts. Vor allem, wenn ich damit noch Gutes tun kann, wie lokale Läden unterstützen, eine Fairtrademarke bekannter machen oder ein Familienunternehmen promoten. Vielleicht gibt es von deinem Lieblingsduft auch ein Miniexemplar für die Handtasche, das du gleich verschenken kannst. Es muss auch nicht unbedingt ein Parfüm sein, vielleicht macht jemand ein Kompliment zu einem Wein bei deiner Dinnereinladung und du hast noch mehrere Flaschen davon im Keller. Oder der Apfelkuchen erinnert einen Kollegen an seine Kindheit und du hast zwei Stück im Lunchbag mitgebracht …

So hat Melanie es umgesetzt

Es ist ein knallheißer Tag, in meinem Appartement herrschen gefühlte 55°C. In meiner Dachwohnung ist bei solchen Temperaturen an Arbeit nicht zu denken. Ich verlagere deshalb mein »Büro« in eine kleine Bar im Hinterhof, wo ein sanfter Wind weht und Bäume wohligen Schatten spenden. Bevor ich meinen Laptop einpacke, besprühe ich mich zwecks Abkühlung mit meinem Körperspray. Mit dieser Frische auf der Haut begrüße ich die Bardame. »Oh, du riechst so gut!«, kommt es aus ihr geschossen. »Mein Körperspray, mit Grüntee. Made in Switzerland. Das ist super! An heißen Tagen stelle ich es in den Kühlschrank«, antworte ich. Mein Gegenüber atmet nochmals tief ein, bevor ich einen Ingwer-Pfefferminz-Tee bestelle. Eine Stunde später möchte ich bei mir zu Hause das Mittagessen einnehmen und merke beim Bezahlen: Ich habe das Portemonnaie daheim vergessen. »Liebes, ich hab kein Geld mit, ich bin in zwei Stunden wieder hier, kann ich später zahlen?« Ich kann. Nach dem Lunch nehme ich eine Dusche, wobei ich mein Backup-Spray entdecke. Zack, in die Tasche gepackt! Und Glück gehabt: Meine Barmaid wollte gerade gehen. »Hey, schau, das Spray, kannst du ausprobieren!« Sie strahlt und besprüht sich gleich.

»Wow, so fresh!«

»Kannst du haben, schenk ich dir!«

»Das kann ich nicht annehmen!«

»Doch, das kannst du!«

Sie sieht, dass jede Widerrede zwecklos ist, umarmt mich, sprüht sich die Frische nochmals auf Arme und Gesicht, packt das Spray ein und geht lächelnd in ihren Feierabend.

Bewertung

So macht man das: Kompliment bekommen. Freude bescheren. Einfach so, ohne dass Weihnachten oder Geburtstag dazu Anlass geben müssen. Solche Aktionen erfrischen den Tag ohne viel Aufwand. Außerdem schnuppere ich selbst wieder intensiver an meiner Haut. »Wenn man auf einem Misthaufen lebt, stinkt es irgendwann nicht mehr.« Umgekehrt gilt aber auch: Wir gewöhnen uns sogar an gute Düfte. Erst wenn uns jemand darauf aufmerksam macht, schenken wir ihnen wieder mehr Beachtung. Während ich in meinem Outdoor-Office sitze, mache ich die Augen zu und atme richtig tief ein. Mmmmmm. Das tut gut. Die Aktion erinnert mich daran, wieder bewusster zu atmen. Ganz tief in den Bauch hinein. Eine dufte Sache!

ZEITAUFWAND Keinen **KOSTEN** Je nach Produkt **FÜR WEN GEMACHT?** Für Duftliebhaber mit Backup-Produkt

30. Und es hat "klick" gemacht!

CHANTAL. Vor einigen Wochen hat Melanie mit einer Geste experimentiert, die damit begann, Fotos von Fremden zu machen, während sie sich freuten. Auch wenn dieses Experiment nicht ganz aufgegangen ist, so hat es mich doch auf eine Idee gebracht.

KLEINE GESTE, LEICHT GEMACHT

Du benötigst eine Polaroidkamera und einen passenden Film. Die Kamera kannst du dir vielleicht bei Freunden oder Nachbarn ausleihen, falls du keine besitzt. Und für den Fall, dass du dich durch die Geste in Polaroids verliebst: Für unter 50 Euro findest du bereits gebrauchte ältere Modelle. Filme erhältst du in vielen Elektronik- oder Fotofachgeschäften. Sie kosten leider 15-20 Euro, sind bei dieser Geste jedoch auch jeden Cent wert. Alternativ gibt es mitunter günstigere Optionen von anderen Firmen.

Mit geladener Kamera geht es dann hinaus unter Menschen. Du kannst entweder gezielt an einem Ort oder bei bestimmten Events Menschen anbieten, Fotos von ihnen zu machen, oder die Kamera einfach einige Tage im Alltag mit dir führen und spontan die Initiative ergreifen.

So hat Chantal es umgesetzt

Als Erstes leihe ich mir eine Polaroidkamera in der Nachbarschaft aus, dank Nachbarschaftsplattform geht das rasant schnell und problemlos. Die Kamera selbst ist ein wenig verstaubt und ein ziemlich sperriges Ding, auf das vor Ewigkeiten mal jemand Herzchen-Sticker geklebt hat. Den Film erhalte ich im Elektrofachhandel und schon kann es losgehen. Als Ort für diese Geste habe ich mir unseren geliebten Kiez-Spielplatz ausgesucht. Vertrautes Terrain also, das sollte die Umsetzung erleichtern. Außerdem fällt mir selbst immer wieder auf: Ich habe schier unendlich viele Bilder von meinen Kindern, aber nur wenige von ihnen zusammen mit mir.

Da mich das Ansprechen Fremder noch immer einiges an Überwindung kostet, wäre ein passender Aufhänger als Icebreaker ideal. Muttertag zum Beispiel, da hätte ich eine plausible und einfache Erklärung für mein Vorhaben. So habe ich mir vorgenommen, notfalls das gute Wetter und die letzten Sommertage als Begründung anzuführen. Ich bin gespannt, ob das funktionieren wird …

Sobald meine Tochter mit einer Freundin hinter einem wachsenden Sandberg verschwindet, lege ich los. Oder besser gesagt: rede ich mir selbst Mut zu. Innerlich spielt dazu der »Rocky«-Kultsong in voller Lautstärke. Glücklicherweise setzt sich eine befreundete Mama neben mich und erlöst mich damit fürs Erste aus meinem Dilemma. Als sie mir von den aufregenden ersten Schultagen ihres Sohns erzählt, unterbreche ich sie etwas holprig: »Du, soll ich ein Foto von dir und deinem Großen schießen, so zur Erinnerung?« Ich ziehe die Kamera aus dem Rucksack und schwenke sie etwas zu überschwänglich herum. »Das würdest du machen? Einfach so?«, fragt sie zurück. Ich nicke und sie überlegt einen Moment. »Hätte ich das gewusst, hätte ich mir heute was anderes angezogen …« – »Das hier ist das wahre Leben«, entgegne ich und zeige auf den Milchfleck, den das Baby heute auf meiner Bluse hinterlassen hat. Sie lacht, dann nickt sie begeistert und ruft ihren Sohn herbei. Das Foto braucht zum Entwickeln eine halbe Ewigkeit, nämlich ganze zehn Minuten. Dafür ist es richtig schön geworden. Die beiden auf der Parkbank zwischen den Relikten einer Kindheit in Form von Buddeleimern, Sandförmchen und Schaufeln. Stolz hat sie ihren Arm um die Schulter ihres Sohns gelegt. Als er wieder schaukelt und sie das Bild betrachtet, werden ihre Augen glasig. »Puh, nicht schon wieder ...«, murmelt sie. Sie drückt mich ganz herzlich zum Dank.

Dieses erste Erlebnis ermutigt mich ungemein. Ein wenig später verabschiede ich mich von ihr und ziehe los. Auf der anderen Seite des Spielplatzes sitzt eine Mutter, die liebevoll ihr etwa dreijähriges Kind tröstet, das eng an sie gekuschelt auf ihrem Schoß sitzt. Anscheinend ist es gerade hingefallen und hat sich dabei ziemlich erschrocken. Ich gehe zu den beiden und knie mich vor sie. »Hallo«, beginne ich mit kratziger Stimme, »kann ich euch vielleicht mit einem Foto ein wenig aufmuntern? Es ist gerade so ein schönes Bild, wie ihr beisammen seid und die Schmerzen verschwinden lasst.« Ich erkläre ihnen noch, dass ich heute extra die Polaroidkamera dabeihabe, um Menschen zu fotografieren und ihnen die Bilder anschließend zu schenken. »Willst du?«, fragt die Mutter ihr Kind. Das Mädchen bejaht, vorbei ist das Schluchzen.

Es folgen drei Mamas, die lachend zusammen am Rand des Sandkastens sitzen und aussehen, als wären sie gerade bei einer Happy Hour, nur ohne die entsprechenden Cocktails. Ich sage ihnen, dass heute der letzte richtig warme Sommertag sein soll und ich deshalb die letzten Sonnenstrahlen mit der Kamera auffangen und verschenken möchte. Diesen Icebreaker benutze ich auch die nächsten Male, als ich Menschen anspreche, um sie zu fotografieren. Dann ist der Film alle. Ich wünschte, ich hätte noch tiefer in die Tasche gegriffen und gleich mehrere Filme gekauft, denn jetzt habe ich mich so richtig warmgequasselt und -geknipst.

Bewertung

Es ist nicht die spontanste Geste, aber eine, die für all diejenigen perfekt ist, welche mal etwas Außergewöhnliches umsetzen wollen. Mir hat es sehr gefallen, Menschen etwas direkt und persönlich mitzugeben. Nicht eine Person hat dabei auf mein Angebot negativ reagiert. Vielleicht hat's am guten Wetter gelegen oder am Setting, wer weiß. Fest steht: Bei dieser Geste war es Liebe auf den ersten Klick für mich.

Varianten

1001 Möglichkeiten gibt es hier bei der Umsetzung. Diese Geste kann auf Geburtstagen und Hochzeiten, zu Firmenfeiern und Einschulungen eingesetzt werden – oder einfach spontan draußen und unterwegs, um die Schönheit eines alltäglichen Moments einzufangen und zu teilen. Auch eine Idee: Polaroid-Bilder vor Wahllokalen (»Yeah, du hast gewählt!«) oder bei Demos verschenken.

Wer einen Anlass braucht, um sich das Ansprechen zu erleichtern – am 8. März ist Internationaler Frauentag, an einem Tag im Mai Tag der Nachbarn und am ersten Freitag im Oktober Tag des Lächelns.

ZEITAUFWAND Je nach Umsetzung 15-60 Minuten **KOSTEN** 15-20 Euro für den Film, die Kamera am besten ausleihen **FÜR WEN GEMACHT?** Für Schnappschussjäger und Fans von Überraschungsmomenten

31. Platz für Philosophie

MELANIE. Vor zwei Jahren habe ich in der Theaterschule, in der ich als Dozentin tätig bin, ein neues Fach eingeführt: Philosophie. In diesen Stunden geht es nicht darum, große Denker zu studieren, sondern darum, über das Leben zu reflektieren, seine eigenen Glaubenssätze zu erkennen, Erfahrungen auszutauschen, Perspektivenwechsel zu vollziehen. Es ist mir aufgefallen, dass dafür im Leben selten Platz gemacht wird. Ohne Ziellinie miteinander diskutieren? Bringt das etwas? Das Feedback meiner Schüler ist deutlich: »Sich existenziell auseinanderzusetzen, ist sehr gewinnbringend.« – »Erfrischend, dass es dabei nicht um Leistung geht.« – »Diese Stunden sind ein Genuss!« Also: weg vom Ziel, hin zum Spiel, auch wenn es um die geistige Aktivität geht. Weil es keine universelle Glücksformel gibt, profitieren wir im Austausch von der gegenseitigen Inspiration. Denn obwohl wir fast alle das Gleiche suchen, finden wir es schließlich auf individuellem Weg. Das Zusammenphilosophieren erweitert den Raum, in dem wir unsere persönliche Glücksformel zusammenstellen können. Also, ab ins Labor!

KLEINE GESTE, LEICHT GEMACHT

Eine Philosophiesession kann in einem Café, auf einem Kinderspielplatz, beim Stillen, in einer Hotellobby, am Gate vor dem Abflug, während eines Brunchs, vor einem Konzert oder nach dem Sex stattfinden. Eigentlich überall da, wo man sich ungeniert ohne Anschreien unterhalten kann. Die Session kann bewusst geplant oder spontan gerahmt sein. Vielleicht ergibt sie sich aus einem Small Talk und du formulierst die Einladung: »Darüber würde ich gern mit dir/euch etwas philosophieren.« Oder du wählst explizit einen Philosophiepartner, ein Thema und einen Ort. Wichtig: Es ist kein Wettbewerb und es gibt keinen Sieger. Erinnere dich stets daran, dass deine individuelle genetische Veranlagung, deine Erziehung und der Einfluss deiner Umwelt dich zu einem völlig einzigartigen Wesen machen. Dein Gegenüber aber ebenso. Wer entgegen vorschneller Beurteilung und Einteilung in sich Platz für einen respektvollen Austausch macht, kann oft feststellen, dass trotz aller Individualität doch mehr Gemeinsamkeiten als Gegensätze zwischen Menschen vorherrschen.

So hat Melanie es umgesetzt

Als Buchliebhaberin erzähle ich meiner Umgebung stets von meiner aktuellen Lieblingslektüre und nicht selten kaufen sich Freunde daraufhin ein eigenes Exemplar, womit die Basis für angeregten Austausch geschaffen ist. Das Buch »Warum wir unseren Eltern nichts schulden« der Philosophin Barbara Bleisch begleitet mich seit zwei Monaten hartnäckig wie Fruchtfliegen jeden Softdrink im Hochsommer. Auch meine Freundin Tanja ist von diesem Bestseller begeistert und fragt mich, ob wir dafür eine Philosophiesession planen können. Wir treffen uns an einem lauen Augustsommerabend im Landesmuseum-Park mit einer Flasche Prosecco. »Bald ist September und wir sehen den Dalai Lama«, beginnt Tanja gut gelaunt unser Gespräch. Seine Heiligkeit wird im Zürcher Hallenstadion unterweisen und die Tickets haben wir schon reserviert. Wir toasten uns voller Vorfreude zu und widmen uns dann der Thematik »Schuldfrage«. Nach 20 Minuten torkelt ein Mann Mitte 50 mit dichtem, dunklem Haar, gegerbter Haut und einer Bierflasche in der Hand auf die nächste Sitzbank und sucht deutlich unsere Aufmerksamkeit. Wir ignorieren ihn und sein Winken, sein lautes Schnaufen, seine müden, glasigen Augen, seine

»Heyyys«, bis es anstrengend wird. Tanja ergreift die Initiative: »Hallo, du. Wir können uns gern gegenseitig drei Fragen stellen, und dann widmen wir uns wieder unserer Philosophiestunde … einverstanden?« Schlau ist sie, meine Tanja: Gibt dem Austausch gleich einen Rahmen. Er sagt: »Okay!« Seine erste Frage, woher wir kommen, ist schnell beantwortet, worauf wir ihm die Gegenfrage stellen. Erst lässt er uns rätseln, ruft dann laut: »Tibet!«, und schwingt sein Bier. Tanja und ich schauen uns überrascht an. »Second question!«, lallt er und wirft sie Tanja gleich an den Kopf: »What do you think of yourself?!«

Fragt und schaut sie durchdringend an.

Jetzt wird's aber rasant tiefgründig!

Tanja hält Augenkontakt mit dem Tibeter und erklärt, dass sie noch dabei ist, das herauszufinden. In meinem Kopf hallen seine Worte nach und ich frage mich passend zum Thema: »Halte ich mich für eine gute Tochter?« In Gedanken versunken, noch bevor wir uns eine nächste Frage überlegen können, wirft der Tibeter in die Runde: »What do you think: is my brain different from my mind?«

Er erklärt gestenreich, wie man sein Gehirn herausnehmen, sezieren und betrachten könnte. Aber ob das sein Geist und Verstand sei?

Tanja und ich nehmen beide einen großen Schluck Prosecco.

»Danke, wir werden gern darüber nachdenken. Dir auch einen schönen Abend«, sage ich, während der Tibeter einen Passanten um eine Zigarette anschnorrt. »Wow!«, sage ich und drehe mich zu Tanja. »Ich denke, der Dalai Lama hat sich gerade neben uns teleportiert. Ich stelle mir vor, er hätte uns genau diese drei Fragen gestellt. Ich denke, wir sind noch eine Weile hier. Lass uns noch eine Flasche Prosecco holen.«

Bewertung

Wer mit Freunden oder auch Fremden philosophiert, kann in neue Welten reisen. Solche Gespräche gleichen manchmal einem Besuch auf einem anderen Planeten mit anderen Gesetzen. Erstaunlich, wie unterschiedlich wir dieselbe Situation sehen und erleben können. Einfach, weil die Schwerkraft zum Thema »Schuld« bei mir zum Beispiel ganz anders wirkt als bei dir. Weil die Luft zum Thema »Egoismus« bei dir vielleicht dünner ist als bei mir.

Wichtig beim Gedankenaustausch ist nicht, unmittelbar etwas bewerten zu wollen, denn sonst landet man schnell beim Debattieren anstatt Philosophieren. Bei allzu harter Verurteilung hätten wir den Tibeter zum Beispiel einfach als Trunkenbold abgestempelt und seine Kontaktversuche abgeschmettert. Dank unserer Offenheit belieferte er uns mit einer grundsätzlichen, philosophischen Frage: Was hältst du von dir selbst?

Fakt ist, dass wir Menschen unser Denken lenken können und unser Wohlbefinden oder auch unser Unglücklichsein stark davon abhängt. Je bewusster du deine Gedanken lenkst, umso mehr bist du deines Glückes eigener Schmied. Das bedarf jedoch Übung: Wie beim Sport können wir unsere Gedankengänge trainieren. Eine Philosophiesession bietet dafür das ideale Workout. Ganz ohne Muskelkater, dafür kann dein Gehirn Hormone produzieren, die dich positiv oder negativ stimmen. Philosophieren kann also deine Gesundheit beeinflussen, weil deine Gedanken, je nach Richtung, die Zahl der Antikörper in deinem Blut steigen oder sinken lassen. Du wirst also dein eigener »Doktor dank Philosophie«! Toll, nicht?

ZEITAUFWAND Zwölf Minuten bis zwölf Stunden **KOSTEN** Wählbar **FÜR WEN GEMACHT?** Für große und kleine Philosophen

32. Guerilla-Garten-Glück

GAST-GESTE VON CARSTEN W. – MELANIE. »To plant a garden is to believe in tomorrow.« Dieses bildhafte Zitat von Audrey Hepburn teilt Carsten am Anfang unseres Gesprächs und ich spüre sofort einen ansteckenden Enthusiasmus. Carsten ist der Überzeugung, dass wir durch unsere Haltung und unseren Konsum bestimmen, wie die Welt von morgen aussieht. Das Zitat appelliert auch an die Erkenntnis in uns, nicht nur über notwendige Veränderung zu reden, sondern selbst etwas dafür zu tun. Carsten wirkt ernst und zugleich hoffnungsvoll, während er über diese Kernverantwortung, die Welt von morgen durch das eigene Dazutun mitzugestalten, spricht: »Es ist eine Illusion, zu denken, man könne nichts tun. Man kann saumäßig viel tun! Wie bei vielen Dingen im Leben kommt es oft zu einem Schneeballeffekt. Visuelle Eindrücke machen im Alltag einen Unterschied. Darum habe ich mich entschlossen, die Welt mit einer Blumenwiese zu verschönern!«

KLEINE GESTE, LEICHT GEMACHT

Eine einfache grüne Wiese, Saatgut, Gartenhacke, Gießkanne, Absteckmaterial (Carsten benutzt die Stecken von Orchideen, die sich in seiner Wohnung angesammelt haben), Faden, Zeit fürs Unkrautjäten sowie ein Auge dafür, dieses von Blumen zu unterscheiden. Voilà, schon bist du für eine Blumengarten-Guerilla-Geste gerüstet.

So hat Carsten es umgesetzt

CARSTEN. Vor unserer Wohnung befindet sich ein farbloses Stück Hunde-Klo-Wiese. Im Frühling, als ich wieder einen Artikel über Bienensterben lese, fasse ich einen Entschluss: Ich möchte etwas tun! Nachdem mir in einer Gärtnerei eine Bienenwiesensaatmischung in die Hände gefallen ist, hacke ich bei Regen in einer Nacht- und Nebelaktion die triste Ecke an unserer Straße um und säe kurzerhand die Saatmischung darüber. Ganz wohl fühle ich mich dabei nicht, von wegen Inbesitznahme öffentlichen Grunds. Zwar erfüllt dieses Fleckchen Erde einen Zweck für die Hundehalter, aber die Ästhetik ist mangelhaft. Schnell stecke ich den bisher vernachlässigten Zipfel ab und male noch ein Schild: »Hier entsteht eine Blumenwiese.« In den kommenden Wochen bleibe ich gespannt, wie die Menschen im Quartier darauf reagieren. Zumal ich ja zumindest ein für die »Hündeler« wichtiges Stück Land zweckentfremdet habe. Während es wärmer wird, beginne ich des Nachts, meine Zöglinge zu gießen, und mit ihnen auch das, was ich mal »Unkraut« nenne. Somit sehe ich mich eines Tages auf diesem Stück städtischen Grund Unkraut jäten. Meine Nachbarn sehen mich auch. Endlich ist der mysteriöse »Säer« entlarvt – und ich werde von immer mehr Leuten aus der Nachbarschaft befürwortend angesprochen.

Bewertung

Je mehr Leute mich kennen, desto größer wächst der Erfolgsdruck, dass auch »ja etwas erblühen soll«. Somit dünge, gieße und jäte ich plötzlich jedes Wochenende, bis wirklich eine kleine, wundervolle Oase entstanden ist. Schmetterlinge, Bienen und Hummeln kommen fleißig zu Besuch. Menschen bleiben stehen, verweilen und fotografieren den Blumengarten: ein Papa mit Sohn, Spaziergänger, die ihre Hunde davor in Szene setzen (das Geschäft machen die Fellnasen einfach weiter hinten). Ich beobachte eine Entschleunigung und dokumentiere mit meiner Handykamera von meinem Balkon aus voller Freude diese Momente. Wenn ich mich dem Garten widme, fragen die Kinder der Nachbarschaft ganz unverblümt charmant: »Sind das deine Blumen?« Es ist offenbar eine Faszination, zu erleben, dass da jemand ist, der Verantwortung für etwas übernimmt, obwohl es nicht »sein Besitz« ist. Ein Nachbar stellt seinen Sonnenblumensetzlinge-Überschuss zur Verfügung, ein Parterrebewohner seinen Wasseranschluss und ein weiterer seine Bereitschaft, während unserer Ferienabwesenheit Pflanzenpflege zu betreiben. Vorher kannte ich die Nachbarn nur vom Sehen, Interaktionen gab es keine. Ich möchte den Anblick der Blumenwiese und die schönen Gespräche, die außerdem aus diesem Projekt erwachsen sind, nicht mehr missen. Zudem gibt die Oase mir und meinem Partner auch Grund, Quality Time miteinander zu verbringen. Es hat mir einmal mehr gezeigt, dass »einfach etwas zu machen« sich auszahlen kann. Ja, »I believe in tomorrow«. Ich weiß, dass wir alle gemeinsam etwas ändern können, um unserem Planeten etwas zurückzugeben für das, was er für uns tut. Zu guter Letzt finde ich eines Morgens neben meinem hölzernen Schild ein wetterfestes von der Stadt Zürich vor mit den Worten: »Respekt«. Damit habe ich nicht gerechnet und es erfüllt mich mit einem gesunden Stolz, dass die Stadt ganz offensichtlich meine Guerilla-Garten-Aktion begrüßt und honoriert.

ZEITAUFWAND Etwa eine Stunde plus die regelmäßige Pflege einmal die Woche für Gießen und Unkrautjäten **KOSTEN** Für Saatgut ca. 15 Euro und Gärtnerutensilien, wenn nötig **FÜR WEN GEMACHT?** Für Bienenfreunde und Naturliebhaber mit Guerilla-Potenzial

Dank

MELANIE. Ich danke Carsten für seine Zeit, seine Geschichte zu teilen, und begleite ihn zu seiner Oase, um ein paar Fotos zu machen. Unser Gespräch weitet sich aus und ich erfahre, dass er Hypnosetherapeut ist. Er wendet eine Therapieart an, die mich schon länger fasziniert und doch auch etwas misstrauisch gestimmt hat. Weil ich ihn sympathisch und glaubwürdig finde, mache ich gleich einen Termin bei Carsten. Dank seiner erwartungsfreien Guerilla-Aktion hat er also gleich noch eine Kundin gewonnen. Manchmal sät man etwas und bekommt mehr zurück, als man sich vorgestellt hat.

33. Eine undankbare Aufgabe

CHANTAL. Wir kennen alle Aufgaben dieser Art, vor denen sich jeder drückt, so gut es nur geht. Das kann der Abwasch nach einer großen Dinnerparty sein, das Ordnen und Kopieren der Steuerbelege der letzten fünf Jahre oder das Säubern des Kühlschranks auf der Arbeit, in dem ganz eindeutig seit Monaten etwas einen extrem langsamen und extrem stinkenden Tod stirbt. Aber am Ende müssen auch diese Aufgaben erledigt werden – warum heute nicht mal von uns?

KLEINE GESTE, LEICHT GEMACHT

Such dir eine Aufgabe in deinem Umfeld aus, die bei niemandem so wirklich beliebt ist. Das kann in der Familie, auf der Arbeit, in deiner Nachbarschaft oder der Uni sein, egal. Wichtig ist nur, dass du dich dafür entscheidest, sie zumindest für heute oder für einen bestimmten Zeitraum zu übernehmen, und sie dabei mit so viel Freude und guter Energie auszuüben wie irgend möglich.

So hat Chantal es umgesetzt

Als mir die Idee zu dieser Geste kommt, weiß ich sofort, wo ich sie umsetzen möchte: In unserer Kita gibt es eine ganze Liste an ungeliebten Elterndiensten, für die nie wirklich jemand zu begeistern ist. Dabei sind sie alle wichtig, sei es der monatliche Einkauf von bergeweise Toilettenpapier oder die tägliche Reinigung von Handtüchern mit undefinierbaren Flecken und Gerüchen. Und je penetranter Amanda, die Mutter, die sich um die Verteilung der Aufgaben kümmert, nachbohrt, desto weniger Lust scheinen alle anderen Eltern zu verspüren, um sich endlich mal richtig zu engagieren. Mich somit persönlich bei ihr zu melden, bedarf dementsprechend einiger Überwindung. Erst verstreicht eine Woche, dann eine zweite, bevor ich ihr endlich eine kurze Nachricht schicke. Ihre Antwort kommt schnell. Sie erzählt mir, wo es gerade am meisten brennt: Jeden Dienstagnachmittag übernehmen Eltern die Kinderbetreuung, damit sich die Erzieher zum Team-Meeting zurückziehen können. Die Tage selbst sind sehr chaotisch, freiwillige Eltern meist rar, sodass es immer die Gleichen machen und sie chronisch unterbesetzt sind. Schon am kommenden Dienstag beginnt mein Einsatz. Am nächsten Tag steht das in großer Schrift auch noch mal auf dem Kita-Board – es gibt also kein Zurück mehr. Dienstag, here we go! Ich bin früh da und verfalle gleich in den Panikmodus, weil die zweite Person fehlt, die mit mir zusammen den heutigen Nachmittag bestreiten sollte. Kurzerhand frage ich Papa Amadou, der gerade seine Tochter abholen will, ob er noch ein wenig bleiben könne – und habe Glück. Gemeinsam manövrieren wir die knapp 20 Kinder nach draußen in den Garten. Ein erstes Durchatmen. Die Sonne scheint, es wird gespielt, gemalt und an Paprikastücken herumgeknabbert. Puh. Doch dann geht es los, wie auf einen lautlosen Startschuss hin. Zwei ältere Jungs ärgern eines der Krippenkinder, ein anderer hat irgendwo einen Besenstiel aufgetrieben und spielt damit Ninja – in bedrohlicher Nähe zu zwei Kids, die noch ziemlich wackelig auf den Beinen sind. Gleichzeitig will ein Mädchen unbedingt mal auf Toilette, das aber auf keinen Fall allein. Sie erzählt etwas von Klomonstern und ich höre nur halb zu, während ich Ninja-Kid im Auge behalte. Amadou und ich greifen durch, ich darf mich mit den Toilettenmonstern herumschlagen, während er mit Ninja-Kid um den Besenstiel ringt. Wellenförmig schwappt der Nachmittag dahin. Entweder es herrscht absolutes Chaos oder totale Harmonie, Zwischentöne scheint es keine zu geben. Als die letzte Mama endlich um 20 nach fünf, also genau 20 Minuten zu spät, ihr Kind abholt, habe ich kein nettes Wort mehr für sie übrig. Dafür aber viel Respekt vor allen Erzieherinnen und Erziehern, die diesen Job all day every day machen.

Bewertung

Meine gewählte Aufgabe ist vor allem eins: ziemlich anstrengend. Dank fällt mager aus und doch werde ich diesen Dienst bis Jahresende zweimal im Monat übernehmen. Weil er wichtig ist. Weil er notwendig ist. Weil ich auch hier üben und lernen kann, was es heißt, freudvoll und achtsam zu leben – auch und gerade im Angesicht von Ninja-Kid.

ZEITAUFWAND Sehr variabel, 15 Minuten bis mehrere Stunden **KOSTEN** Keine
FÜR WEN GEMACHT? Für Tatkräftige

34. Das Anti-Langeweile-Paket

GAST-GESTE VON TINA S. – **CHANTAL**. Regelmäßig fährt meine Mutter mit der Bahn in ihre alte Heimatstadt Berlin, um mich und die Enkelkinder zu besuchen, aber auch, um einfach mal einen Tag lang wieder etwas Großstadtluft einzuatmen. Die Bahnfahrt ist immer so etwas wie ein Mini-Urlaub für sie, eine Zeit, in der sie absolut nichts machen muss, kann oder will. Einen Kaffee aus dem Bordbistro, ein halbleeres IC-Abteil – und schon setzt Entspannung bei ihr ein. Nur eins stört dabei mitunter: »Im IC treffe ich immer wieder auf Menschen, die ganz panisch feststellen, dass es hier im ganzen (!) Zug kein WLAN gibt und das Handynetz unterwegs mehr als dürftig ist. Die Vorstellung, eine oder gar mehrere Stunden offline und nur mit sich zu verbringen, scheint ihnen regelrecht Angst zu machen. Genau diesen Menschen habe ich die folgende Geste gewidmet.«

KLEINE GESTE, LEICHT GEMACHT

Umsetzen kann diese Geste jeder, der ab und zu mit der Bahn unterwegs ist. Was genau du dabei mitnimmst, ist völlig dir überlassen: Ein Buch oder eine Zeitschrift eignen sich sehr gut, eine kurze Notiz auf einem Post-it, eine Postkarte und ein Kugelschreiber oder ein Mandala zum Ausmalen und ein paar Buntstifte. Aus diesen Dingen stellst du nun dein ganz persönliches Anti-Langeweile-Paket zusammen, das du in einem ruhigen Moment entweder direkt jemandem in der Bahn schenkst oder einfach auf deinem Platz für die nächsten Reisenden zurücklässt.

So hat Tina es umgesetzt

TINA. Zu Hause bereite ich alles vor, indem ich zwei alte »Happinez«-Zeitschriften, zwei Werbe-Kulis von einer Landwirtschaftsmesse sowie ein paar noch ungelöste Sudoku-Rätsel aus meinem Sudoku-Kalender einpacke. Außerdem beschrifte ich zwei Post-its mit Folgendem: »Anti-Langeweile-Paket zum Mitnehmen! Denn ohne Siri lassen sich die besten Fragen im Leben stellen und beantworten. Viel Spaß beim Lesen, Schmökern und Rätseln!«

Die Aussage auf den Zetteln passt gut zum Inhalt der beiden »Happinez«-Magazine, da sie beim Lesen dazu anregen, uns all die Fragen zu stellen, die dazu führen, dass wir uns selbst ein Stück mehr begegnen und sehen. Wer sind wir? Was brauchen wir? Wie finden wir zu unserer eigenen Mitte und können geerdet in ihr sein und leben? Ich schätze diese Anregungen sehr und freue mich jetzt bereits darüber, sie auf diesem Wege noch mit anderen teilen zu können.

Auf der Hinreise habe ich einen typischen Mittagszug an einem Wochentag erwischt: Er ist fast komplett leer und so sitze ich allein in einem ganzen Abteil und strecke die Füße aus. Keine Chance, mein Paket jemandem direkt zu übergeben, aber dafür kann ich es vorm Aussteigen in Ruhe auf der Ablage über meinem Kopf deponieren.

Am nächsten Tag geht es nach viel Action mit den Enkeln wieder zurück. Diesmal sieht es ganz anders aus, denn schon am Hauptbahnhof drängeln sich die Leute darum, in den Zug hineinzukommen. Ich ergattere gerade noch so einen Gangplatz und setze mich erst mal hin. Nach kurzer Verschnaufpause mache ich mich auf den Weg zum Bordbistro, um mir eine Tasse rituellen Bahnkaffees zu holen. Auf dem Weg dorthin kommt mir die Fügung zu Hilfe: Der Schaffner wird von einer jungen Frau aufgehalten, die ihn nach dem Internet an Bord fragt und seine Antwort einfach nicht wahrhaben will. Meine Chance! Das zweite Anti-Langeweile-Paket habe ich noch in meiner Handtasche und so hole ich es heraus und gebe es ihr im Vorbeigehen. »Ist zwar kein WLAN, aber verschafft trotzdem vielleicht etwas Abwechslung«, sage ich und gehe weiter. In mir hüpft mein inneres Kind und hofft, dass die Zeitschrift nicht gleich im nächsten Mülleimer landet. Umdrehen traue ich mich nicht. Doch als ich auf dem Rückweg mit Kaffee in der Hand wieder am Platz der Internetsuchenden vorbeikomme, sitzt sie mit Kopfhörern in den Ohren da und ist ganz versunken in einen Artikel. Das hüpfende innere Kind jubiliert!

Bewertung

CHANTAL. Die kleine Geste hat Tina nichts gekostet, aber ihr (und mindestens einer anderen Person) einiges geschenkt. Sie bietet eine wunderbare Chance, alte Zeitschriften und Bücher weiterzugeben, und eröffnet sicherlich auch das ein oder andere nette Gespräch. »Das werde ich auf jeden Fall weiter ausprobieren und hoffe, beim nächsten Mal bin ich nicht ganz so aufgeregt« so Tinas Fazit.

ZEITAUFWAND Etwa 10-30 Minuten, abhängig davon, was du für dein Paket vorbereiten musst und wie du es überreichst oder hinterlässt **KOSTEN** Keine, wenn Ausgelesenes recycelt wird **FÜR WEN GEMACHT?** Für Bahnreisende

Weil's so viel Spaß macht: noch mehr Gesten für noch mehr Nettigkeiten

Du kannst einfach nicht genug von kleinen Gesten bekommen? Uns geht es genauso. Deshalb haben wir hier 15 weitere Ideen und Anregungen zusammengetragen, mit denen du der Kindness in deinem Leben noch mehr Raum geben kannst – und damit auch im Leben anderer.

1. Positive Post-its

MELANIE. Ähnlich der Sticker-Geste kannst du auch positive Post-its schreiben und sie unterwegs an Ampeln und Litfaßsäulen, in Aufzügen und Toiletten hinterlassen. Zum Beispiel mit dem Text »Einen Schritt nach dem anderen«, »Danke für dieses schöne Lächeln, mehr davon!«, »Du bist super!«, »Du schaffst das«, »Atmen nicht vergessen!« oder »Sei du selbst«. Eine kleine Motivation für deine Mitmenschen – und wenn du den Post-its ein zweites Mal begegnest, auch für dich!

2. Sage Ja!

CHANTAL. »Ja.« Ein kleines Wort mit großer Wirkung. Entscheide dich dafür, diese Wirkung mal ganz bewusst in deinem Leben zu spüren und sie walten zu lassen. Sage einfach Ja, ohne lange zu grübeln, zu allen Fragen, die dir an diesem Tag begegnen. Das heißt, begegne allen und allem offen und wohlwollend, habe selbst für die Spendensammler in der Einkaufspassage, um die du sonst einen großen Bogen machst, mal einen Moment Zeit. Sage Ja, und schau, was es mit dir und deinem Tag macht.

3. Verschenke ein Buch

MELANIE. Welches Buch fesselt dich gerade? Oder hilft dir, deinen Horizont zu erweitern? Kaufe ein zweites Exemplar und schenke es einer lesefreudigen Person in deiner Umgebung, der es gefallen könnte. Sag, dass du gern darüber diskutierst oder philosophierst. Es ist bereichernd, sich auf der Basis von einem Buch auszutauschen, verschiedene Sichtweisen zu Themen zu teilen und gleichzeitig etwas über sein Gegenüber zu erfahren.

4. Sind wir nicht alle ein bisschen Google? Teile (Fun) Facts

MELANIE. Etwas Lustiges oder Interessantes im Netz gelesen? Mach einen Print-Screen und teile die Info über den Tag, häng sie bei der Arbeit aus oder im Supermarkt, erzähle anderen davon. Zum Beispiel so: »Wusstest du, dass die Gebärdensprache sich lokal entwickelt? Das heißt, dass die Zeichen in der Schweiz zum Beispiel anders sind als die in Armenien. Es gibt sogar lokale Dialekte.« Wenn der Fact zusätzlich noch einen aufklärenden Charakter besitzt, hast du gleich zweimal Glück generiert: einmal bei der Person, für die diese Information neu ist und die dadurch vielleicht sogar einen Perspektivenwechsel ermöglicht, und einmal bei dir selbst, weil geteilte Information, die einen weiterbringt, auch doppelte Zufriedenheit bedeutet.

5. Surprise your friends!

CHANTAL. Überraschungspartys sind etwas Wundervolles, gerade, wenn die jeweilige Person wirklich nichts von einer solchen ahnt. Am besten geht das, indem du eine Party ganz ohne triftigen Grund veranlasst, einfach, um einer liebgewonnenen Person eine große Freude zu bereiten. Warte also nicht auf den nächsten Geburtstag, sondern feiere zum Beispiel ihren 10.000ten Lebenstag (Schaltjahre bei der Berechnung nicht vergessen!) oder nimm den Internationalen Tag der Freundschaft am 30. Juli zum Anlass. Noch einfacher: eine Party allein zum Feiern, dass es diesen wundervollen Menschen in deinem Leben gibt – einen besseren Grund kann es gar nicht geben!

6. Lerne einen (neuen) Namen

MELANIE. Wie heißt der Busfahrer, den du am Morgen regelmäßig siehst? Die Verkäuferin, die dich meistens bedient? Eine Putzkraft im Büro? Vielleicht gibt es auch einen Barista oder einen Chef de Service, dem du regelmäßig begegnest. Frage die Person nach ihrem Namen und begrüße sie von nun an ganz persönlich. Du wirst überrascht sein, welche neuen Verbindungen und Gespräche sich durch diese kleine Geste eröffnen.

7. Sei Teil eines Kindness-Flashmobs

CHANTAL. Jedes Jahr wird am 13. November der World Kindness Day gefeiert. Hierzu finden weltweit Kindness-Flashmobs statt, die mit viel Tanz und Freude ein kunterbuntes Zeichen für mehr Güte und Mitmenschlichkeit setzen. Online findest du schnell heraus, ob ein solcher Flashmob auch in deiner Nähe geplant ist. Wenn nicht, organisiere selbst einen! Hierzu kannst du dich auch von einem der vielen anderen Kindness-Flashmobs inspirieren lassen, die du online findest.

8. Erlaube jemandem, dir zu helfen

MELANIE. Wenn sich die nächste Gelegenheit ergibt, lass dir helfen! Wie oft schlagen wir aus Unsicherheit, Stolz oder Ärger die Hilfe von jemandem aus … Haben wir Angst, in Schuld zu stehen? Schämen wir uns? Who knows! Indem du aber einfach öfter mal Ja (und Danke!) zu den liebenswürdigen Gesten anderer sagst, kommst du diesen Fragen ein klein wenig mehr auf die Spur, gehst leichter durchs Leben und erlaubst dir und anderen auch im wuseligsten Alltag kleine Momente des Verbindens und Wertschätzens.

9. Werde Nikolaus

CHANTAL. Letzten Nikolaus hat uns eine Nachbarin auf diese Weise überrascht: Als ich die gerade geputzten Schuhe zu später Stunde mit meiner Tochter vor die Tür stellen wollte, stand da schon ein kleines Präsent. »Oh, der Nikolaus war schon da!«, rief sie ganz verzückt neben mir. Schnell haben wir die Schuhe noch daneben gestellt – die über Nacht dann wundersamer Weise ein zweites Mal gefüllt wurden. Und das ganze Jahr hat sie immer mal wieder erzählt, dass der Nikolaus bei uns zweimal kommt. Die Geste der Nachbarin werde ich dieses Jahr übernehmen und meinen Lieblingsnachbarn kleine Überraschungen vor die Tür stellen – ein Spielzeug für die junge Katze, die meine Tochter so gern besucht, eine Back-Zeitschrift für die ältere Frau, die uns immer mit Kuchen beschenkt, etwas zum Tüfteln für das andere Kind im Haus. Gerade das Rätselraten, wer es gewesen sein mag, ist ein schönes Bonbon bei dieser Geste.

10. Verschenke ein Schmuckstück

MELANIE. Hast du ein Schmuckstück, das du kaum mehr trägst? Würde es jemand anderem auch Freude bereiten? Trage den Schmuck ein letztes Mal mit der Vorfreude, ihn bald zu verschenken. Ich habe einmal eine Kollegin auf ihren Ring angesprochen, den ich außergewöhnlich schön fand. Sie nahm ihn von der Hand und sagte: »Bitte, den schenk ich dir!« Ich erinnere mich noch heute an diesen Moment! Mit einem Lächeln und überraschendem Gefühl von Dankbarkeit nahm ich das spontane Geschenk an. Es passte. So ein Erlebnis möchte ich weitergeben – und auch du kannst das tun!

11. Urlaubsgrüße für alle!

CHANTAL. Meine letzte selbst geschriebene Urlaubskarte liegt Jahre zurück. Dennoch habe ich immer noch ein, zwei großartige Freunde, die mir treu Jahr für Jahr die schönsten und buntesten Urlaubsgrüße aus allen möglichen Winkeln der Erde zuflattern lassen, von Hawaii bis Hongkong. Diese Geste ist ein Aufgreifen wert! Schreibe doch mal einen Nachmittag lang allen Menschen, von denen du die Adresse hast, von der Oma auf dem Dorf bis zur ehemaligen Lieblings-Arbeitskollegin – und lass dir dabei die Sonne auf den Bauch scheinen.

12. Lob dem Service-Personal

MELANIE. Es gibt eine Kellnerin oder einen Kellner, den du sehr schätzt? Informiere die Geschäftsleitung oder die Vorgesetzten. Du kannst es persönlich tun oder eine Nachricht schreiben, in der du die geschätzte Person lobst. Eine solche kleine Geste kann Wellen schlagen: Vielleicht gibt es eher eine Lohnerhöhung oder auch eine Beförderung. Oder die Person freut sich ganz einfach, dass ihre Bemühungen im Service geschätzt werden.

13. Präsente auf Parkbänken

CHANTAL. Neulich hat mich in einem Ostberliner Park ein Strauß Blumen von der Parkbank aus angelacht. Kein Scherz! Ich also hin und siehe da, ein netter Zettel hing an dem Marmeladenglas, das als Vase diente: »Zum Mitnehmen!« Gesagt, getan – und dabei auch gleich auf eine Gestenidee gekommen. Denn Parkbänke eignen sich hervorragend, um Unbekannten eine nette kleine Überraschung zu hinterlassen. Ein ausgelesenes Buch, eine Zimmerpflanze, die ein neues Zuhause sucht, ein paar Taschentücher oder Pflaster (auf Spielplätzen immer ein Renner!), Seifenblasen oder Jo-Jos – sicherlich wartet auch bei dir zu Hause etwas darauf, weitergegeben zu werden.

14. Eltern fürs Elternsein feiern

MELANIE. In der heutigen Zeit ist es nicht selbstverständlich, sein Kind mit einer gesunden Wertehaltung auszurüsten. Wenn ich dann eine Mutter oder einen Vater dabei beobachte, wie sie viel Mühe und Liebe in genau diesen Akt stecken, berührt mich das sehr. Warum es nicht gleich kommunizieren? »Guten Tag, ich habe gesehen, wie Sie Ihrem Kind die Spielregeln erklärt haben. Das finde ich toll, ich wollte Ihnen einfach sagen, wie sehr es mich freut, das zu sehen.« Voilà!

15. Mit Seed Bombs den Frühling begrüßen

CHANTAL. Diese kleinen braunen Erdkugeln gibt es mittlerweile auch immer mal wieder in Bioläden zu kaufen. Sie lassen sich aber auch ganz leicht im Frühling und Sommer selbst herstellen und anschließend an alle weitergeben, denen du begegnest. Auf den ersten Blick ziemlich unscheinbar, verstecken sich in ihnen die Samen wunderschöner Blumen, und wirft man sie auf ein karges Fleckchen Erde, erblüht einige Zeit später wie von selbst ein wunderbarer Frühlingsgruß. Eine Geste, mit der wir unsere Welt für alle schöner machen – Bienen inklusive.

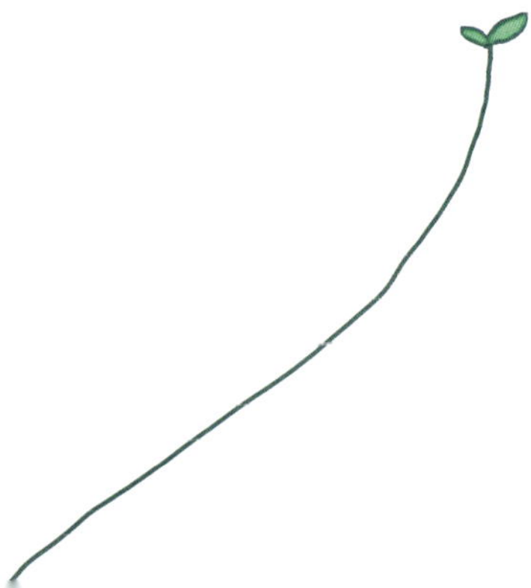

Anleitung für Seed Bombs

Du brauchst: ca. zehn Samentüten – am besten von heimischen Pflanzen, Wildblumen, Sonnenblumen und Kräutern, 250 g Erde oder Kompost, 250 g rote oder braune Tonerde – in Geschäften für Keramik- und Künstlerbedarf erhältlich, etwas Wasser

1. Alle Samen in einer großen Schüssel zusammenmischen.
2. Erde oder Kompost hinzufügen und alles gut vermengen.
3. Tonpulver hinzugeben und den Mix noch einmal vermengen.
4. Langsam etwas Wasser hinzugeben – aber nur so viel, dass eine zähflüssige Masse entsteht. Falls die Masse zu matschig geworden ist, noch etwas Erde oder Ton hinzufügen.
5. Eine kleine Menge nehmen und zwischen den Handflächen Kugeln in Pralinengröße formen.
6. Die fertigen Kugeln auf Zeitungspapier ein bis zwei Tage trocknen lassen, am besten an einem sonnigen Ort. Sobald sie vollständig ausgetrocknet sind, lassen sie sich gut in (Papier-)Tüten verpacken und so transportieren. Falls sie etwas bröckelig geworden sind, einfach Vorratsdosen stattdessen verwenden. Um sie zu nutzen, nimmst du eine oder mehrere der Kugeln mit auf deine Alltagsabenteuer und wirfst sie zwischendurch einfach auf ein kleines Stück Erde, an dem du dir einen kunterbunten Blumensegen gut vorstellen kannst. Sonne und Regen tun dann ihr Übriges.

Fazit UND DANACH?

KLEINE GESTEN RETTEN DIE WELT

Die Welt braucht mehr Gutes, mehr Glück(s)bringer, (Mit-)Menschenfreunde, Yeah-Sager und Anpacker. Deshalb ist die Zeit nach dem Kindness-Experiment genauso von Güte und achtsamem Miteinander gekennzeichnet wie das Experiment selbst. Es ist eine Zeit, in der wir einen Kindness-Lifestyle kultivieren können, der uns ein Leben lang begleiten, unsere Worte und Taten lenken kann.

Hier erfährst du mehr darüber, welche Veränderungen und Erkenntnisse das Experiment uns gebracht hat, wie wir diese nun in unseren Alltag integrieren und wie auch du dein Happily Ever After mit kleinen Gesten selbst kreierst.

NETT IST MEHR ALS NUR DIE KLEINE SCHWESTER!

Zwei Frauen, ein Fazit

Genau wie dieses Buch kommt auch unser Kindness-Experiment allmählich zu seinem Ende. In den letzten Monaten haben wir unsere ganz eigenen Versionen davon in Berlin und Zürich und überall dazwischen entwickelt und umgesetzt, haben uns in Studien eingelesen, mit Experten und Freunden gesprochen, haben viele liebevolle Gesten innerhalb, aber auch weit außerhalb unserer Komfortzone erträumt und durchgeführt. Eine intensive, schöne, herausfordernde und zugleich sehr bereichernde Zeit voller Güte liegt nun hinter uns, an der wir gewachsen sind, in der wir gelacht, geweint und gelebt haben. Was genau wir aus alledem mitnehmen, möchten wir in einem Gespräch gemeinsam herausfinden – und auch mit dir in dieser Form teilen.

MELANIE. Egal, wie unvoreingenommen wir das Kindness-Projekt angegangen sind, natürlich startet man mit einigen Erwartungen. Das ging dir sicherlich auch so, Chantal, oder? Welche waren das bei dir und wie hat dich die Kindness-Praxis dahingehend überrascht?

CHANTAL. Oh ja, die Erwartungen haben sich in mein Gepäck geschlichen, als ich einen Moment nicht aufgepasst habe … »Sei offen für alles, was kommt. Lass die Dinge fließen und ihre eigene Form finden.« – Mit diesen Gedanken bin ich ins Projekt gestartet. Dennoch hatte ich natürlich gewisse Vorannahmen, zum Beispiel, dass die Aktionen, die mich vorab am meisten Überwindung und Planung kosten, im Nachhinein dafür am stärksten bei anderen und mir nachwirken. Pustekuchen! Besonders bewegt haben mich letztendlich die kleinen Momente des Miteinanders, die oft nicht viel bedurften, sei es am Fahrkartenautomaten beim Weitergeben eines Tickets oder an einem Tag, an dem ich mit Komplimenten nur so um mich geworfen habe. Wie war es bei dir, Melanie?

MELANIE. Bei mir waren Vorstellung und Realität ebenfalls sehr verschieden. Ehrlich gesagt, hoffte ich, ich würde in Cafés sitzen, am Zürichsee spazieren gehen, beim Bäcker einkaufen, dabei wie in einem kitschigen Hollywoodfilm von einer Geste zur nächsten hüpfen und sie dann in die Tastatur klimpern. Lächelnd, im Einklang mit mir selbst, allzeit bereit, die Welt zu verwöhnen. Stattdessen erlebte ich einen Dokumentationsfilm ohne Kunstlicht, dafür mit unvorhergesehenem Script. Trotzdem dachte ich nie, ich sei im falschen Film. Gerade die Gesten haben mir erlaubt, immer wieder einen besänftigenden Perspektivenwechsel zu erfahren. Zu erleben, wie die kleinen Dinge im Leben eben eine große Wirkung haben, war richtig heilsam. In vermeintlich unglücklichen Phasen Glück zu generieren, ließ mich immer wieder auf- und durchatmen. Ist mein Leben sorgenfrei? Nein, sicher nicht. Bin ich glücklich? Ja! Und die Reaktionen anderer – wie waren die bei dir?

CHANTAL. Überraschend positiv! Ich hätte mit mehr Ablehnung oder Argwohn gerechnet, stattdessen hatte ich auch bei flüchtigen Begegnungen tiefe und berührende Gespräche, die mich oft noch lange danach begleitet haben. Hast du ähnliche Erfahrungen gemacht?

MELANIE. Ja, mir begegneten die meisten ebenso positiv. Gelungen ist nicht alles, aber es gab keine wirklich negativen Reaktionen. Ich dachte mir schon: Da stimmt was nicht. Können wir so ein Buch veröffentlichen? Denken die Leser, wir leben im La La Land? Klingt das unrealistisch? Aber genau da ist das Problem: Wir sind schon so darauf getrimmt, negative Reaktionen zu erwarten, dass wir verwundert danach Ausschau halten, wenn keine kommen.

CHANTAL. Ich dachte auch die ganze Zeit: Wann kommt das böse Erwachen? Stattdessen kam nur die Erkenntnis: Wir alle wollen gesehen, bestärkt, unterstützt werden, da geht ein jedes Herz auf. Welche Geste hat dich denn am meisten berührt?

MELANIE. Die Wertschätzung für einen anderen Beruf. Diese Erfahrung an der Seite der Bestatterin Tschée hat mir die Augen in vielerlei Hinsicht geöffnet: das Leben selbst noch mehr wertzuschätzen, es zu ehren, zu feiern, zu achten. Ich habe mir danach vorgestellt, wie es wäre, mit dem Leben als Person ein Gespräch zu führen. Was würde ich ihm sagen? Auf jeden Fall: »Danke, allerliebstes Leben!« Was würde ich ihm erzählen? Wer mich genervt, enttäuscht oder verletzt hat? Nein, das wäre respektlos im Angesicht des Geschenks, dass das Leben mir gemacht hat. Ich würde von den Tänzen schwärmen, die mir das Leben bisher ermöglicht hat. Momente teilen, in denen ich mir vor Lachen den Bauch gehalten habe. Ihm alle meine Lieblingsköstlichkeiten aufzählen, die ich genieße. Beschreiben, welche Art Konzerte meine Ohren verwöhnen. Welche Zärtlichkeiten für immer in mein Herz eingraviert bleiben. Ich würde es wie eine Königin bedienen, wie eine Freundin umarmen, wie ein Wunder bestaunen. Vor allem würde ich ihm sagen, dass ich es liebe! Was aus dem Experiment wird dich am ehesten weiter begleiten?

CHANTAL. Die Gesten haben mir eine große Portion kindliche Freude und Offenheit wiedergeschenkt und auch einfach eine offenere Lebensweise. Ich gehe mit offeneren Augen durch die Straßen, habe ein offeneres Ohr und auch viel weniger Hemmungen, andere Menschen anzusprechen, ihnen einfach etwas Nettes zu sagen oder etwas Nettes zu tun. Ich stehe mir selbst weniger im Weg – und das größte Geschenk ist es, zu sehen, wie auch das wieder seine ganz eigene Dynamik, seine eigenen positiven Folgen mit sich bringt. Seit einigen Wochen werde ich zum Beispiel ständig nach dem Weg gefragt, ich komme mir schon fast wie eine Fremdenführerin vor, das ist total schön. Synchronizität nehme ich gerade generell sehr stark wahr, also unvorhersehbare Verknüpfungen zwischen äußeren Ereignissen und alldem, was in meiner Innenwelt geschieht. Auch das ist ein riesiges Geschenk und bestärkt mich nur darin, mehr Güte und kleine Gesten zu säen. Wie hallt das Experiment in deinem Alltag nach?

MELANIE. Ich nehme die Welt als einen friedlichen Ort wahr. Die Menschen sind grundsätzlich wohlwollend und nicht feindselig. Nicht, dass ich vorher sehr misstrauisch durch die Welt gegangen wäre, aber wenn man die News liest und hört, wird man durchaus ab und zu dazu verleitet zu denken, dass unser Planet Erde nur von missgünstigen, geldgierigen, gewalttätigen Unmenschen bevölkert ist. Ich fühle mich heute wie das letzte Einhorn, das entdeckt hat, dass seine Brüder und Schwestern nicht tot sind, sondern bloß versteckt waren. Sie weilten unter den Wellen der Oberflächlichkeiten, den Wellen der Angstvorstellungen, der Unsicherheiten, der Schnelllebigkeit. Wer sich selbst verlangsamt und sich achtet, sieht sie wieder, die Gleichgesinnten. Wer sich selbst öffnet, ja ich möchte fast sagen, »offenbart«, lockt sie hervor. Was würdest du anderen im Nachhinein gern mit auf den Kindness-Weg geben?

CHANTAL. Vor allem einen Gedanken, der mich von Anfang an begleitet hat, ich habe ihn eben schon erwähnt: Flow – lass alles fließen und seine eigene Form finden! Nichts turnt mehr ab als Verkrampftheit oder Gestresstsein, das trifft auf viele Lebenslagen zu. Es geht nicht darum, die Geste zu finden, die auf einem Foto oder Social-Media-Kanal die beste Figur macht, sondern darum, Gesten zu entdecken, welche zu einem selbst, zum eigenen Wesen, Leben und Lebensstil passen. Wenn wir dann bewusst bei uns und im Moment zugleich sind, hat das den größten Effekt überhaupt, denn dann kann unsere Freude frei in die Welt hinausstrahlen und -wirken. Siehst du das ähnlich, Melanie? Was ist denn dein wichtigster Tipp für alle Kindness-Botschafter?

MELANIE. Ruhe bewahren. Manchmal mache ich mir selbst zu viel Stress: Es gibt so viel zu tun! Ich muss doch etwas bewirken! Es fällt mir immer wieder etwas ein: Oh, man könnte noch eine Geste für die Obdachlosen machen. Nicht einfach ein Schinkensandwich kaufen, es gibt schließlich auch Vegetarier. Bedrohte Tierarten retten! Lokale Geschäfte unterstützen! Die ganze Nachbarschaft mobilisieren! Wir müssen nichts aufholen oder abzahlen, es gibt keinen Oscar zu gewinnen. Kindness ist kein Wettbewerb. Kindness ist eine Lebensphilosophie, die keine Eile hat. Du kannst sie genauso natürlich leben, wie du atmest. Wir sagen auch nicht: Ich muss morgen möglichst viel und schnell atmen! Du atmest, weil es ganz normal ist, weil es zu deinem Menschsein gehört. So bist du als Botschafter/-in echt, wirkungsvoll, geradezu, wie ich gern sage: »Uh lässig!«

ALLTAGSBLUES?

Kindness als Lebensstil

Mit guten Gesten verhält es sich ähnlich wie mit guten Beziehungen jeglicher Art: Routine macht gemütlich – das ist Fluch und Segen zugleich. Routine schafft auch hier Vertrauen und schenkt dir die Gewissheit, dass du in deiner Rolle als Kindness-Clubmitglied mittlerweile so richtig angekommen bist. Zugleich macht sie aber auch träge und lässt uns allmählich in einen Trott verfallen, der sich bald eher wie eine Pflicht denn wie eine Freude anfühlen kann. Deshalb gilt: Hab Mut zur Veränderung!

Spice it up!

Im Kapitel zur optimalen Gestaltung von Gesten kannst du nachlesen, wie du gute Taten so umsetzt, dass du möglichst lange und immer wieder viel Freude an ihnen hast – und damit auch viel Freude verbreitest. Grundsätzlich gilt: Gesten sind vor allem wahre Glück(s)bringer, wenn sie abwechslungsreich gestaltet, regelmäßig in den eigenen Alltag eingebaut und von dir persönlich als sinnvoll empfunden werden.

Dennoch kann mit der Zeit ermüdende Routine einsetzen, allein aus dem Grund, dass wir Menschen uns an nahezu alles gewöhnen können, wie der »hedonistische Anpassungseffekt« belegt. Eine kleine Geste wie das Übernehmen einer zusätzlichen Aufgabe im Haushalt oder auf der Arbeit mag anfangs noch neu und spannend sein, nach einigen Wochen legt sich dieses Gefühl aber und alles, was bleibt, ist allein die mühselige Aufgabe selbst.

Gib dir etwas Zeit, um herauszufinden, ob du eine bestimmte Geste immer noch wertschätzt und gern – vielleicht in etwas abgewandelter Form – ausübst. Manchmal hat eine Geste auch eine Pause verdient.

Vielleicht kommt sie irgendwann wieder ins Spiel oder du kannst sie um weitere gute Taten ergänzen. Wenn du zum Beispiel nun schon seit Längerem den Küchendienst im Büro übernommen hast und sich das Geschirr seitdem nur noch stapelt: Nimm's leicht, überlass die Arbeit einfach mal anderen und schenke deine Energie eine Weile lieber guten Freunden oder netten Fremden.

Im Praxisteil findest du viele Ideen und Anregungen, die nur auf deine ganz individuelle Umsetzung warten. Beim plötzlichen Auftreten von Symptomen des Gesten-Alltagsblues, wie Erschöpfung, Langeweile, Missmut etc., ist übrigens auch eine der folgenden Maßnahmen äußerst hilfreich. Als Nebenwirkungen können nur auftreten: neuer Elan, mehr Glück, mehr Freude, mehr Goodness-Energie!

Drei Wege, die dich (wieder) für kleine Gesten begeistern

Starte einen Kindness-Tag. Regelmäßige kleine Gesten sind äußerst wirksam darin, einen Kindness-Lifestyle zu festigen und das Glück guter Taten über einen langen Zeitraum zu entfalten. Entscheide dich dafür, einen Tag im Monat gezielt zum Kindness-Tag zu erklären. An diesem setzt du bewusst eine größere gute Tat oder mehrere kleine Alltagsgesten um. In den Tagen zuvor kannst du dir in Ruhe überlegen, wie diese Geste/-n genau aussehen sollen, so steigerst du die Vorfreude und gehst besonders kreativ an das Ganze heran. Dabei musst du weder besonders revolutionär denken noch einen riesigen Aufwand betreiben – es reicht, dass du Herz und Hirn gezielt für eine gute Sache einsetzt.

Immer wieder aufs Neue. Einige gute Gesten entfalten erst in der Regelmäßigkeit ihre volle Wirkung, das ist vor allem bei ehrenamtlichem Engagement der Fall. Antriebslosigkeit lässt sich hier dadurch vermeiden, dass du oft unbekannten oder neuen Situationen und

Menschen begegnest. Egal, ob bei der Nachhilfe im Jugendzentrum, der Mitarbeit in einem Tierheim oder dem Aushelfen in der Kita – Abwechslung ist garantiert! Wenn dir dennoch mal die nötige Energie fehlt, suche dir einfach neue Aufgaben oder Herausforderungen in deinem Ehrenamt, sie bieten sich meist zuhauf an.

Spread love locally! Möglichkeiten für kleine Gesten bieten sich uns geradezu unbegrenzt an, oftmals müssen wir nur Augen und Ohren offen halten. Vor allem in unserem direkten Umfeld lassen sich kleine Gesten gut platzieren. Vielleicht braucht jemand in deinem Bekanntenkreis oder deiner Nachbarschaft aufgrund besonderer Lebensumstände gerade mehr Unterstützung als sonst, weiß aber nicht, wie und wen er oder sie danach fragen soll? Vielleicht befinden sich in deiner Nachbarschaft Organisationen, die sich über Support freuen würden? Oder du lässt einfach mal das Telefon in der Tasche und die Kopfhörer ebenfalls und schaust, welche Chancen für kleine Gesten du auf einmal wahrnimmst. Sei einfach du selbst, sei achtsam und offen – und schon purzeln dir Güte-Inspiration und -Gelegenheiten regelrecht vor die Füße. Dann gilt es nur noch: aufheben, annehmen und los geht's!

WELCOME TO THE KINDNESS-CLUB!

Gemeinsam noch mehr Freude verbreiten

Kleine Gesten sind gemeinsam oft noch wirkungsvoller, als wenn wir sie allein durchführen. Sie entwickeln auf diese Weise ihre ganz eigene Energie und Wirkkraft. Zudem nehmen sie anderen mitunter leichter die Hemmschwelle, selbst mitzumachen, denn einer Gruppe schließen sich manche von uns einfacher an als einem Einzelnen. Die Rudelmentalität des Menschen können wir bei kleinen Gesten somit für etwas Gutes nutzen.

Wenn du selbst Lust darauf hast, Güte im Team zu verbreiten, kannst du dich entweder einer bereits existierenden Initiative in deiner Nähe anschließen (etwa einem Nachbarschaftsverein oder einer Organisation, mit deren Engagement für bestimmte Themen du dich verbunden fühlst) oder deinen eigenen Kindness-Club gründen. Mache also einfach dein eigenes Ding, wenn du auf den ersten Blick mit deinem Anliegen allein auf weiter Flur dastehst!

So startest du deinen eigenen Kindness-Club

Viele Wege führen nach Rom – und ähnlich viele führen zu mehr Glück und Güte. Wenn die Gründung eines Kindness-Clubs ein guter Weg für dich ist, kannst du die folgende Anleitung als Vorlage für dein Ziel verwenden und sie zugleich ganz nach deinen eigenen Vorstellungen abwandeln.

Einladen: Lade Menschen persönlich ein, schreibe ihnen eine nette Mail oder Postkarte, poste eine große Einladung auf einem deiner Social-Media-Accounts – egal, wie! Hauptsache, du kannst einige Menschen für die Idee begeistern. Viele müsst ihr für den Anfang nicht sein, eine kleine Gruppe von vier oder fünf Personen »arbeitet« oftmals effektiver als eine Versammlung in Klassengröße.

Treffen: Für die meisten Menschen sind regelmäßige, aber nicht zu häufige Treffen, zum Beispiel monatlich, besser umsetzbar als wöchentliche Meetings. Das gibt euch auch mehr Zeit, über die nächste Aktion nachzudenken oder ein wenig vorauszuplanen. Wer muss oder möchte, weil er zum Beispiel vor Ort nur wenige Kindness-Kollegen findet, kann die Gruppe auch online durchführen. Dann setzt ihr die Gesten zwar jeweils allein um, entscheidet euch aber gemeinsam für eine Aktion und könnt anschließend auch eure Erfahrungen miteinander teilen.

(Er-)Findet eure Regeln: Am besten ist es, in der Gruppe zu entscheiden, wie genau ihr vorgehen wollt: jedes Mal eine neue Geste umsetzen? Zusammen die Aktion auswählen oder bei jedem Treffen eine andere Person entscheiden lassen? All das ist ganz euch überlassen.

Spread the word: Erzählt anderen von eurer Initiative, ladet auch nach der Gründung immer wieder Menschen ein, verteilt Club-Buttons oder kleine Sticker. Alles ist erlaubt und ausdrücklich erwünscht im Namen der Güte.

Der Kindness-Club bist du!

Danksagung

Die einzelnen kleinen Kerne in einem Apfel können wir zählen. Wenn nun aus einem Kern ein Apfelbaum wird und dieser über Jahre Früchte trägt, können wir nicht voraussehen, wie viele Apfelstrudel, -kuchen, wie viel Apfelkompott oder -mus daraus entstehen wird.

So ähnlich ist es mit den Gesten. Ihre Reichweite kann unsere Vorstellung bei weitem übertreffen.

Deshalb zuallererst und von ganzen Herzen Merci im Voraus für deine Geste, mit der du dich und die Welt beglücken wirst! Jede Geste, ob groß oder klein, zählt.

An dieser Stelle möchten wir auch unseren Gast-Glück(s)bringern einen großen Dank aussprechen. Wundervoll, wie ihr mit euren Ideen dieses Buch bereichert habt.

Last, but not least: Einen Blumenstrauß voller Danksagungen an die Menschen, die zur Entstehung dieses Buches beigetragen haben. Insbesondere an Niclas Schmoll, unser Buchagent von der Meller Agency, Gianna Slomka, unsere Verlagsbetreuerin, Nina Schnackenbeck, unsere Lektorin, das ganze Edel Books-Team, Judith Hilgenstöhler, unsere Illustratorin und Grafikerin, und alle sichtbaren und unsichtbaren Helfer, die dieses Buch in die Welt hinaustragen.

Liebe Grüße

Chantal und Melanie

DECLARATION OF KINDNESS

Hiermit erkläre ich, ______________, dass ich Güte und kleinen Gesten in meinem Leben fortan noch mehr Raum geben werde. Ich entscheide mich dafür, __________ Mal pro __________ bewusst eine gute Tat oder einen Act of Kindness durchzuführen.

Ich werde außerdem darauf achten, alltägliche Chancen für Hilfsbereitschaft und ein liebevolles Miteinander wahrzunehmen und anzunehmen. Deshalb gebe ich mir selbst hiermit die Erlaubnis, im Alltag öfter innezuhalten, tief durchzuatmen und um mich zu blicken, sodass ich all diese Möglichkeiten, Gutes zu tun, die das Leben mir schenkt, auch sehe.

Ich entscheide mich für ein Leben voller Güte, die aus dem Herzen erwächst und sich in der Welt manifestiert, weil ich an das Gute in mir und anderen glaube. Hiermit trete ich dem Kindness-Club bei und widme mich bewusst meinem Wunsch, das Gute in mir durch meine Worte, Taten und Gesten in die Welt hinauszutragen.

Datum ______________ Unterschrift ______________

Du darfst diese Seite rausreißen und gleich verwenden.
Doch, doch, wirklich! Tu es! Das tut dem Buch nicht weh.

Du bist heute eingeladen. Einfach so.
Und wenn du möchtest, kannst du diesen Zettel behalten und weiterreichen.

Intoku :)

(Japanisch für
»Verborgene Tugend«)

Literaturempfehlungen

Batthyány, Alexander (2017): *Die Überwindung der Gleichgültigkeit. Sinnfindung in einer Zeit des Wandels.*

Christakis, Nicholas; Fowler, James (2010): *Connected! Die Macht sozialer Netzwerke und warum Glück ansteckend ist.*

David, Dr. Susan (2016): *Emotional Agility.*

Helliwell, J., Layard, R., & Sachs, J. (2016). *World Happiness Report 2016*, Update (Vol. I).

Junger, Sebastian (2017): Tribe. *Das verlorene Wissen um Gemeinschaft und Menschlichkeit.*

Keltner, Dacher; Marsh, Jason; Smith, Jeremy Adam (2010): *The Compassionate Instinct. The Science of Human Goodness.*

Keltner, Dacher (2010): *Born to be Good. The Science of a Meaningful Life.*

Lyubomirsky, Sonja (2018): *Glücklich sein. Warum Sie es in der Hand haben, zufrieden zu leben.*

Ricard, Matthieu (2017): *Allumfassende Nächstenliebe. Altruismus – die Antwort auf die Herausforderungen unserer Zeit.*

Seligmann, Martin (2003): *Der Glücksfaktor: Warum Optimisten länger leben.*

Webseitenempfehlungen

www.mundraub.org – Für alle, die auch ihr Glück vom Apfelbaum pflücken wollen: Hier teilen Menschen ihre Fundorte von Fallobstwiesen, Beerensträuchern und mehr.

www.nebenan.de – Deutschlands größtes soziales Netzwerk für Nachbarn. Der ideale Ort, um kleine Gesten in der eigenen Nachbarschaft umzusetzen oder zu verbreiten.

MEINE GESTEN

EDEL BOOKS
EIN VERLAG DER EDEL GERMANY GMBH

Neumühlen 17, 22763 Hamburg
www.edelbooks.com
1. Auflage 2019

PROJEKTKOORDINATION Gianna Slomka
LEKTORAT Nina Schnackenbeck
LAYOUT UND ILLUSTRATIONEN Judith Hilgenstöhler, Hamburg
UMSCHLAGGESTALTUNG Groothuis. Gesellschaft der Ideen und Passionen mbH | www.groothuis.de
LITHOGRAFIE Frische Grafik, Hamburg
DRUCK UND BINDUNG optimal media GmbH, Glienholzweg 7, 17207 Röbel / Müritz

Printed in Germany

ISBN 978-3-8419-0643-4